本著作为国家社会科学基金教育学一般课题
"高校跨学科创新团队有效性形成机理及评价模型研究"
（课题批准号：BIA110062）的成果之一
本著作由武汉理工大学研究生教材建设基金资助出版

责任与担当

大学生社会责任感养成机制研究

魏海苓 著

From Inside to Outside

A Study On the Mechanism Cultivating College Students' Social Responsibility

知识产权出版社
全国百佳图书出版单位

图书在版编目（CIP）数据

责任与担当：大学生社会责任感养成机制研究/魏海苓著. —北京：知识产权出版社，2016.11

ISBN 978 - 7 - 5130 - 4590 - 2

Ⅰ.①责… Ⅱ.①魏… Ⅲ.①大学生—社会责任—责任感—研究—中国 Ⅳ.①G641.7

中国版本图书馆 CIP 数据核字（2016）第 276612 号

内容提要

本书围绕大学生社会责任的养成机制问题，综合运用理论分析、比较研究、实证研究和案例研究等多种方法展开研究。首先，从理论层面上论述了大学生社会责任的价值和特征，分析了不同文化背景下社会责任理论的历史演变；其次，在实践层面上总结了不同国家大学生的社会责任培养实践，调查了我国大学生社会责任的现状及存在的问题，并在此基础上以大学生志愿者为研究对象，深入分析志愿活动对于大学生社会责任养成的效度和限度。最后，从道德倾向、移情和社会责任行为的关系角度，建构社会责任养成机制的结构方程模型，并提出提高我国大学生社会责任的有效策略。

责任编辑：韩婷婷　　　　　　　　**责任校对：**潘凤越

封面设计：臧　磊　　　　　　　　**责任出版：**刘译文

责任与担当：大学生社会责任感养成机制研究

魏海苓　著

出版发行：知识产权出版社有限责任公司	网　　址：http://www.ipph.cn
社　　址：北京市海淀区西外太平庄 55 号	邮　　编：100081
责编电话：010 - 82000860 转 8359	责编邮箱：hantingting@ cnipr.com
发行电话：010 - 82000860 转 8101/8102	发行传真：010 - 82000893/82005070/82000270
印　　刷：北京中献拓方科技发展有限公司	经　　销：各大网上书店、新华书店及相关专业书店
开　　本：720mm×960mm　1/16	印　　张：14.5
版　　次：2016 年 11 月第 1 版	印　　次：2016 年 11 月第 1 次印刷
字　　数：260 千字	定　　价：45.00 元

ISBN 978 -7 -5130 -4590 -2

前 言

责任是一切道德价值的基础。

作为一种社会性动物，社会性是人区别于其他动物的本质属性之一。人的社会性的重要体现之一就是人的责任性，自觉意识并主动承担一定的责任是人的主体性的重要表现。恰如西塞罗所说的，任何一种生活，无论是公共的还是私人的，事业的还是家庭的，所作所为只关系到个人的还是牵涉他人的，都不可能没有其道德责任；因为生活中一切有德之事均由履行这种责任而出，而一切无德之事皆因忽视这种责任所致。❶ 就责任的本质而言，它实际是社会生活和社会关系对个体提出的现实要求。个体总是处于一定的社会关系之中，个体间的社会关系状态决定着个体应承担的责任，个体只有担负起自己的责任，社会秩序才能够得以维系，社会生活才能够正常进行，社会和个体才能够顺利发展。责任无处不在，贯穿于人们生活的方方面面，与人的社会角色密切关联。个人扮演的角色越多，所承担的责任也就愈多。在担负责任的过程中，个体逐步走向成熟。

责任感是个体对现实生活中各种责任关系的反映，是社会和他人的客观要求在个体身上引起的主观认识和内心体验。社会责任感则是一种社会价值的体现，即个人的能力及其活动满足他人、群体和社会的需要，是个体对自己在积极主动承担社会角色、履行作为社会人义务中做出的行为选择、行为过程及后果是否符合内心需要而产生的一种积极的体验，它反映了一个人的社会化和人格完善化程度，是诸多积极心理品质中最重要的方面之一，在整个责任体系中占有重要地位。就责任现象而言，它与人类社会的生活相伴相随，是人类得以生存和发展的动力源泉。但论及责任问题，尤其是社会责任问题则是近代以来的事情，且伴随着现代社会的不断发展而日益突出。现代文明的发展撕裂了禁锢个体权利和自由的牢笼，带来了前所未有的个性解放；促进了经济和科技的

---

❶ ［古罗马］西塞罗. 西塞罗三论：论老年 论友谊 论责任 ［M］. 北京：商务印书馆，1998：91.

加速发展，为世界的政治、经济和文化发展打造了全新的模式，全球化、高科技化、市场化、信息化成为当今时代的突出特征。但与此同时，个体责任的销蚀、自然环境的恶化、能源资源的枯竭、恐怖犯罪活动的频发也对今天人类的生存和发展造成了前所未有的威胁。当今时代，是一个自由和限制、辉煌与灾难并存的时代。人们在无限张扬个体权利和自由的同时，又饱受过度自由带来的人们之间的相互妨碍和伤害；在享受市场经济带来的物质极大丰富的同时，又承受着精神家园的逐步荒芜；在体验人类创造的科学技术奇迹的同时，又饱受科学技术的奴役和控制。正如全球伦理倡导者汉斯·昆所告诫的，现代文明在肯定人的权利和自由的同时，"却引发了人权价值理想的优先性考虑与人权现实实践的正当合理性考虑之间的紧张和失衡。人的权利被突出地个体化和理想化了，作为权利之对应的义务（责任）却被淡化了。于是便有了所谓现代人的权利要求膨胀，有了人类中心主义和利己主义的恶性扩张"❶。总结成败得失，所有问题的出现和解决无不与责任息息相关，责任缺失将会给人类当下的生活和未来的生存带来极大的隐患。当今时代是一个责任凸显的时代。建设责任社会、责任政府、培育责任公民是当代社会的重大课题。"如果说现代社会是建立在个人权利至上的基础上，那么也可以说现代社会是无条件地服从于责任的，它倡导品行端正，并渴求我们能超越个人利益的范畴来行事。"❷ 人们只有明确自身的责任并切实地担负责任，才能避免在责任逃避中灭亡。

在整个责任体系中，社会责任是关键的一环，尤其在价值多元化、利益关系复杂化、信息沟通网络化的当代，个体社会责任的重要性愈发凸显。琼斯（David H. Jones）在《大屠杀中的道德责任：品格伦理研究》中强调了作为道德核心的两种自明的责任，一是不伤害他人的责任，这是最低层次的道德责任要求；二是为他人做好事的责任，这是较高层次的道德要求。他认为，如果人们在道德核心中已经做到了两种自明的责任……就不会有大屠杀或者它的范围会极大地缩小。❸ 当代中国，社会结构、经济结构和文化结构都发生了急剧的变革。社会阶层分化、利益关系复杂化、文化价值多元化，加上高等教育大众化和就业市场竞争的激烈化，使得人们特别是当代大学生的观念受到了前所未

❶ 陈来. 谁之责任？何种伦理？从儒家伦理看世界伦理宣言 [J]. 读书，1998（10）：8 - 12.

❷ ［法］吉尔·利波维茨基. 责任的落寞——新民主时期的无痛伦理观 [M]. 北京：中国人民大学出版社，2007：5.

❸ David，H. Jones. *Moral Responsibility in the Holocaust：A Study in the Ethics of Character* [M]. Lanham，Maryland：Rowman & Littlefield Publishers，1999：41.

有的冲击。作为独特敏感的社会群体，大学生有更多的机会参与到社会生活中，如参与志愿服务活动、社会实践活动等，表现出较高的社会责任感。但与此同时，由于市场经济的负面影响和社会环境的大变革，部分大学生的社会责任感呈现出日益淡漠的趋势，个人主义、功利化的现象时有发生，甚至有的大学生为了自身利益和自我价值的实现，国家和集体利益意识淡漠，逃避或放弃自己应承担的社会责任。大学生作为社会中具有较高文化素质的群体，是被寄予更多期盼也是拥有更多机会承担社会责任的一个群体，他们是国家的未来、民族的希望，大学生的社会责任感状况不仅直接影响着其社会化进程与成才，也关系到社会的发展与进步、和谐与稳定。如何全面看待当代大学生的社会责任感状况，如何正确评估当代高校社会责任教育的成效，如何构建大学生社会责任感养成体系，如何切实提高大学生的社会责任感，是目前高等教育领域亟需面对和解决的问题。为了回应以上疑问，本书主要围绕以下几个具体问题展开研究：大学生社会责任感的价值与特征是什么？处于大学阶段的学生社会责任感发展是否可能？限度是什么？中西方文化下的责任观经历了怎样的历史流变？二者之间存在哪些主要的差异？在大学生社会责任培养实践上，我们可以从美国高校学到什么？我国在大学生社会责任培养实践上有哪些历史经验？这些历史经验在提高中国大学生社会责任感发展上是否仍然有效？其有效性主要受哪些因素的影响？我国当代大学生的社会责任感实际状况如何？我国大学生社会责任感养成机制是怎样的？如何对当前高校社会责任教育理论和实践进行创新，以提高社会责任教育的有效性？围绕这些问题，本书的基本研究框架主要如下。

第1章，主要通过文献分析的方法厘清大学生社会责任的价值和特征，分析大学生在大学阶段发展社会责任感的可能性。

第2章，从比较文化的视角分析西方文化视域下责任理论的历史流变和我国传统儒家文化中社会责任思想的历史演进，厘清中西方不同文化背景下和不同历史阶段下社会责任观的传承和变化。

第3章，主要以美国高校为例，介绍美国高校在培养大学生社会责任感方面的教育措施、经验和教训，以及美国高校在推动大学生参与志愿服务、社区服务和服务学习等方面的实施经验。

第4章，考察了我国在大学生社会责任感培养实践方面的历史经验。通过问卷调查，调查了当代中国大学生的社会责任感发展状况，并通过跟踪调查的方法检验了不同类型的志愿服务活动对大学生社会责任感发展的影响。

第 5 章，围绕大学生社会责任感养成机制问题，按照责任认知—责任情感—责任行为的关系模型，构建了道德判断、社会责任心、移情、社会责任发展阶段之间的关系模型。

第 6 章，以大学生社会责任感养成机制为理论依托，结合美国高校社会责任教育的经验和我国社会责任教育的传统，提出了我国高校社会责任教育创新的若干思路和相关对策。

作者
2016 年 5 月

目　录

图目录

表目录

第1章　提升大学生社会责任感的价值诉求

1.1　问题的缘起

　　责任是人类社会亘古不变的主题，是个体依据一定的社会准则、思维方式和行为规范而做出的自我选择。在现实生活中，作为社会人的个体都无一例外地扮演着一定的社会角色，承担着社会赋予的责任，"责任渗透于人的生活的方方面面，每个人无时无刻不在面临着一种考验和挑战，那就是对他人、对自然、对社会和自身的责任"❶。责任在整个道德规范体系中居于重要地位，恰如康德所言，"每一个在道德上有价值的人，都要有所承担。不负任何责任的东西，不是人而是物"❷，"深刻的自我责任意识是一切一切的根基，它构成了人的生存的意义"❸。责任是健全人格的重要组成部分，个体通过对自我、他人和社会负责来实现其价值和尊严。伴随着全球化、现代化和信息化进程的不断加深，人们的价值观念、思维方式和日常行为都发生了剧烈的变化。在这些变化中既有个体主体性的彰显，也有个体对自我责任的逃避。"当今，责任是一个热门概念。然而，这种热门是表示人们的道德敏感性正在提高，还是表示个人责任心的日益销蚀，这一点并不清楚。"❹在复杂的责任体系里，社会责任是最重要的方面之一。在价值观念多元化、利益关系复杂化、信息沟通网络化的当代，个体的社会责任状况直接影响着个体的发展限度和社会的繁荣昌盛。如何引导和提高社会成员的社会责任意识，培养个体对自身社会责任的承担，是每个国家都面临的时代难题。与其他社会群体相比，大学生群体的社会

---

❶ 谢军. 责任论 ［M］. 上海：上海人民出版社，2007：1－3.

❷ 姜丕之，汝信. 康德黑格尔研究（第1辑）［M］. 上海：上海人民出版社，1986：10.

❸ 甘绍平. 应用伦理学前沿问题研究 ［M］. 南昌：江西人民教育出版社，2002：123.

❹ ［德］乔治·恩德勒. 经济伦理学大辞典 ［M］. 王淼洋，李兆雄，陈泽环，译. 上海：上海人民出版社，2001：540.

责任状况对社会发展的影响尤为显著。从社会发展的角度看，大学生是社会中具有较高文化素质的群体，他们是社会宝贵的人才资源，受到人们更多的期盼，也拥有更多的机会参与到社会生活中，他们需要承担比一般人更多的社会责任，体现着"社会良心"的高度。就大学生自身的发展而言，大学阶段是大学生逐渐完成个体社会化的一个重要阶段，自由、宽松的大学文化氛围为大学生提供了各类机会和可能，为其日后进入社会并承担应有的个体和社会责任打下了基础。反观当下，我们可以看到很多乐于奉献、表现出强烈社会责任感的大学生，例如，在 2014 年，北京志愿者服务发展研究会通过"志愿北京"网络平台对北京实名注册志愿者所登记的邮箱推送问卷 20 多万份，一个月内收回有效问卷 2002 份，结果显示：除部分收入水平已达到一定程度的企业家外，大学生参与志愿服务的积极性最高，大专以上文化层次的志愿者占到近七成，达到 68.73%。[1] 但同时，我们也经常发现大学生对自己所应承担的社会责任比较冷漠，他们更关心自己的学业和未来的事业，如在国内热门节目《奇葩说》中，高晓松针对某大学生选手所批评的："对于一个名校生，对国家、社会没有一些自己的想法，反而纠结在工作，如此小的格局实在有失知名大学高才生的身份。"[2] 因此，培养大学生的社会责任感、提高大学生的社会责任水平是高等教育不能回避的历史使命，它不仅影响着大学生自身的社会化进程与成才，也关系到社会的发展与进步、和谐与稳定，同时也是应对当今世界各类挑战的必然要求。

长久以来，培养和提高大学生的社会责任感是国际社会关注的重点之一。1972 年，联合国教科文组织在《学会生存》的报告中将"责任教育"列为教育发展的方向。1998 年，该组织在世界高等教育大会上通过的《面向二十一世纪高等教育宣言：观念与行动》中明确指出，高等教育的使命之一就是要将学生培养成为"满足人类活动各方面需求的负责任的公民"[3]。英国著名教育家埃里克·阿什比（Eric Ashby）曾指出："英国大学目标的实质仍然是造

---

❶ 贾晓燕. 大学生和企业家最爱当志愿者 [EB/N]. 北京日报，http：//bjrb. bjb. com. cn/2014 - 12/06/content_238630. htm. 2014 - 12 - 06.

❷ 上节目纠结找工作 你愧对清华教育 [EB/OL]. http：//www. guancha. cn/Education/2014_11_13_285902. shtml.

❸ 联合国教科文组织. 面向二十一世纪高等教育宣言：观念与行动 [EB/OL]. 中华人民共和国教育部网 . http：//www. moe. edu. cn/publicfiles/business/htmlfiles/moe/moe _ 236/200409/712. html. [2014 - 07 - 10].

就有教养的人而不仅是有学问的人⋯⋯教育的成果不是书而是人。"❶ 美国波士顿大学凯文·顿安也强调："今天,高等学校面临的挑战是如何培养学生的道德心、品德、公民义务和社会责任感。"❷ 美国教育家科佐尔(Jonathan Kozol)也曾指出："从未有如此一件事让我牵挂,即让道德责任能够渗透进所有的大学的学习过程中⋯⋯与唯利是图的个体私利相对的社会责任应该成为课程的一部分,甚至超越课程,应成为学术教育的一部分。"❸ 卡尔森(Carlson, S.)呼吁:"促进社会发展的道德责任思潮⋯⋯应该渗透到每所高校的学习之中。"❹《美国教育目标法》则明确规定了学生责任教育的内容,要求"所有学生都要参与促进个人品德良好表现的活动,促进身体健康的社会服务和培养个人责任感的活动";"都能正当行使公民权利并尽公民义务⋯⋯成为负责任的公民"。英国高校则要求"学生学会与他人相处,能够考虑别人的需要,有丰富的情感和高雅情趣。其主要教育内容是莱斯特中心筛选的'四个核心'和'六个关系',即强调对别人的尊重、公正、合理、诚实守信;处理好与最亲近的人的关系、与社区和社会的关系、与人类的关系、与自己的关系、与自然的关系和与上帝的关系。处理好这些关系的关键是行为主体要勇于承担自己的责任"❺。新加坡以培养好公民为目标在高校开设公民课程,设计的项目包括个人与修养、个人与家庭、个人与学校、个人与社会、个人与国家等,旨在培养更具有国家意识、社会责任意识和正确价值观的良好公民。❻ 同样,大学生社会责任问题亦是当前我国社会各界广泛关注的焦点问题之一。我国《国家中长期教育改革和发展规划纲要(2010—2020年)》将"着力提高学生服务国家、服务人民的社会责任感⋯⋯鼓励学生积极参与志愿服务和公益事业"作为教育改革发展的战略主题。如何培养和提高大学生的社会责任感水平?围绕该问题,本书将以当代大学生为研究对象,调查其社会责任感状况,并从理论和实践两个层面探寻其社会责任感生成和发展的内在机制,继而为提升我国大

---

❶ ［英］阿什比·E. 科技发达时代的大学教育［M］. 滕大春,滕大生,译. 杭州:浙江教育出版社,1987:10.

❷ 刘川生. 社会责任感是创新型人才成长的核心素质［J］. 中国高等教育,2012(10):4-7.

❸ Caryn McTighe Musil. *Overview of the Core Commitments Initiative*［M］//Reason, R. D.. Developing and Assessing Personal and Social Responsibility in College. San Francisco: Jossey-Bass, 2013:5

❹ Carlson, S.. College planner hear lament for liberal arts and public schools［J/OL］. *Chronicles of Higher Education*, 2009(7). http: //chronicle. com/ article/ College-Planners-Heart-Lamernt/117567/［2014-05-20］.

❺ 张宗海. 西方主要国家的高校学生责任教育与启示［J］. 高教探索,2002(3):37-39.

❻ 景志明,宋春宏. 中外学校德育综合比较［M］. 重庆:西南师范大学出版社,2001:135-137.

学生的社会责任感水平提供对策建议。希望通过本研究，能够梳理出大学生社会责任感的养成机制，加深有关大学生社会责任感养成理论研究的深度和广度，提高大学社会责任教育的有效性，最终促进大学生社会责任感水平的提升，加速大学生的社会化和成才进程。

1.2 文献综述

围绕社会责任和大学生社会责任主题，国内外学者开展了大量的研究，归结起来，主要集中在以下几个方面。

1.2.1 关于大学生社会责任的意义和价值

从已有的相关研究文献看，国外学者有关大学生社会责任主题的研究以美国为最，相关研究涉及大学生发展、公民教育、志愿服务、社区服务、服务学习等方面，意在反思大学过分强调学生智力发展而带来的弊端，重申培养和提高大学生责任感的重要性，以及论证和检验培养、提高大学生社会责任感的有效途径。古特曼（Gutmann）[1]、哈姆里克（Hamrick）[2]、乌尔塔多（Hurtado）[3]、瑞森（Reason）[4] 和凯伦·麦克泰·穆斯（Caryn McTighe Musil）[5]，都曾论及过大学具有开展公民教育的使命，且都认同培养学生积极地参与社区生活，与不同种族、意识形态的人们有效沟通的能力是高等教育公民使命的核心组成部分。Checkoway 指出，美国不断增加的文化多元性要求学生能够形成自我认知、能够开展跨文化交流，高等教育需要帮助他们面对多元文化社会带来的诸

❶ Gutmann, A.. *Unity and Diversity in Democratic Multicultural Education*：*Creative and Destructive Tensions* ［M］//J. A. Banks. *Diversity and citizenship education*：*Global perspectives.* San Francisco, CA：Jossey – Bass, 2006：71 – 98.

❷ Hamrick, F. A.. Democratic citizenship and student activism ［J］. *Journal of College Student Development*, 1998, 39（5）：449 – 459.

❸ Hurtado, S.. Linking diversity with the educational and civic missions of higher education ［J］. *The Review of Higher Education*, 2007, 30（2），185 – 196.

❹ Reason, R. D.. Expanding the conversation：Perspective taking as a civic outcome of college ［J］. *Journal of College and Character*, 2011, 12（2）. doi：10. 2202/1940 – 1639. 1786

❺ Caryn McTighe Musil. *Overview of the Core Commitments Initiative* ［M］//Reason, R. D. *Developing and Assessing Personal and Social Responsibility in College.* San Francisco：Jossey – Bass, 2013：14.

多问题。❶ Dey 的调查数据也显示，有 90% 的师生赞同责任教育应成为高等教育关注的核心，超过半数的学生也对此表示强烈赞同。❷ Walter Earl Fluker 在其著作《道德领导力：品格、修养和共同体探寻》中写道："新世界的领导者不仅需要意识到所面临的现实环境中的各类挑战和问题，还需要知晓影响内部环境建构的品格、修养和共同体归属感。……（需要思考）如何来培养新一代领导者，使其物质和精神完善、精神规范、思维敏锐、成为道德榜样。"❸此外，还有一些协会组织，如美国国家公民与民主素养发展任务中心（National Task Force on Civic Learning and Democratic Engagement）、美国高校联合会（Association of American Colleges and Universities，AAC&U）、美国国家学生人事管理者协会（National Association of Student Personnel Administrators，NASPA）等开展了一系列调查，呼吁在高等教育中开展和加强责任教育的重要性和紧迫性。例如，2012 年，美国国家公民与民主素养发展任务中心的调查数据显示，美国学生在进入大学时并未准备好如何承担其公民责任，倡议美国高校应该清醒地认识到这种状况，在学校教育和活动中加强大学生责任教育，提高大学生的社会责任和自我责任水平，从而改变其在投票、公民测试、公民课程等方面表现不佳的局面。❹ AAC&U 发布的"核心承诺：培养学生的个体和社会责任感"（*Core Commitments：Educating Students for Personal and Social Responsibility*）中列出了与个体和社会责任感相关的五个维度，即：追求卓越；培养个体和学术忠诚；服务更大的社区；尊重他人；提高伦理、道德推理能力和行动力。在 AAC&U 发布的"新世纪全球的大学学习"（*College Learning for the New Global Century*）报告中，AAC&U 也将学生的道德责任问题置于高等教育的重要位置。❺

　　此外，还有很多有关大学生社会责任感的研究在青少年道德教育的研究成

---

❶　Checkoway，B.. What is youth participation？ ［J］. *Children and Youth Services Review*，2011，33（2）：340 – 345.

❷　Dey，E. L.，& Associates. *Developing a Moral Compass：What is the Campus Climate for Ethics and Academic Intefrity?* ［M］. Washington，DC：Association of American Colleges and Universities，2010.

❸　Fluker，W. E.. *Ethical Leadership：The Quest for Character，Civility，and Community* ［M］. Minneapolis：Fortress Press，2009：vii.

❹　National Task Force on Civic Learning and Democratic Engagement. *A Crucible Moment：College Learning and Democracy's Future* ［R］. Washington，DC：Association of American Colleges and Universities，2012：6.

❺　AAC&U. *College Learning for the New Global Century：A Report from the National Leadership Council for Liberal Education& America's Promise* ［R］. Washington，DC：Association of American Colleges and Universities，2007.

果中论及，并形成了不同的理论流派，如体谅关心道德教育理论流派、价值澄清理论流派、道德认知发展理论流派、品格教育流派等。体谅关心道德教育理论流派是由英国道德教育家麦克菲尔（Peter Mcphail）和美国教育家诺丁斯（Nel Noddings）等人倡导的一个有影响的道德教育理论流派。该流派以关怀为核心来开展道德教育，坚信体谅、关心是青少年道德教育的出发点和落脚点。麦克菲尔等人开展的道德教育研究的核心概念是"体谅"（Consideration），诺丁斯等人研究的核心概念是"关心"（Caring），都强调要将人们从恐惧和互不信任中解放出来，使个体能够给予和接受关爱，体会到关心和体谅他人是一件愉悦的事情。如果个体能够从别人的观点和立场来思考问题，就能够成长为有道德的社会公民。体谅关心道德教育理论中的"关心""体谅""关注他人立场"等概念体现的实际上就是个体的社会责任品质。价值澄清理论是20世纪60年代由路易斯·拉思斯（Louis E. Raths）等人开创的一套学校道德教育理论体系，以《价值与教学》一书的出版为代表。价值澄清理论的倡导者们认为，儿童生活在社会急剧变化、社会价值观日益多元化且相互冲突的时代，不存在一套可以直接传递给儿童公认的道德原则或价值观，面对众多的价值选择，儿童的价值观日趋混乱。因此，学校道德教育的主要任务应该是帮助学生在混乱的价值观中澄清自己的价值观，做出价值判断。价值澄清理论的目的就是帮助人们澄清其价值观，该方法主要包含以下四个关键要素：①以生活为中心，这些生活问题既包括与学生自己的生活有关的问题，也包括更为一般的生活问题，特别是那些使学生感到困惑的问题；②接受现实，需要接受他人的立场，帮助他人接受自己，与他人真诚相处；鼓励进一步思考，要更加全面地思考价值问题，做出更加明智的选择；③培养个人能力，不仅要反思价值问题，还要更好地整合他们的选择和行动，并且在日后表现如一，具备自我指导的能力。❶道德认知发展理论的主要代表人物是科尔伯格（L. Kohlberh），他在提出道德发展理论的同时，也积极将相关研究成果运用于道德教育实践之中。科尔伯格在其道德认知发展阶段理论中，将个体的道德认知发展划分为三水平六阶段，而且认为道德发展的阶段与道德判断和推理密切相关。至于个体的道德判断和推理能力，则主要是在其基本认知能力的基础上，通过与他人相互作用，将自身的社会经验进一步组织化的结果。在具体测量过程中，主要通过被试对两难道德问题的判断来加以测量，如经典的"海因兹偷药"问题，被试对于

---

❶ ［美］路易斯·拉思斯. 价值与教学［M］. 杭州：浙江教育出版社，2003：1-2.

道德两难问题的选择事实上也在一定程度上展现了个体的责任感问题。品格道德教育流派的主要代表人物是托马斯·里克纳（Thomas Lickona），他被称为美国品格教育之父。1991 年，他出版了《为品格而教育：学校如何培养尊重和责任》（*Educationg for Character：How Our Schools Can Teach Respect and Responsibility*），重点阐述了品格教育的两大范畴，即尊重和责任，明确指出教育的终极目的是为了好品格的养成而非知识的灌输。品格教育即教授美德、培养德性的有意识努力。他指出，社会道德的衰退已动摇了近几十年来个人主义、相对主义的支配地位，人们重新认识到我们的确共享生存所必需的、基本的道德价值观。这些价值观确立了人类的尊严，促进个人利益和共同利益，保护人类权利。所有成年人都应以直接或非直接的方式将这些核心价值观教给儿童，而"不将这些核心价值观教给儿童是严重的道德失败"❶。目前，美国品格教育的基本范畴已经相对成熟，其强调的核心价值主要有："同情"（Compassion）、"勇气"（Courage）、"涵养"（Courtesy）、"公平"（Fairness）、"诚信"（Honesty）、"善良"（Kindness）、"忠诚"（Loyalty）、"毅力"（Perseverance）、"尊重"（Respect）、"责任"（Responsibility）。❷ 在 2004 年美国心理协会出版的《品格优点和德性》一书中，美国的品格被归纳为六大范畴，其中在公正（Justice）范畴中强调了公民责任（Citizenship）和社会责任（Social Responsibility）。❸

　　国内研究者也都普遍认识到了提高大学生社会责任感的重要性。相关研究主要针对目前大学生在社会责任行为上的表现情况来展开，呼吁高校应有效地开展社会责任教育。陆士桢认为："青年学生是祖国未来的建设者，是中国特色社会主义事业的接班人。青年学生能否勇于承担社会责任，直接关系到中华民族的整体素质，关系到国家的前途和民族的命运。"❹ 金一斌认为："大学生是青年群体的优秀集合体，他们的社会责任感的强弱，直接关系到学生的健康成长，关系到国家的发展和社会主义事业的兴衰成败。"❺ 目前学术界在对当代大学生社会责任意识或行为的评价上尚存在一些争议。例如，彭定光认为大

---

❶ 谢狂飞. 美国品格教育研究 ［D］. 上海：复旦大学，2012：78.

❷ Gibbs，L.，Earley，E.. *Using Children's Literature to Develop Core Values* ［M］. Phi Delta Kappa Fastbac，1994：362.

❸ Peterson，Ch.，Martin E. P. Seligman. *Character Strengths and Virtues：A Handbook and Classification* ［M］. Oxford：Oxford University Press，2004：x － xiv.

❹ 陆士桢. 让社会责任感从青少年心底萌发 ［N］. 中国教育报，2010 － 11 － 19 （001）.

❺ 金一斌. 着力提高大学生的社会责任感 ［J］. 中国高等教育，2010 （5）：13 － 14.

学生的社会责任感明显淡化❶；苏玲认为大学生的社会责任感相对缺失❷；朱晨静认为大学生社会责任感呈现出矛盾状态❸；刘微微和盖臣认为大学生社会责任意识存在增强与减弱并存的双向趋势❹；郑玉莲等则认为大学生的责任意识呈现出复杂多样、参差不齐的多元态势❺。

综括以上研究成果可知，目前国内外高等教育理论界和实践界都已经意识到了培养和提高大学生社会责任感的重要性，但是对大学生社会责任感状况的评价仍存在细微差异。也就是说，寻找有效的培养和提高大学生社会责任感的途径和方法是目前国内外高等教育界共同关注的一个问题。

1.2.2 关于大学生社会责任心和社会责任感的结构

不同专业研究领域对社会责任感有着不同的界定。教育学界常用社会责任感的定义，而心理学界则常用社会责任心的说法。一般认为，社会责任感是一种动态的道德情感体验，属于心理过程中的情绪活动；社会责任心是一种静态的道德心理品质，是一种心理特征。由于社会责任心主要通过社会责任感来体现，所以，很多研究虽用不同的概念表达，事实上所指相同。因此，在探讨大学生社会责任心的心理结构方面，本书将不对两个概念做特别区分。

目前对大学生社会责任心心理结构的研究主要依托于对责任心和社会责任心结构的界定。关于社会责任心，虽然社会各界对其关注如火如荼，但与繁荣的冠以"社会责任"的实践活动相对应的，却是社会责任理论研究的匮乏。时至今日，有关社会责任的研究仍缺乏清晰的理论框架。例如，何为社会责任？与其他责任相比，社会责任的特性是什么，如何体现其社会性？社会责任是一种非强制性的志愿选择还是会演变成一种义务？社会责任中的社会又是指什么？等等。"很多情况下，社会责任沦落为人们处理诸类社会问题，如贫穷、污染、犯罪等问题时的一种倡议而非明确担何责任"。❻对责任心结构的

---

❶ 彭定光. 论大学生社会责任感的培养 [J]. 现代大学教育, 2003 (3)：41－44.

❷ 苏玲. 当代大学生社会责任缺失的现状研究 [J]. 湘潭师范学院学报 (社会科学版), 2008 (6)：58－59.

❸ 朱晨静. 当代大学生社会责任感现状分析 [J]. 河北科技师范学院学报 (社会科学版), 2010 (1)：92－96.

❹ 刘微微, 盖臣. 论新时期大学生的社会责任意识 [J]. 学术交流, 2012 (4)：193－196.

❺ 郑玉莲等. 浅谈 90 后大学生责任意识的养成教育 [J]. 安徽科技学院学报, 2011 (3)：96－99.

❻ Vallaeys, François. *Defining Social Responsibility*: *A Matter of Philosophical Urgency for Universities* [EB/OL]. www.guninetwork.org [2014－05－10].

划分，从二维度到九维度不一而足，每种维度的观点和具体结论也都不尽相同，呈现出一种混乱状态。❶ 如朱智贤❷、程会昌❸等将责任心分为责任认知、责任感和责任行为三个维度；燕国才则认为责任心由自认认识、责任感、责任意志、责任行为四因素构成❹；张积家则提出了五因素论，即责任心包括责任认识、责任情感、责任行为、责任动机和责任能力五个维度；❺ 叶宝娟的研究指出，责任心由七个子维度组成，分别是条理计划、承担责任、团结助人、成就追求、传统道德、勤奋努力、关爱家人❻。社会责任心一般出现在按照责任对象划分的研究中，如王燕按照活动领域或责任对象，将大学生责任心划分为六个维度：自我、家庭、他人、职业、集体以及社会责任心。❼ 与混乱的责任心划分标准一样，目前对社会责任心结构的划分同样尚无定论。例如，Wentzel 提出社会责任感由人际关系责任感、社会公德责任感和公民角色责任感构成。❽ Rachman 等则认为社会责任感由国际责任感、国家责任感和全球责任感等组成。❾ 赵兴奎将大学生社会责任心划分为物质责任心，包括对生物、资源和环境的责任心；文化责任心，包括对有形文化遗产和无形文化遗产的责任心；群体责任心，包括家庭责任心、团体责任心、国家（民族）责任心和世界责任心。❿ 程岭红认为青少年社会责任心包括集体责任心、家庭责任心、同伴责任心、道德责任心、社会发展责任心⓫。李雪从认知、情感和行为三个维度出发，认为中学生社会责任心由评价性、自控性、效能性、敏感性、灵活性、反映性、主动性、独立性和坚持性九个因素构成。⓬ 刘勇、谭小红提出，

❶ 李明，叶浩生. 责任心的多元内涵与结构及其理论整合 [J]. 心理发展与教育，2009，25（3）：123 - 128.

❷ 朱智贤. 心理学大词典 [M]. 北京：北京师范大学出版社，1989：930.

❸ 陈会昌. 7 ~ 16 岁儿童责任观念的发展 [G] //中国心理学会发展心理、教育心理专门委员会. 发展心理教育心理论文选. 北京：北京师范大学出版社，1985：255 - 273.

❹ 燕国材. 论责任心及其培养 [J]. 中小学教育，1997（3）：3 - 7.

❺ 张积家. 试论责任心的心理结构 [J]. 教育研究与实验，1998（4）：43 - 47.

❻ 叶宝娟. 责任心的结构维度及量表编制 [D]. 南昌：江西师范大学，2009.

❼ 王燕. 当代大学生责任观调查报告 [J]. 青年研究，2003（1）：18 - 23.

❽ Wentzel, K. R . Social Competence at School：Relation Between Social Responsibility and Academic Achievement [J]. *Review of Educational Research*，1991，61（1）：1 - 24.

❾ Rachmana S., Dana S. Thordarsona, Roz Shafranb, Sheila R. Woodyc. Perceived Responsibility：Structure and Significance [J]. *Behaviour Research and Therapy*，1995，33（7）：779 - 784.

❿ 赵兴奎. 大学生社会责任心结构及发展特点 [D]. 重庆：西南大学，2007.

⓫ 程岭红. 青少年学生责任心问卷的初步编制 [D]. 重庆：西南师范大学，2002.

⓬ 李雪. 中学生社会责任心理结构及其发展特点研究 [D]. 重庆：西南师范大学，2004.

中学生社会责任心包括集体责任心、家庭责任心、同伴责任心、社会发展责任心、过失责任心和承诺责任心六个维度。❶肖波则从责任对象的角度将青少年社会责任心划分为个体责任心、他人责任心、社会责任心和环境责任心。❷

概括来讲，目前对大学生社会责任心的划分主要依托于对责任心和社会责任心的划分，在具体的划分标准上仍存在较大的分歧。大致来讲，分类的标准主要有三种思路：第一种是根据心理结构和过程来划分；第二种是按照活动对象、责任关系或活动领域来划分；第三种是根据个体应承担的社会角色来划分。根据本研究的需要，笔者将主要根据心理结构和过程的思路来划分大学生社会责任心，包括社会责任认知、社会责任情感和社会责任行为，重点探讨大学生的社会责任认知能力转化为社会责任行为的心理过程。

1.2.3 关于社会责任感和大学生社会责任感的测量

在有关社会责任感的测量方法上主要有两大类：开放式测量和标准化结构性测量。开放式的测量最早可以追溯到皮亚杰的对偶故事法和科尔伯格的两难故事法。这两种方法都是通过向被试提供一些道德两难故事，然后由被试对故事主人公做出的选择进行评价并解释其选择的理由，借由被试的选择来评估个体的道德判断水平、道德能力或道德责任感状况。此类开放式的测量涉及实验双方的观点阐述和对话，对施测者和被试都有较高的要求，而且测量结果的可验证性和有效性也相对比较弱。因此，为避免开放式测量方法的弊端，后续的研究者相继开发出实验法、问卷法、个案法等来多种方法测量个体的社会责任感，并编制了一系列的标准化结构性测量问卷和量表。早期对社会责任感的测量主要集中在一般的人格问卷中，如明尼苏达多相人格量表（MMPI/MMPI - 2）中的社会责任感量表，该量表用来评估个体愿意对自己的行为负责任和对社团尽义务的程度❸；高夫（Gough，Harrison G.）、麦克洛斯基（McClosky，Herbert）和弥尔（Meehl，Paul E）等在对大学生展开的研究中发现，MMPI - 2量表中有 32 个条目能够反映一个人的社会责任心和道德心等问题，由此编制成编制的社会责任感人格量表（Social Responsibility Scale，Re），简称 Re 量

---

❶ 刘勇，谭小红.中学生社会责任心的结构与发展特点研究 [J].中国特殊教育，2014（5）：78 - 82.

❷ 肖波.青少年社会责任心问卷编制 [D].长沙：湖南师范大学，2009.

❸ 纪术茂，戴郑生.明尼苏达多项人格调查表：最新研究与多类量表解释 [M].北京：科学出版社，2004：1 - 112.

表。后续研究证明，该量表可以用于一般人群，该量表包含四个因素：社会责任感；为人处世的可靠性；作为公民应该承担的义务和责任心；对教育和自我发展的态度。这个量表得分高的人显示有社会责任心、诚实、可信赖；低分的人则表现为社会责任心差。❶ 此外，哈里斯（Dale B. Harris）针对儿童编制的社会责任态度量表，发现了儿童社会责任态度的平均分数具有随年龄增长而增长的趋势。❷ 在哈里斯的社会责任态度量表的基础上，伯科威茨（L. Berkowitz）和莱特曼（K. G. Lutterman）开发了用以测量个体在道德义务（责任）感上差异的社会责任量表（Social Responsibility Scale），该量表包括"他人正当期待的满足"和"对游戏规则的信守"两个维度，用于测量个体在日常生活中，诸如参与社区，关注他人，对国家、政治、公众、工作、朋友等的态度方面的社会责任。❸此外，还有斯塔瑞特（R. H. Starrett）的全球社会责任感量表（Global Social Responsibility Scale）。❹ 具体到对大学生社会责任感的测量，影响较大或操作性较强的量表比较少，国外的有奥尔尼（C. Olney）和格兰德（S. Grande）开发的社会责任阶段测量量表（Scale of Social Responsibility Development，SSRD），将大学生的社会责任感划分为三个发展阶段，即尝试阶段（exploration）、领会阶段（realization）和行动阶段（activation）❺。国内对大学生社会责任心测量的量表主要有赵兴奎开发的大学生社会责任心测量量表，该量表着重从责任对象的角度将大学生社会责任心划分为物质、文化和群体三个维度。其中，物质责任心主要由生物责任心、资源责任心和环境责任心构成；文化责任心主要由有形文化遗产责任心和无形文化遗产责任心构成；群体责任心主要由家庭责任心、团体责任心、国家责任心和世界责任心构成。❻

综上所述，目前有关社会责任的测量工具有很多，诸多工具之间的差异主

---

❶ Gough, H. G., McClosky, H., Meehl, P. E.. A Personality Scale for Social Responsibility [J]. *The Journal of Abnormal and Social Psychology*, 1952, 47（1）：73 – 80.

❷ Harris, D. B.. A Scale for Measuring Attitudes of Social Responsibility in Children [J]. *The Journal of Abnormal and Social Psychology*, 1957, 55（3）：322 – 326.

❸ Berkowitz, L. & K. G. Lutterman. The Traditional Socially Responsible Personality [J]. *The Public Opinion Quarterly*, 1968, 32（2）：169 – 185.

❹ Starrett, R. H.. Assessment of Global Social Responsibility [J]. *Psychological Reports*, 1996（78）：535 – 554.

❺ Olney, C. & S. Grande. Validation of A Scale to Measure Development of Social Responsibility [J]. *Michigan Journal of Community Service Learning*, 1995（2）：43 – 53.

❻ 赵兴奎. 大学生社会责任心结构及发展特点 [D]. 重庆：西南大学，2007：1.

要源自研究者在开发工具时所基于的理论研究框架以及要解决的具体问题。因此，选择哪种测量工具还需要针对所研究的具体对象和所要解决的具体问题。在本研究中，我们选用奥尔尼（C. Olney）、格兰德（S. Grande）开发的社会责任阶段测量量表（SSRD）和赵兴奎开发的大学生社会责任心测量量表作为测量动态和静态大学生社会责任感发展状况的工具，并根据实际调查的情况对问卷进行了适当的修正。

1.2.4 关于大学生社会责任教育的研究

围绕大学生社会责任感的培养，国内外研究者展开了一系列的研究和试验。具体来讲，涉及的主题主要集中在以下三个方面：大学生社会责任感提高是否有可能；大学生社会责任感现状；大学生社会责任感教育方法及成效。

（1）大学生社会责任感提升是否可能？

自科尔伯格的道德推理理论框架提出以来，有众多的研究涉及大学生伦理和道德推理能力，很多研究采用了美国道德心理学家莱斯特（Rest）教授团队开发的"确定问题测验"（Defining Issues Test，DIT）收集数据，DIT 主要用于测量学生面对各种两难情景时所体现出来的道德推理模式。绝大多数研究表明，个体的道德判断和推理能力在大学期间仍有发展的空间。按照品格教育的观点，"在个体的儿童期和青少年期所获得的和应该获得的仅仅是那些能够帮助个体很好地成为社会一员的各种道德规则和价值观"[1]，而"针对成人的道德教育通常比针对青少年的要来得有效，原因可能是，成人更有能力结合自己的经验来审视道德两难故事"[2]。然而，沃巴什全国调查（Wabash National Study）中对 DIT 测试的结果显示，经过大学四年的生活，大学生的道德判断能力变得更为复杂，这使得人们无法获知学生在真实生活中遭遇道德两难问题时会如何判断，更无从知道当其面对真实的道德两难情景时会有什么样的行为表现，因此，不能依据假设情景下学生的道德判断能力来直接推断学生真实情

---

[1] Lind，G. . The Optimal Age for Moral Education：Conclusions from Meta-Analyses ［J］. *Journal of Moral Education*，1999：2.

[2] Sprinthall，N. A.，Collins，W. A. *Adolescent Psychology：A Developmental View* ［M］. New York：McGraw – Hill，1995：231.

境下的行为。❶

具体到与道德发展相关的责任问题，已有的研究表明，大学经历对于学生社会责任感的发展具有积极的促进作用，斯万纳（Swaner）认为，"个体对自我责任和社会责任的认知（即道德推理）在大学阶段的确在不断发展。因此，高等教育应开展责任教育"❷。帕斯卡拉（Pascarella，E. T.）和特伦兹尼（Terenzini，P. T.）的研究发现，"拥有至少一个学士学位的个体要比那些没有接受过中学后教育的个体要多约30%的可能去参与社区志愿服务……是否接受大学教育与对差异观点的开放程度之间也存有相关性"❸，"在提高个体原则式道德推理方面，大学具有独到的积极影响，积极参与大学活动的个体表现更为明显……大学经历有助于个体责任的发展"❹。奥尼尔（O'Neill）通过综述有关社会组织、公民认知、社会责任领导和社会政治参与等相关问题，发现大学经历有助于推动个体参与社区服务和站在他人的立场思考问题。❺ 乌尔塔多（Hurtado）的研究则发现，"从长远来看，大学教育对认同多样性的潜在利好有助于下一代公民有效地应对多元文化社会"❻。大学生的自我报告也显示，在重视他人观点方面，大学经历对于责任的增长有积极影响。❼同时，也有的研究者表明大学期间学生的个体和社会责任变化不大，如沃巴什全国调查（Wabash National Study）的数据显示，学生的个体和社会责任价值观在大学四年间变化不大。该中心发布的《大学四年的变化》报告中指出，学生在"政治和社会参与"维度上的分值在大学四年间不增反降。该报告还指出，虽然有35%的学生在此维度上有中等到高等程度的增长，但是58%的学生表示没有

❶ Wabash Center. *Summary of Four-Year Change* ［EB/OL］. 2006. www. liberalarts. wabash. edu/stor-age/4–year–change–summary–website. pdf ［2014–11–10］.

❷ Swaner, L. E.. *Educating for Personal and Social Responsibility*：*A Planning Project of the Association of American Colleges and Universities* ［EB/OL］. 2004：44 http：//www. aacu. org/core_commitments/docu-ments/review_of_lit. pdf ［2014–11–12］.

❸ Pascarella, E. T., Terenzini, P. T.. *How College Affects Students*：*A Third Decade of Research* ［M］. San Francisco, CA：Jossey–Bass, 2005：278.

❹ Ibid, 2005：345–347.

❺ O'Neil. *Promising Practices for Personal and Social Responsibility*：*Findings from A National Research Collaborative* ［M］. Washington, DC：Association of American Colleges and Universities, 2012.

❻ Hurtado, S.. Linking Diversity with the Educational and Civic Missions of Higher Education ［J］. *The Review of Higher Education*, 2007, 30（2）：186.

❼ Dey, E. L. & Associates. *Engaging Diverse Viewpoints*：*What Is the Campus Climate for Perspective Tak-ing* ［G］ //J. A. Banks（Ed.）. *Diversity and Citizenship Education*：*Global Perspectives*. San Francisco, CA：Jossey–Bass, 2006：71–98.

变化或者下降。❶ Carol Trosset 也认为，虽然有的学生进入与自身价值观不同的大学学习，但其社会和个体责任变化并不大。❷

鉴于上述的争议，本书将进一步检验道德判断与道德行为的关系以及大学生活和各类活动对于大学生社会责任感的影响状况。

（2）提高大学生社会责任感的途径及成效

综合国内外的具体实践，在培养大学生社会责任感的途径和方法上，常见的形式主要有参与志愿服务活动、社区服务和参加服务学习课程等。研究者们围绕上述途径与大学生社会责任感发展之间的关系开展了一系列的研究，主要集中在以下几个方面。

关于志愿服务、社区服务与大学生社会责任感之间关系的研究。目前来说，对相关主题的研究尚存在争议，比如在有关志愿服务对大学生社会责任感的影响方面，主要存在两类观点：一类研究认为志愿行动与利他主义动机、亲社会态度、社会责任感之间存在一定的相关性。如贺伯夫（Hobfoll, S. E.）的研究发现，从事志愿服务的大学生具有更高水平的社会责任感。❸ 鲁宾（Rubin, Richard W.）对牙科专业大学生调查后得出，社区服务经历使学生更有社会责任感。❹威廉姆斯（Williams, R.）的研究表明，学校组织的社区服务活动的最显著成效就是影响了学生自我责任感和社会责任感的发展。❺ 江圣文的研究也发现，参与志愿服务有利于提高学生的道德品质，包括社会责任感。❻柯文（Cowen, E. L.）等的研究发现，与非志愿者相比，志愿者们具有更高的亲社会倾向，而且面对服务对象时也具有更好的耐性。❼赫丁（Hedin,

❶ Wabash Center. *Summary of Four - Year Change* ［EB/OL］. 2006. www. liberalarts. wabash. edu/storage/4 - year - change - summary - website. pdf ［2014 - 11 - 10］.

❷ Carol Trosset. *Broading Our Understanding and Assessment of Personal and Social Responsibility*：*A challenge to Researchers and Practitions* ［G］//Reason, R. D. （Ed.）. *Developing and Assessing Personal and Social Responsibility in College. New Directions for Higher Education.* San Francisco：Jossey - Bass, 2013：28.

❸ Hobfoll, S. E.. Personal Characteristics of the College Volunteer ［J］. *American Journal of Community Psychology*, 1980, 8 （4）：503 - 506.

❹ Rubin, Richard W. Developing Cultural Competence and Social Responsibility in Preclinical Dental Students ［J］. *Journal of Dental Education*, 2004, 68 （4）：460 - 467.

❺ Williams, R.. The Impact of Field Based Education on Student Development：Research Finding ［J］. *Journal of Cooperative Education*, 1991 （27）：29 - 45.

❻ 江圣文. 运用职工服务社推动品德教育之行动研究 ［D］. 花莲：慈济大学, 2010.

❼ Cowen, E. L., Zax, M. & Laird, J. D. A College Student Volunteer Program in the Elementary School Setting ［J］. *Community Mental Health Journal*, 1996 （2）：319 - 328.

D. ）和康莱德（Conrad，D.）❶ 以及纽曼（Newmann，F. M.）和鲁特（Rut-
ter，R. A.）❷ 的研究都表明，参与社区服务对于个体的发展具有积极的影响，
如有助于提高个体的责任感和对他人的关注。国内的很多研究亦从理论上推演
出两者的密切关系，普遍认为志愿服务活动是培养大学生社会责任感的重要途
径之一。另一类研究则持怀疑态度，如塞罗夫（Serow，R. C.）❸；塞罗夫
（Serow，R. C.），塞查尔斯基（Ciechalski，J.）和达耶（Daye，C.）❹；马罗
塔（Marotta，S.）和纳氏曼（Nashman，H.）等对志愿者参与动机的研究显
示，志愿者更关注个人目标而非社会，帮助他人彰显的只是个人能力，与取得
高分、参加社团活动的能力相类似。❺ 高尔斯顿（Galston，W. A.）认为，志
愿服务与公民参与无关，大学生只是将志愿服务作为社会参与的替代品。❻

关于服务学习与大学生社会责任感发展的相关研究。大部分的研究验证了
两者之间的正相关关系。如 Nweze Nnakwe 的调查显示，参与服务学习的学生
对世界饥饿和流浪问题的关注有显著提高，并且在为减除饥饿和流浪做志愿服
务方面的兴趣也有较大的提高。他认为，即使服务学习课程在强度和持续时间
上有限，但大学在为学生提供服务学习机会、鼓励学生参与社区服务、实现学
生和社区双赢方面仍具有无与伦比的优势。❼ Wang Yan 研究了参与服务学习课
程对大学生社会责任感提高和智力发展的影响情况，研究得出：①服务学习课
程，尤其是那些内容涉及社会公平问题的课程，对于学生社会责任感和心智复
杂性的发展具有积极影响；②与那些不经常参与志愿服务活动和作为专业必修
课来修课的学生相比，有前期志愿服务经历的学生和自愿选修服务学习课程的
学生不仅在上课前具有较高的社会责任感，而且在服务学习课程中社会责任感

---

❶ Hedin, D. , Conrad, D. . Study Proves Hypotheses—And More［J］. *Synergist*, 1980（9）：8 – 14.

❷ Newmann, F. M. , Rutter, R . A . *The Effects of High School Community Service Programs on Students' Social Development*［M］. Washington, D. C. : National Institute of Education, 1983.

❸ Serow, R. C. . Students and Voluntarism: Looking into the Motives of Community Service Participants ［J］. *American Educational Research Journal*, 1991, 28（3）：543 – 556.

❹ Serow, R. C. , Ciechalski, J. , Daye, C. . Students as volunteers: Personal Competence, Social Diversity, and Participation in Community Service［J］. *Urban Education*, 1990, 25（2）：157 – 168.

❺ Marotta, S. , Nashman, H. . The Generation X College Student and Their Motivation for Community Service［J］. *College Student Affairs Journal*, 1998, 17（2）：18 – 31.

❻ Galston, W. A. . Civic Education and Political Participation［J］. *Phi Kappa Phi Forum*, 2003（9）：29 – 33.

❼ Nweze Nnakwe. Implementation and Impact of College Community Service and Its Effect on the Social Responsibility of Undergraduate Students［J］. *Journal of Family and Consumer Sciences*, 1999, 91（2）：57 – 61.

的提升幅度更大；③社会责任感水平与智力发展水平存在正相关关系，社会责任感的发展状况可以在一定程度上预测智力发展水平❶；格林（D. Green）认为，在服务学习课程中形成的积极社会心理有助于学生在服务学习经历中获得更大程度的道德发展。❷ 马里沙尔（J. Marichal）也认为，在服务性学习项目中，随着学生对社会问题的关注度、同情心、移情能力的增长，学生的道德发展和道德成熟度不断提高。❸ 还有一些研究认为，参与服务学习的学生在"个体可以有所作为"的信念上有显著提高，并且日后参与志愿服务的意向也更强。此外，研究者们还发现参与服务学习的学生对服务对象不幸遭遇的抱怨开始减少，取而代之的是对公平机会的追求。❹ 奇克林（Chickering）指出，服务学习有助于提高道德敏感度，从而有助于帮助学生克服与他人交往时的刻板印象，使他们能够设身处地地为他人着想。❺ 鲍斯（Boss）也指出，与课堂上的学习体验相比，服务学习优势明显，因为它让学生能够直接面对群体价值和真实的道德困境。他还指出，当直接面对流浪妇女和她的孩子时，个体很难没有道德责任感。❻ Serow 的研究也发现，当学生直接面对弱势个体和群体时，他们会获得一种其他任何途径都难以获得的真实体验，而对服务过程的反思与道德发展过程中的关爱、同情心的培养不谋而合。❼ 雅罗什（Jarosz）和博加特（Bogart）则强调，服务学习将社区服务纳入课堂教学，有效地将课堂理论学习与社会现实问题相关联。社区服务有助于学生理解一个国家的资源决策会影响到其他国家，一个区域的饥荒和贫穷也会与全国和全球状况密切相关。❽

❶ Wang, Y.. *Social Responsibility and Intellectual Development as Outcomes of Service – learning Courses* [D]. Columbus: the Ohio State University, 2003: 1 – 398.

❷ Green, D.. The Use of Service – Learning in Client Environments to Enhance Ethical Reasoning in Students [J]. *American Journal of Occupational Therapy*, 1997, 51 (10): 844 –852.

❸ Marichal, J.. You Call This Service? A Civic Ontology Approach to Evaluating Service – Learning in Diverse Communities [J]. *Journal of Political Science Education*, 2010, 6 (2), 142 –162.

❹ Giles, D. E., Eyler, J.. The Impact of A College Community Service Laboratory on Students' Personal, Social, and Cognitive Outcomes [J]. *Journal of Adolescence*, 1994 (17): 327 –339; Holland, B. A., and Gelmon, S. B.. The state of the engaged campus [J]. *AAHE Bulletin*, 1998, 51 (2): 3 –6.

❺ Chickering, A. W.. *Developmental Change as A Major Outcome* [G] //M. T. Keeton (ed.). *Experiential Learning*. San Francisco: Jossey – Bass, 1976: 62 –107.

❻ Boss, J. A.. The Effect of Community Service Work on the Moral Development of College Ethics Students [J]. *Journal of Moral Education*, 1994, 23 (2): 183 –197.

❼ Serow, R. C. Students and Voluntarism: Looking into the Motives of Community Service Participants [J]. *American Educational Research Journal*, 1991, 28 (3): 543 –556.

❽ Jarosz, L., Bogart, J. K.. New Concepts of the Relationship between College and Community: the Potential of Service Learning [J]. *College Teaching*, 1996 (4): 383 –388.

马库斯（G. B Markus）等探讨了服务学习与学生的个体和社会信念的影响情况，认为服务学习有助于学生的个体和社会信念的发展❶；贾尔斯（Giles, D. E.）和艾勒（Eyler, J. S.）❷，肯德瑞克（J. R. Kendrick）❸，布兰德尔（M. Brandell）和辛克（S. Hinck）❹ 等的研究均发现了服务学习对于提高个体的社会责任感、对多元化的接纳程度和领导力有积极影响。罗兹（Rhoass, R.）❺、艾勒（J. S. Eyler）和贾尔斯（D. E. Giles）❻ 的研究也表明，服务学习影响个体的道德和社会情感的发展。

　　与上述研究结果相对，也有些研究并未发现服务学习与大学生社会责任感发展之间的正向关系。如 Kollcross 调查了参与服务学习课程的学生在公民责任上的变化，他主要调查了四门课程的情况，分别是：包含服务学习内容的社会学和心理学以及为学生提供可选择性加分的经济学和统计学，在上述四门不同类型服务学习课程中，均未发现学生在社会责任感上的显著变化，他由此得出结论，无论是必须的还是自愿性的服务学习课程可能均无益于学生公民责任的发展。❼ 马库斯（G. B. Markus）等的研究指出，将社会服务与课程学习相联系的确有助于提高课程的学习成效，但在学生对自我问题、社会问题、志愿服务作用的认识上仍需要进行更深入的研究。艾勒（J. S. Eyler）等的研究发现了选择参加社区服务学习的学生和不参加社区服务的学生在参加社会服务活动前就存在显著的差异，因此，他指出若要考察服务学习对学生社会责任感发展的影响，需要进一步考查学生选课动机/理由与其本身社会责任感之间的关系❽。

---

❶　Markus, G. B., Howard, J., King, D.. Integrating Community Service and Classroom Instruction Enhances Learning: Results from an Experiment [J]. *Educational Evaluation and Policy Analysis*, 1993, 15 (4): 410 – 419.

❷　Giles, D. E., J. S. Eyler. The Impact of A College Community Service Laboratory on Students' Personal, Social and Cognitive Outcomes [J]. *Journal of Adolescence*, 1994 (17): 327 – 339.

❸　Kendrick, J. R.. Outcomes of Service-learning in An Introduction in Sociology Course [J]. *Michigan Journal of Community Service Learning*, 1996 (3): 72 – 81.

❹　Brandell, M., Hinck, S.. Service Learning: Connecting Citizenship with the Classroom [EB/OL]. *NASSP Bulletin*, 1997, 81 (591): 49 – 56. http//dx. doi. org/10. 1177/01926365708159109.

❺　Rhoass, R.. *Community Service Higher Learning: Explorations of the Caring Self* [M]. Albany, NY: State University of New York Press, 1997.

❻　Eyler, J., Giles, D.. *Where's the Learning in Service Learning? San Francisco*, CA: Jossey – Boss, 1999.

❼　Kollross, C. A.. *Service Learning and Citizenship: Is There A Connection* [D]. Long Beach: California State University, 1997.

❽　Eyler, J. S., Giles, D. E., Jr., Braxton, J.. The impact of Service – Learning on College Students [J]. *Michigan Journal of Community Service Learning*, 1997 (4): 5 – 15.

此外，在大样本的测量中，很多研究证实了参与服务学习的学生比未参与的学生的道德能力提高更明显❶，而小样本测量却未发现两个群体之间的显著差异❷。贝尔纳茨基（Bernaoki）和耶格（Jaeger）也指出，样本的大小、被试的年龄和被试的成熟情况以及服务学习的强度和频率都可能是影响道德发展或责任发展的变量。❸ 而学生高中时期的社会服务经历、家庭价值观、信仰等也可能影响学生进入大学前的道德发展水平。❹

因此，关于培养和提高大学生社会责任感的有效途径的问题还需要进一步展开研究。鉴于我国大学生参与社会服务的主要途径是志愿服务活动，本书将主要研究志愿服务活动对大学生社会责任感的影响，从而为有效地开展大学生社会责任感教育和提高志愿服务活动在培养和提升大学生社会责任感的成效方面提供参考。

1.2.5 关于大学生社会责任感的影响因素

围绕大学生社会责任感的影响因素，国内外研究者开展了一系列的研究。如威利斯（J. A. Willis）和戈索尔斯（G. R. Goethals）研究了大学生社会责任感与心理压力和榜样的关系，发现高社会责任感更可能产生社会责任行为，而且在有无榜样和有无威胁（心理压力）方面存在显著的差异❺；维特（L. A. Witt）研究了社会责任感与大学生角色外行为和大学生满意度的关系，研究发现，随着大学生满意度的增加，其社会责任感在角色外行为的影响逐渐降低；而且，无论大学生的社会责任感如何，对大学满意的学生角色外行为都较高，对大学不满意的学生中，高的社会责任感有较高的角色外行为❻；兰提尔瑞

---

❶ Boss, J. A.. The Effect of Community Service on the Moral Development of College Ethics Students [J]. *Journal of Moral Education*, 1994, 23 (2): 183 – 198.

❷ Green, D.. The Use of Service – Learning in Client Environments to Enhance Ethical Reasoning in Students [J]. *American Journal of Occupational Therapy*, 1997, 51 (10): 844 – 852; Bernacki, M. L., Jaeger, E. Exploring the Impact of Service – learning on Moral Development and Moral Orientation [J]. *Michigan Journal of Community Service Learning*, 2008, 14 (2), 5 – 15.

❸ Bernacki, M. L., Jaeger, E.. Exploring the Impact of Service – learning on Moral Development and Moral Orientation [J]. *Michigan Journal of Community Service Learning*, 2008, 14 (2): 5 – 15.

❹ Scott, J. H.. *Exploring Institutional Culture and Student Civic Engagement: A Constructive Inquiry* [D]. Athens: University of Georgia, 2008.

❺ Willis, J. A.. and George R. Goethals. Social Responsibility and Threat to Behavioral Freedom as Determinants of Altruistic Behavior [J]. *Journal of Personality*, 1973, 41 (3): 376 – 384.

❻ Witt, L. A., N. Clayton Silver. The Effects of Social Responsibility and Satisfaction on Extrarole Behaviors [J]. *Basic and Applied Social Psychology*, 1994, 15 (3): 329 – 338.

（L. Lantieri）通过开展教育实验研究，提出了影响学生社会责任感的两种因素，即自我意识障碍以及与家庭、学校和社区的疏离❶；肯内梅尔（K. N. Kennemer）则提出参与社区服务的预期、家庭收入、宗教、性别是预测大学生社会责任感状况的最重要因素。❷ 彭定光分析了影响大学生社会责任感的社会原因和大学生自身的原因，认为个人主义趋向和本位主义思想使大学生对社会现象的感性认识是导致当代大学生社会责任感下降的主要原因❸；车文辉、杨琼则研究了媒体对大学生亲社会行为的影响，发现大学生对亲社会报道的积极性和认同度与媒体的传播效果呈正比❹。此外，还有一些研究涉及影响大学生社会责任感的其他方面因素，这些因素主要集中在大学生自身、学校、家庭和社会环境四个方面。在本书中，除了考察诸多人口统计学因素，如性别、专业、年级、前期参与志愿服务活动的频率、参与志愿服务活动的动机以及父母的受教育程度等对大学生社会责任感的影响外，还会着重分析大学生社会责任认知到社会责任行为的转化机制，继而把握大学生社会责任感的生成机制。

综上所述，目前就大学生社会责任感及其培养的研究以国外研究成果居多、影响居大，尤其是在研究方法和测量工具上相对成熟，国内对该问题的关注与日俱增，好的成果也不断涌现。总结已有的研究成果，仍可以发现一定程度的不足，已有研究偏重于静态研究，缺乏对大学生社会责任感养成机制的动态研究；从已有的测量工具看，仍然以国外研究者开发的为主，但针对国外大学生开发的测量工具面临着社会责任感文化差异的挑战；国内研究正在不断深化，研究角度和方法日趋增多，但由于起步较晚，受到诸多条件的限制，尚存在许多不足，从选题到研究方法、技术，均缺乏系统性、连续性，诸多基本的理论问题尚没有解决，也缺乏成熟的测量工具和技术手段，对大学生社会责任感养成机制的动态研究、比较研究亦不多见。概括来讲，国内外学者对大学生社会责任感已经做了一些有价值的研究，但无论在理论上还是应用研究上仍存在一些不足，主要表现在以下几个方面。

（1）对大学生社会责任的心理结构划分标准较为随意，且缺乏对社会文

❶ Lantieri, L. Hooked on Altruism: Developing Social Responsibility in At-risk Youth [J]. *Reclaiming Children and Youth*, 1999 (2): 83-87.
❷ Kennemer, K. N. *Factors Predicting Social Responsibility in College Students* [D]. Newberg: George Fox University, 2002: 1-70.
❸ 彭定光. 论大学生社会责任感的培养 [J]. 现代大学教育, 2003 (3): 41-44.
❹ 车文辉, 杨琼. 媒体对大学生亲社会行为影响的实证研究 [J]. 现代大学教育, 2011 (4): 93-99.

化因素影响的关照，因此，本书将挖掘中西方责任文化中的精髓，将文化要素纳入对大学生社会责任感的思考范畴。

（2）心理学研究领域与道德教育研究领域缺乏沟通，各有侧重，且偏重于对大学生社会责任感某一方面的研究，整体性和系统性不强。心理学研究领域偏重于对社会责任心理结构、社会责任归因、社会责任认知、社会责任判断和推理等问题的研究，关注"是什么"的问题；而道德教育领域则偏重于解决方案的研究，关注"怎么做"的问题，并形成了不同的理论流派，如体谅关心道德教育理论流派、价值澄清理论流派、道德认知发展理论流派、品格教育流派等。因此，对大学生社会责任感的研究需要加强整体性和系统性，将大学生社会责任感理论建构与实证探索有机结合，系统解决"是什么""为什么""怎么做"的问题。

在本书中，笔者将尝试寻找有效的测量工具并展开实证调查，构建大学生社会责任感的养成机制，最终形成提高大学生社会责任感的培养方案，具体体现在以下几个方面。

（1）本书着力于对大学生社会责任感养成机制开展实证调查和国别比较研究，通过对多元文化视域下社会责任感价值取向和实践模式的研究，有利于加深大学生社会责任感养成理论研究的深度和广度，把握大学生社会责任感养成过程和养成方式的规律性，明确影响大学生社会责任感养成的各种因素，继而完成大学生社会责任感养成机制的系统构建。

（2）有利于推动大学道德责任教育改革实践，提高中国大学社会责任感教育的实效性，促进大学生的社会化进程和成才。通过历史研究、实证调查和比较研究的方法，可以更好地帮助我们理解社会责任的文化和时代差异，切实地把握我国大学生社会责任感的发展状况，并借鉴国外大学在社会责任教育实践方面的成功经验，创新我国高校社会责任教育体系，提高我国高校社会责任教育的实效性，最终促进大学生社会责任感的提升和发展。

1.3　相关概念界定

1.3.1　责任

要理解什么是社会责任，需要首先明确什么是责任。"责任"意味着个体对自己行为的结果负责，是个体承诺并遵守的个性品质。这些承诺有些是志愿性或有选择性的，如签订合同；有些则是捆绑式的，如履行签署的合同。但无论何种承诺，都意味着责任。责任是一种担当，同时也会给人带来荣耀，督促并约束着人们的思想和行为。在西方语境中，常用 responsibility 来表示责任，responsibility 源自动词 to respond，其词根是拉丁文 respondere，意味着"允诺一件事作为对另一件事的回应"或"回答"，例如，在罗马法中，责任被界定为被告或其辩护人通过陈述和辩解来"回应"原告对其的控诉。如果被告的陈述和辩解无法让法庭信服，被告就必须对其被控行为负责，如归还非法所得等。如果是在刑事案件中，若被告不能提供充足的证据来证明其无罪，那么就可能会受到罚款、坐牢或者刺字的惩罚。❶在中国古代，"责"和"任"是作为两个字来使用的。在《辞海》中虽然没有对"责任"一词的介绍，但有关于"责"和"任"的解释。关于"责"的用法大致归纳为以下四种：①责任；职责。如负责。《书・金腾》："若尔三王，是有丕子之责于天。"《蔡沈传》："丕子，元子也，姜武王为天元子；三王当任其保护之责于天。"②责问；责备。如斥责；自责。《论语・卫灵公》："躬自厚而薄责于人，则远怨矣。"③责罚。《新王代史・梁家人传》："崇患太祖庸堕不作业，数加笞责。"④索取；责求。《左传・桓公十三年》："送多责赂于郑。"《荀子・宥坐》："不教而责成功，虐也。"❷"任"的用法，除了任用、职位、信任等外，在中国古代主要有以下两种含义：①责任；职责。如诸葛亮《前出师表》："至于斟酌损益，进尽忠言，则攸之、祎、允之任也。"②担当；承担。如任劳任怨。《国语・齐语》："负任担荷，服牛辂马，以周四方。"❸《汉语大词典》中关于"责任"一词的解释是：①使人担当起某种职务和职责；②所谓分内应做的事；③做不好分内应做的事，因而应承担的过失。❹《现代汉语词典》（2002 版）对责任一词的解释是："一是指分内应做的事；二是指没有做好分内应做的事，因而应当承担的过失。"就责任问题而言，涉及的方面非常广，遍及家庭生活、职业生活、政治生活和社会公共生活等多个领域。相应地，对于责任的研究也存在法律责任、经济责任、社会公共责任、伦理道德责任等多个维度。在鲍曼看来，责任是道德存在的意义，他说："道德的意义是什么？很明显……采取道德立场意

---

❶ Edgar Bodenheimer. *Philosophy of Responsibility* [M]. Littleton, Colorado：Fred B Rothman & Co, 1980：5.

❷ 舒新城. 辞海 [M]. 上海：上海辞书出版社, 1999：3466.

❸ 同上书, 1999：620.

❹ 罗竹风. 汉语大词典（第十卷）[M]. 北京：汉语大词典出版社, 1992：41.

味着为他者承担责任。"❶ 在本书中，笔者主要侧重于从伦理道德的维度开展责任研究。按照《伦理百科词典》对责任的解释，道德意义上的责任主要是指"人们对自己行为的善或恶所应承担的责任，表现为对他人或社会应尽的道德义务"❷。具体来讲，本研究中的责任主要是指，在一定的法律和道德要求下，个体所应承担的角色、义务以及对其角色和义务履行后果的承担。

1.3.2 责任感和责任心

从目前已有的研究情况看，不同的研究领域使用不同的术语来表达与责任（responsibility）有关的概念，相关概念可见诸不同的研究领域，如道德心理学、认知心理学、临床心理学、道德教育领域等，常被表达为责任心、责任感或责任意识等。事实上，责任心、责任感和责任意识之间是有差异的，责任心是个体的一种静态的心理品质，属于心理特征的范畴；责任感则更侧重于与责任承担和行为后果相关的情感成分，是个人对现实生活中各种责任关系的反映，是社会和他人的客观要求在个体身上引起的主观认识和内心体验；责任意识体现的更多的是一种意识状态和活动，不涉及情感、意志等心理品质。李明和叶浩生总结了与责任有关的相关概念，并将之划分为三大类：一类可称为静态的责任特质定义，把责任心看作某种品质、态度、信念、能力、状态、习惯和倾向等；一类可称为责任情感，是由责任事件引起的情绪情感活动；还有一类可称为动态的责任认知定义，把责任心看作某种认知、机制、意识、预期、过程等。❸ 本书中所涉及的责任概念，主要是指责任主体对客体责任要求的认知、体验、反馈过程，包括责任认知、责任情感和责任行为三大基本要素。在具体的表述过程中，将主要采用责任感的表达，在不作严格区分的情况下，责任感等同于责任心。

1.3.3 社会责任感

按照 Starrett 的观点，"社会责任感是个体作为一个社区或社会良好公民所表现出的一种社会态度和行为模式。"❹ 在本研究中，社会责任感是一种

---

❶ 鲍曼．生活在碎片之中——论后现代道德 [M]．上海：学林出版社，2002：311．

❷ 徐少锦，温克勤．伦理百科词典 [M]．北京：中国广播电视出版社，1999：656．

❸ 李明，叶浩生．责任心的多元文化视角及其理论模型的再整合 [J]．心理科学，2010（3）：643 –645．

❹ Starrett, R. H. Assessment of Global Social Responsibility [J]. *Psychological Reports*, 1996（78）：535 –554．

社会价值的体现，即个人的能力及其活动满足他人、群体和社会的需要，是个体对自己在积极主动地承担社会角色、履行作为社会人义务中做出的行为选择、行为过程及后果是否符合内心需要而产生的一种积极的心理体验，它反映了一个人的社会化和人格完善化的程度。大学生社会责任感主要是指大学生对其在积极主动地承担其社会角色、履行作为社会人的义务中做出的行为选择、行为过程及后果是否符合内心需要而产生的一种积极的心理体验。

1.4　研究内容、研究假设和研究方法

1.4.1　研究内容

通过上文的分析，我们知道，研究大学生社会责任感具有非常重要的理论意义和现实意义。国内外已有大量的相关研究成果，但仍然存在不少研究的空间，在有关大学生社会责任主题上尚存在不少尚未解决的问题，比如在对社会责任感结构的理解、对社会责任感文化属性的认识、对大学生社会责任感发展的限度、对大学生社会责任感培养的效度以及大学生社会责任感的养成机制等方面均需要开展更为深入的研究。因此，本书将主要围绕以下几个具体问题展开研究：大学生社会责任感的价值与特征是什么？处于大学阶段的学生社会责任感发展是否可能？限度是什么？中西方文化下的责任观经历了怎样的历史流变？存在哪些主要的差异？在大学生社会责任感培养实践上，我们可以从美国高校学到什么？我国在大学生社会责任感培养实践上有哪些历史经验？这些实践经验在提高中国大学生社会责任感发展上是否仍然有效？其有效性主要受哪些因素的影响？我国当代大学生的社会责任感实际状况如何？我国大学生社会责任感养成机制是怎样的？如何创新当前高校社会责任教育理论和实践，以提高社会责任教育的有效性？

针对上述问题，本研究将在实证研究方法论的指导下，第一，从理论层面上进一步阐明培养和提高大学生社会责任感对于大学生自身发展和社会发展的价值，明确作为社会独特群体的大学生的社会责任感的特性；第二，从文化的视角解读东西方文化视域下有关责任和社会责任的理论及其历史流变，为理解大学生社会责任行为、培养和提高大学生社会责任感提供理论基础；第三，从比较文化的视角解读美国高校大学生社会责任教育的利弊得

失，为我国高校开展大学生社会责任教育实践提供参照；第四，分析我国大学生社会责任教育的历史演变，测量我国大学生社会责任感的现状和社会责任教育实践的成效，切实把握志愿服务活动对于大学生社会责任感发展的影响情况，解决"是什么"的问题；第五，围绕调查所反映出的实际问题，通过考察大学生在责任认知、责任情感和责任行为之间的关系，构建大学生社会责任感的养成机制，解决"为什么"的问题；第六，针对研究所得，提出改革我国大学生社会责任教育、培养和提升大学生社会责任感的具体举措，解决"怎么办"的问题。

具体来讲，本书的基本研究内容如下。

第1章，主要通过文献分析的方法厘清大学生社会责任的价值和特征。

第2章，从比较文化的视角分析西方文化视域下责任理论的历史流变和我国传统儒家文化中社会责任思想的历史演进，厘清中西方不同文化背景下和不同历史阶段下社会责任观的传承和变化。

第3章，以美国大学为例，研究了美国高校在培养大学生社会责任感方面的实践措施、经验和教训，详细介绍美国大学在推动大学生参与志愿服务、社区服务和服务学习等方面的实施经验。

第4章，考察我国在大学生社会责任感培养实践方面的历史经验，通过问卷调查，调查当代中国大学生的社会责任感发展状况，并通过跟踪调查的方法检验志愿服务活动对大学生社会责任感发展的影响。

第5章，围绕大学生社会责任感养成机制展开，按照责任认知—责任情感—责任行为的关系模型，构建了道德判断、社会责任心、移情、社会责任感发展阶段之间的模型关系。

第6章，以大学生社会责任感养成机制为分析框架，结合美国高校社会责任教育的经验和我国社会责任教育的传统，提出我国高校社会责任教育创新的若干思路和相关对策。

1.4.2　基本研究假设

围绕上述研究问题，本书的基本研究假设具体如下。

（1）社会责任感是一种后天习得的寻求社会公正的社会行为趋向。

（2）能动的社会化过程是大学生社会责任感生成的重要环节。

（3）大学生志愿者具有较高的社会责任感。

（4）大学生社会责任行为的产生与责任认知、责任情感关系密切。

1.4.3　研究方法和技术路线

本书遵从实证主义的研究范式展开调查研究，研究过程中涉及的具体研究方法主要包括问卷调查、访谈法、案例分析、统计分析、比较分析等。

1. 问卷调查

本研究的测量工具是修正后的"社会责任感发展阶段测量量表"（SSRD），原初量表由美国学者奥尔尼（C. Olney）和格兰德（S. Grande）开发，主要包含尝试阶段、领会阶段和行动阶段三个不同的社会责任感发展阶段。鉴于中美大学生参与志愿服务活动的诸多差异，本研究根据对中国大学生的调查数据对该量表进行了修正，修正后问卷的信度和效度都达到了统计学的要求。问卷调查主要运用在以下三个方面：一是调查当代大学生社会责任感总体状况，对上千名大学生开展了调查，有效调查对象为 1024 名；二是运用跟踪调查的方法调查大学生志愿者在参加志愿服务活动前后在社会责任感发展方面的变化情况；三是大学生社会责任感养成机制模型构建，主要调查了道德判断力、移情、社会责任心、社会责任感发展阶段之间的关系状态。

2. 访谈法

为了更深入地了解志愿服务活动的开展情况以及其对大学生社会责任感的影响，本研究运用访谈法对大学生志愿者参与志愿服务活动的情况进行了调查，访谈主要集中在两个方面：一是对大学生志愿者的访谈，通过访谈了解大学生参与志愿服务活动的动机和他们参加志愿服务活动前后的变化，其中选择了 20 名参加"暑期三下乡"的大学生志愿者，15 名参加海外志愿服务的大学生志愿者；二是在调查美国高校的社会责任教育实践时对相关部门负责人和管理人员的访谈，通过访谈了解美国高校在开展社会责任教育方面的具体做法和经验，主要访谈的对象是 Texas TECH University 教学与学习促进中心、道德伦理中心的负责人和相关人员。

3. 案例分析

在分析美国高校开展社会责任教育实践时，主要采用了案例分析的方法，选取了美国 Texas TECH University 为具体的研究案例，详细介绍了该校在开展社会责任教育、道德教育以及服务学习课程方面的一些实践经验。

4. 统计分析

在分析大学生社会责任感基本状况、志愿服务活动对大学生社会责任感影响以及构建大学生社会责任感养成机制模型时运用了统计分析的方法。

5. 比较分析

从比较文化的视角分析西方文化视域下责任理论的历史流变和我国传统儒家文化中社会责任思想的历史演进，厘清中西方不同文化背景下和不同历史阶段下社会责任观的传承和变化。此外，运用比较研究的方法分析了中美高校在培养大学生社会责任感方面的不同教育措施、经验和教训。

技术路线图具体如图 1 - 1 所示。

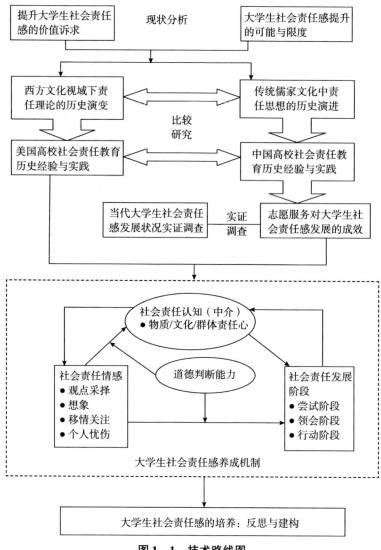

图 1 - 1 技术路线图

第2章 中西方文化视域下
责任理论的历史流变

近几十年来，随着公司社会责任运动和公民教育运动的蓬勃发展，有关社会责任（Social Responsibility）的研究开始繁荣起来。在公司社会责任运动中，人们首次将社会和环境因素纳入产品质量评价的范畴，人们逐渐意识到：缺乏责任就不再有质量。这种对社会责任的关注也逐渐引起高等教育领域的重视，大学也开始关注社会责任问题，开始着力于构建可持续校园、责任校园，倡导大学的社会责任，将社会责任纳入学术训练、科研的范畴，并将培养大学生的社会责任作为学校工作的重要方面。虽然社会各界对社会责任的关注如火如荼，但与被冠以"社会责任"的繁荣的实践活动相对应的，却是社会责任理论研究的匮乏。时至今日，有关社会责任的研究仍缺乏清晰的理论框架。例如，何为社会责任？与其他责任相比，社会责任的特性是什么，如何体现其社会性？社会责任是一种非强制性的志愿选择还是会演变成一种义务？社会负责中的社会又是指什么？等等。这些问题困扰着理论研究者和实践操作者。究其原因，出现上述问题的关键在于社会责任的内涵太广，无论是理论研究者还是具体实践者都很难给出明确的现实操作手册，亦不可能提供一个供所有人和所有组织践行的标准，"通常情况下，社会责任充其量是对人们处理诸类社会问题，如贫穷、污染、犯罪等问题时的一种倡议而非明确担何责任"❶。恰如库尔特·勒温（Kurt Lewin）所言，"再没有什么比一个好理论更有用的了"❷。因此，要研究大学生社会责任，需要首先从理论上阐明何为责任，何为社会责任，继而结合大学生的特性来明确大学生的社会责任是什么。历史学者戴维斯·

---

❶ Vallaeys，François. *Defining Social Responsibility：A Matter of Philosophical Urgency for Universities* [EB/OL]. www. guninetwork. org. [2014 – 05 – 10].

❷ Ibid.

兰德斯（Davis Landes）曾指出，"几乎全部的差异都是由文化产生"❶。同理，社会责任的含义也受社会文化和社会发展阶段的影响，不同的文化模式和历史阶段下人们对何为道德、何为责任有着不同的理解和界定，"从跨文化角度看，可以认为责任（感）是在特定文化中的一种内化了的思维方式和行为规范"❷。本章将主要从比较文化的视角解读东西方文化中有关责任和社会责任的理论及其历史流变，为理解大学生社会责任实践，培养和提高大学生社会责任感提供理论基础。

2.1 西方文化视域下责任理论的历史流变

在西方思想史上，"责任"是一个古老的话题。从古希腊的思想家苏格拉底、柏拉图、亚里士多德，到近现代的哲学家康德、黑格尔、列维纳斯等都有所论及，从未间断，研究成果散布于政治学、社会学、管理学、教育学、心理学等不同的学科。人为什么要负责任？人又如何担负责任？看似简单的问题，却至今没有一个统一的答案。阅读文献，我们会发现，一旦我们试图对责任开展深入的研究，就会陷入对责任本质理解的困惑之中。究其原因，这主要是因为不同的研究者以及不同的学科领域对于责任的理解存有极大的分歧，不仅东西方理论界对责任概念的阐释不同，即便是西方理论界对于责任的理解也大相径庭。德国的责任心理学家奥哈根（A. E. Auhagen）等人在回顾西方学界有关责任的研究成果时指出："责任究竟是什么？是一个伦理学范畴、一种社会规范、一个由个体形成的社会建构？还是一种道德行为的特征、一种态度、一种先天倾向、一种行为的动机或导向？抑或是一种生活情境、角色行为、对过去或未来的所作所为的解释？或者是别的什么东西？责任是一种单一的、整体的结构，还是若干'责任'的联合体？……对于这些问题的答案是：它完全依赖于人们的研究视角和追求的目标。"❸ 因此，要理解和把握责任概念，最好

---

❶ Mitcheel, L. E.. ±　　　不祥事は起こるか［M］. 斉藤裕一译. 千叶县柏：麗澤大学出版会，2005：19. 转引自佐藤孝弘. 论社会责任对公司治理模式的影响［D］. 上海：华东政法学院学报，2007：10.

❷ 叶浩生. 责任内涵的跨文化比较及其整合［J］. 南京师范大学报（社会科学版），2009（6）：99–104.

❸ Auhagen, A., Bierhoff H. *Responsibility at the Beginning of the Third Millennium*［G］//Auhagen A, Bierhoff H.（Eds.）. *Responsibility：The Many Faces of A Social Phenomenon*. New York：Routledge，2001：181. 转引自况志华，叶浩生. 责任心理学［M］. 上海：上海教育出版社，2008：2.

的办法是从责任思想的演变中来加以认识。通过历史梳理和展示，就可以大致把握责任理论的来龙去脉。恰如当代伦理学家康威尔·麦金泰尔（Alasdair MacIntyre）曾说的："理解一个概念，把握表达这个概念的词的含义，至少应了解支配着这些词的使用的规则，从而把握这个概念在语言和社会生活中的作用。……社会生活的不同方式将使概念起不同的作用。"❶ 基于此，本部分将对西方哲学史上对责任研究具有代表性的几位思想家的观点做简要回顾。

2.1.1　亚里士多德的责任思想

在西方，早在古希腊时期就有贤哲开始思考和讨论责任的问题。苏格拉底把责任看作"善良公民"服务国家和人民所应具备的本领和才能。柏拉图认为"各司其职"就是个人在城邦社会结构所要求的责任。在他设计的理想国中，人被分成不同的等级，处于城邦不同阶层的统治者、士兵和生产者具有不同的责任，正义的城邦就是一个理想国，是一个和谐有序的社会，"全体公民无例外地，每个人天赋适合做什么，就应派给他什么任务，以便大家各就各业，一个人就是一个人而不是多个人，于是整个城邦成为统一的一个而不是分裂的多个"❷。作为古希腊时期"百科全书式"的思想家，亚里士多德虽然没有明确提出责任的概念，但却是第一个明确建构责任理论、阐述责任实现条件的思想家。在《尼各马可伦理学》中，亚里士多德分析了正义与意愿行为、意愿与选择以及意愿与行为责任的关系问题，他在分析有关正义、职责和对过失的惩罚时使用了责任的概念。他从行为者内部原因，如知识性和意愿性选择等方面来研究责任，系统地论证责任与知识、责任与意愿之间的关系，并对负责任的条件和免责的理由进行了分析。他从人作为理性主体的角度，确定了一个责任行为者必须具备的两个条件——知识与自由，开启了日后哲学领域关于自由意志与道德责任之间关系的探讨。❸ 亚里士多德认为，"一个行为是不是一个公正的或不公正的行为，取决于它是出于意愿还是违反意愿。如果它是出于意愿的，做出这个行为的人就应受到谴责，这个行为就是不公正的行为"❹。

对于如何判断行为是不是出于意愿，亚里士多德的标准是：第一，是否在

❶ ［美］麦金泰尔. 伦理学简史［M］. 龚群，译. 长春：吉林大学出版社，2000：3-4.
❷ ［古希腊］柏拉图. 理想国［M］. 郭斌和，张竹明，译. 北京：商务印书馆，1986：138.
❸ ［古希腊］亚里士多德. 尼各马可伦理学［M］. 廖申白，译. 北京：商务印书馆，2003：319-330.
❹ 同上书，2003：151.

一个人能力范围之内。"如果去做那件事是在我们能力之内的，不去做就同样是在我们能力之内的"，因此区别行为是否出于意愿的一个标准就是行为是否处于外部的强制或胁迫。第二，是否在知情的情况下，即知道行为将会影响到谁、会采用什么样的手段及产生什么样的后果。第三，是否行为出于选择，即行为是否是经过行为者的事先考虑而做出的。在亚里士多德看来，只有同时满足以上三个条件的行为才算是出于意愿的行为，只有出于意愿的行为才能被判断为一个公正的行为，才需要对该行为承担责任。

针对"意愿"，亚里士多德还特意对"出于无知而做出的行为"和"处于无知状态的行为"进行了区分。他认为前者属于知识上的不完善而导致的错误，是不可避免的，是否应承担责任视情况而定；而后者则是因疏忽导致的错误，是可以避免的，需要承担责任。他认为，个人道德目的的确定和手段的选择都是由自己决定的，人们的善恶是由于自己的意志借助于理性选择的结果，任何人都应对自己的行为负责任，包括对可能逃避责任的偶然行为负责，"除非被迫作恶，或因无知而作恶，否则都要受惩罚。因为由于被迫和无知而作恶，没有责任"，"但是，如果我们认为作恶者对于他的无知应当负责任时，则这种无知本身是受法律惩罚的"❶。在亚里士多德看来，人因无知而可以对其不负责任的行为是非常少见的，认为"如果一个人不是不知道，却做着会使他变得不公正的行为，那么就必须说他是出于意愿地变得不公正"❷。论及至此，我们可以知道，在亚里士多德的责任体系里，个人意愿起着非常重要的作用。其有关责任的基本推演逻辑是：行动者的行为是基于其行为之前的考虑之下而去做的，而正由于这样，选择是出于自身的意愿，这样的行为就构成了因果关系，即人需要对其行为负责任，包括行为的表面自由以及对事态真相的了解。

在论证了责任与知识、责任与意愿等各种关系后，亚里士多德最终将落脚点归于人的品质上，认为"由于品质是在我们能力之内的，它们仍然是出于我们的意愿的……公正是公正的人在选择做公正的事时所表现出的品质"❸。亚里士多德认为，品格本身就是行为的充足理由。"善"在于我们自己，"恶"也在于我们自己，人自己应对自己的"善"或"恶"的后果负责。责任，作为根据行动和品格的伦理性质所做出的判断，是与在世道变化过程中个人或行

❶ 周辅成. 西方伦理学名著选辑 [M]. 北京：商务印书馆，1996：551.
❷ [古希腊] 亚里士多德. 尼各马可伦理学 [M]. 廖申白，译. 北京：商务印书馆，2003：74.
❸ 同上书，2003：76，146.

为是否可能改变完全无关。❶ 此外，亚里士多德还提出"人在本质上是政治的动物"，强调城邦对人的重要教化作用，即道德与城邦是一致的，一个人脱离了城邦也就脱离了道德，因为个人的善是与城邦的善联系在一起的。因此，亚里士多德主张让人们从小进行符合美德的行为训练，养成具有美德的习惯，同时在城邦中过一种合乎理智、遵守正确秩序的生活，服从城邦的法规和习俗。❷ 这实际上论述的就是个体应遵从社会规则、承担社会责任的问题。亚里士多德将责任的来源归为人的"意愿"和"品格"，并将责任建立在"公正、节制、勇敢和智慧"等美德之上，他的责任观点为西方近现代责任思想的发展提供了一种思路。

2.1.2 斯多葛派的责任思想

古希腊后期，斯多葛派的芝诺首次使用了"责任"（Kathekon）的概念。他曾设计过一种理想的智者模式，认为智者无欲、温和善良、责任心强、好交友等，尤其是有判断力和正义感。与古希腊早期的思想家相比，处于希腊晚期的斯多葛派不再认为"人自然是趋向城邦的动物"❸，也不再将实现自我寄希望于社会和城邦，而是致力于如何逃避外部世界，走进人自身。斯多葛学派强调普遍的宇宙理性决定着人的本性、活动和价值取向，人是宇宙的一部分，人的灵魂也是宇宙灵魂的一部分，所以，人的本性决定于宇宙灵魂。

斯多葛派将责任的来源归于自然。他们普遍认为，既然人的权利是自然赋予的，那么人也相应地主动承担顺应自然的义务和责任。如果人们不履行这些责任，就意味着违背宇宙万物运行的自然规律。在斯多葛派的观念里，责任是对自然秩序的恪守和遵从，"责任是指一旦完成，就可做出一个合理论述的事物"❹，是一种美德。他们还区分了无条件的责任和被环境所迫的责任。无条件的责任是指关心健康、保护感觉器官及诸如此类的事情；被环境所迫的责任是指使自己变成残废或牺牲财产。合乎德性地生活是一种责任，而有责任的行为是理性指导我们去做的行为。此后，这种责任思想逐渐发展成为美德责任观念。在这种责任观下，人的幸福和完善不可外求于那些变化不定而又不可控制

---

❶ 郭金鸿. 道德责任判断的三重根据 [J]. 伦理学研究，2009（1）：77-83.

❷ Gerard Verbeke. *Moral Education in Aristotle* [M]. Washington, D. C.：Catholic University of America Press，1990.

❸ [古希腊] 亚里士多德. 政治学 [M]. 北京：商务印书馆，1965：7.

❹ 苗力田. 希腊哲学史 [M]. 北京：中国人民大学出版社，1989：616.

的事物，而应让其回归自我，反求诸己，因为通过个体内在的静观活动，就能达到内心逍遥而又恬静的状态。斯多葛学派强调：在外，顺从自然即是善；在内，静观自我则是德。斯多葛派及古希腊晚期的哲学家们通过自己的理论和实践为西方文化注入了另一种血液，将责任归为是个体对自然秩序的恪守和遵从，强调个体的责任美德，引领了近代西方哲学的复兴。

2.1.3　西塞罗的责任思想

马尔库斯·图利乌斯·西塞罗是古罗马时期最有才华的政治家之一，同时也是当时最伟大的伦理学家和演说家。其伦理思想集合了柏拉图、亚里士多德、斯多葛学派、伊壁鸠鲁学派的观点，在伦理学上独树一帜。责任观是其伦理思想体系的重要组成部分，他以书信体的方式撰写了重要的伦理学著作《论责任》，对道德责任、责任的起源及责任的类型进行了系统的论述。在西塞罗的责任理论体系中既可以找到亚里士多德时期强调的个体对城邦的责任，也可以发现斯多葛学派的美德责任观点。他认为责任就是"干什么事情都不应当过分仓促或草率；也不应当去做任何自己说不出充分理由的事情。……关于道德责任这个问题所传下来的那些教诲似乎具有最广泛的实际用途。因为任何一种生活，无论是公共的还是私人的，事业的还是家庭的，所作所为只关系到个人的还是牵涉他人的，都不可能没有其道德责任，因为生活中一切有德之事均由履行这种责任而出，而一切无德之事皆因忽视这种责任所致"❶。西塞罗把责任分成两类："普通的"责任和"绝对的"责任。他指出："'绝对的'责任也可以叫作'义'，'普通的'责任只是关于可以提出某种适当理由的行为的责任而已。"❷　"绝对的"责任就是我们今天所说的"义务"，而"普通的"责任则是人们在日常生活中需要遵从社会规范和规则的责任。

在责任的来源上，西塞罗提出了"四美德说"，他认为一切责任都来源于四种美德，分别是：第一，充分地发现并明智地发展真理；第二，保持一个有组织的社会，使每个人都负有其应尽的责任，忠实地履行其所承担的义务；第三，具有一种伟大的、坚强的、高尚的和不可战胜的精神；第四，一切言行都稳重而有条理，克己而有节制。❸四种美德关系密切并各自衍生出相应的道德

---

❶　[古罗马] 西塞罗. 西塞罗三论：论老年 论友谊 论责任 [M]. 徐奕春，译. 北京：商务印书馆，1998：91，137.
❷　同上书，1998：93.
❸　同上书，1998：96.

责任，如具有"保持一个有组织的社会，使每个人都负应尽的责任，忠实地履行其所承担的义务"的美德会让人产生公正、博爱、仁慈、宽容以及诚信等社会责任。此外，西塞罗还分别论述了个体道德责任、团体道德责任和国家道德责任，又按照先后顺序将责任划分为四个层次：对神的道德责任，自我道德责任，对国家的道德责任，对父母、儿女以及亲戚等他人的道德责任。❶ 其中，对国家的道德责任和对他人的道德责任可以划归为社会责任。他认同柏拉图所说的，"我们生下来并非只是为了自己，我们的国家、我们的朋友都有权要求我们尽一份责任"❷。

在对国家的道德责任上，西塞罗认为对国家负责是人们重要的责任之一，具体表现在三个方面：首先，要对国家忠诚。西塞罗认为个体必须竭尽全力维护国家的安全、荣誉和利益，在必要时可以不惜牺牲私人利益甚至生命。其次，要勇敢。西塞罗认为战争必须为了公众的利益，若为了一己之私而挑起战争是邪恶的。最后，要积极参与政治生活。西塞罗认为参与政治不仅是公民的基本权利，更是公民的基本责任，公民有责任积极参与国家事务的管理，为国家发展出谋划策。

在对他人的道德责任上，西塞罗认为个人对他人所负有的责任有：第一，公正。与亚里士多德强调人的公正品格相类似，西塞罗也推崇公正，他认为"公正是美德至高无上的荣耀和人之所以被称为'好人'的基础"。公正可以让人不做伤害他人的事情，也可以引导人们明确公利和私利的界线，将公共财产用于公益，将私有财产用于私利，达到个人不将公共财产用于私利，政府也不将私人财产强行用于公利。至于不公正的行为，主要表现为两个方面：一种是直接伤害别人，如为了获得某种利益故意剥夺他人的财产或生命；另一种是能够制止却未制止伤害他人的行为。对于第二种不公正行为，西塞罗的观点极具特点。他认为公民有责任保护他人的财产和生命安全，若可以制止但未去制止伤害他人的行为固然没有直接伤害到他人，但是却违背了第二种公正，是不公正的行为，也是缺乏责任感的表现。第二，行善。西塞罗倡导人们行善。第三，真诚。他要求人们对待朋友要真诚，"任何缺乏真诚的友谊都是不能持久的"❸。第四，诚信。西塞罗认为有道德、有责任的公民必须诚信、信守诺言。

---

❶ 李慧勤. 西塞罗的道德责任观及其当代价值 [D]. 郑州：郑州大学，2013：18.

❷ [古罗马] 西塞罗. 西塞罗三论：论老年 论友谊 论责任 [M]. 徐奕春，译. 北京：商务印书馆，1998：99.

❸ 同上书，1998：71.

2.1.4　康德的责任思想

康德的哲学在近代欧洲哲学史上具有承前启后的作用，其哲学思想中有关道德责任的思想对于道德责任理论的发展贡献巨大。他对国家和他人的道德责任的论述有助于我们理解西方文化中的社会责任概念，其对责任概念、责任起源和责任划分的研究也为研究社会责任提供了坚实的理论铺垫。在康德伦理学中道德责任处于核心地位，在其《实践理性批判》《道德形而上学原理》《道德形而上学》等不朽著作中都有对道德责任的深入研究。康德对责任高度重视，并将之作为道德价值的基础，认为责任是一切道德判断的根本。在其责任思想体系里，康德系统地分析了责任的前提、责任与道德的关系，并对责任进行了分类。其中，他"对他人的责任"的分析对于理解个体的社会责任具有较大启示。

在康德的责任思想体系里，意志自由、自律被认为是道德责任的两个重要前提。在康德看来，自由是人的重要属性，与其他存在相比，人为自身立法。所谓"人为自身立法"，可以从两个方面来认识：一是从人类整体来看，从荒蛮时代进入文明礼制社会，为了保证社会秩序的稳定和行为规范，以及促进社会与人的双向发展，立法可以使人明确各自的职责；二是从个体角度来看，从社会对行为者的自律规范发展到主体行为自觉自愿地履行道德责任，可以说自觉就是法官和审判官，对自我行为进行评判和责任追究。❶ 也就是，人要服从自己颁布的规律。通过道德的自律，人们便获得了自由，也获得了做人的基本尊严和价值，并具有了真正的人格，从而可以实现理性对感性的限制与超越。因此，自由是一切理性存在者的属性。但同时，人一旦将自己当作本体的存在，在享受自由的同时也必须承认自由的后果，即道德。承认作为理性的人对作为感性的人的约束，自由的行为必然要对行为的后果承担责任。换句话说，责任是自由行为的必然结果和对行为是否为善的判断标准。

那么，德行与责任之间的关系是什么呢？康德认为，道德行为不是人的一般目的的实现，也不是人的差别功能的发挥，而是符合普遍理性形式的理性命令的执行。即，德行之为德行在于德行的责任化。如果德行不能责任化，它就成为不了德行。在康德看来，责任"就是由于尊重规律而产生的行为必要

---

❶　郭金鸿. 道德责任论［M］. 北京：人民出版社，2008：102.

性"❶。也就是，对人来说，责任具有一种必要性，是个体必须要做的事情。德行所起到的主要作用是将来自爱好和欲望的障碍排除，以便让个体担负起自己的责任，"德行的力量，不过是一种准备条件，把责任的'应该'转变成'现实'的力量"❷。在分析了责任与道德关系的基础上，康德最终提出了道德的三个命题："第一个命题是：行为的道德价值不取决于行为是否合乎责任，而在于它是否出于责任。第二个命题是：一个出于责任的行为，其道德价值不取决于它所要实现的意图，而取决于它所被规定的准则。从而，它不依赖于行为对象的现实，而依赖于行为所遵循的意愿原则，与任何对象无关。第三个命题：责任就是由于尊重规则而产生的行为必要性。"❸

　　除了提出责任的三个命题外，康德在《道德形而上学》一书中还对责任从不同的角度进行了划分。按照责任的对象和它的约束程度差异将责任划分为四种不同的责任，分别是：对自己的完全责任、对他人的完全责任、对自己的不完全责任和对他人的不完全的责任。其中，对他人的责任体现的是一种社会责任。具体来讲，对他人的完全责任又可划分为对他人的终身责任和由对他人应有的尊重而来的德行责任。对他人的终身责任包括与人为善的责任、感恩的责任和在人们生活中反对怨恨恶习的责任。康德坚决反对不尊重他人的恶习，如骄傲自大、造谣中伤和冷嘲热讽。他认为，个体要践行对他人的完全责任，需要在为人处事的过程中信守诺言、担负责任。例如，言而有信是一项对他人的完全责任，这就意味着"如作不负责任的承诺成为普遍规律，那么承诺和保证就都化为烟云，人们再也不会相信保证，把所有人的信誓看作欺人之谈，看成笑柄"❹。对他人的不完全责任，康德认为是一种人们相互之间的伦理责任，康德将其分为由于尊重自身处境而产生的人们相互之间的伦理责任以及在友谊之中的爱和尊重的内在一致性，其主旨是乐善好施、济危扶困以及爱和尊重的内在一致性，如助人为乐。人们助人为乐的行为是值得褒奖和肯定的，但是却不能强制所有的人都必须如此。假设有人天生对他人和世事冷淡，但"如果是正直的、诚实的，至少不会因对他人的不关心而失去其善良的品质。并且这样的人要胜似那些侈谈同情、善意，遇有机会也会表现一点热心，而回

---

❶　[英] 哈耶克. 自由秩序原理（上）[M]. 北京：生活·读书·新知三联书店，1997：90-91.

❷　[德] 黑格尔. 法哲学原理 [M]. 北京：商务印书馆，1979：121，119.

❸　[德] 康德. 道德形而上学原理 [M]. 苗力田，译，上海：上海人民出版社，2005：10.

❹　同上书，2005：12.

过头却在愚弄人、出卖人的权利，或用其他办法侵犯人的权利的人"❶。概括来讲，康德的责任观念已经自成一体，将德行与责任有机地结合在一起，在责任践行和责任判断上亦有详细论述。

2.1.5 列维纳斯的责任思想

从本质上倡导社会责任的典型代表是法国哲学家伊曼努尔·列维纳斯（Emmanuel Levinas）。他的哲学思想致力于思考自我与他者的伦理关系，故而被称为"他者伦理学"。在列维纳斯的他者伦理学里，责任是一个重要概念，也是维系自我和他者（self-other）的关键。概括来讲，列维纳斯对责任的思考主要集中在两个方面：第一，责任观：为己还是为他？第二，责任的践履：如何为他？

1. 责任观：为己还是为他？

传统上，伦理学视域里的责任观主要包括两种。一种责任观是主客体层面上的，是主体对客体的负责。这种观点是以培根为代表的近代很多西方哲学家所秉承的，主客体层面上的主体性是与客体相对的主体性，主体能动地认识和改造世界，化自在之物为为我之物。在该层面上还可以进一步将责任观划分为：自我责任和集体责任。在自我责任方面，"我"被假设为一个理性自觉、意志自由的主体，"我"的选择、"我"的决断出于意志的自由，因此"我"必须为"我"的选择与行为担负责任，这样的"我"是一个自我负责的主体；在集体责任方面，个人为所属的集体负责，把集体责任看作个人价值追求的一个内在向度，为了集体也为了"我"自己的利益，"我"必须和集体或别的成员共处，遵守集体的规范，履行集体的责任。❷也就是说，无论是自我责任还是集体责任，它们的出发点都是"自我"，最终也都走向"化他者为自我，化异在为己在"，区别只是在于是为了"小我"还是"大我"。

另一种责任观着眼于主体间层面上。在主体间层面上谈责任，强调的是一个主体对另一个主体负责，是"我"对"他"或"他们"负责，强调主体（他者）具有不可占有性和不可奴役性。他者问题并非列维纳斯的首创，但他却赋予了"他者"新的内涵。西方现代哲学对"他者"问题的研究可以追溯到现象学对走出"唯我论"立场的构想。在现象学中，他者问题最早开始于

❶ ［德］康德.道德形而上学原理［M］.苗力田，译.上海：上海世纪出版社，2005：11.
❷ 顾红亮.为他责任：走出自我责任与集体责任的困境［J］.哲学研究，2006（10）：26-29.

胡塞尔（E. Edmund Husserl）思考的他人意识如何呈现的问题，后来逐渐发展为海德格尔（Martin Heideggar）的自我与他人如何共在，以及梅洛·庞蒂（Maurice Merleau–Ponty）的他人的此在在世问题和身心关系问题，德里达（Jacques Derrida）"他者"的耳朵和听觉问题。❶ 到列维纳斯这里，他者的地位得到了更大的张扬。他认为责任不单是为己的，而且是为他的，责任在本质上是一个主体间性的事件，而且就自我和他者的关系而言，他者优先于自我，他者的需求是第一位的，我是第二位的，"他者以他的超越性主宰我，他者是陌生人、寡妇和孤儿，我对他负有义务"❷。也正是这种为他者的责任构成了我存在的一个理由，是我之成为我的理由。我负责，所以我就存在。由此，人与人之间的伦理关系也就变成一种为他者负责的关系，人的道德性不是由自我意志或普遍意志构建的，而是由他者的伦理命令和在为他者负责的过程中建构起来的。这就是列维纳斯构建的著名的他者伦理学。他者伦理学的形成源自列维纳斯对西方传统哲学"同一化"特点的批判。世界大战、对犹太人的迫害、殖民主义、帝国主义等让列维纳斯反思产生西方文化危机和社会危机的思想根源。他最终将上述危机的出现归咎于西方哲学的本体论传统，如柏拉图的理念论、亚里士多德的实体论、康德的物自体学说、黑格尔的逻辑学、海德格尔的存在本体论等。他认为这种本体论哲学是一种"把他者还原为同一的本体论"，将导致一种消灭他者的强力和非正义的哲学——"本体论是一种权力哲学"❸。在同一性思维模式下，主体我通过各种手段，如概念化、客体化压制他者或占有他者，把外在于我的一切都纳入我的意向性框架之中，如以不同名义或形式出现的极权主义就是同一性哲学在政治领域对"他者"暴政的体现。因此，人类需要重新面对他者、重塑自我与他者的关系。

2. 责任的践履：如何为他？

借助于对他者问题的细致分析，列维纳斯将为他者的精神赋予个体，建构了为他者负责的主体。那么，强调为他者负责任是不是意味着自我的主体性的丧失？在为他者责任中如何处理自我和他者之间的关系？要解答上述问题，需

---

❶ 孙庆斌. 为"他者"与主体的责任：列维纳斯"他者"理论的伦理诉求［J］. 江海学刊，2009（4）：63–68.

❷ Emmanuel Levinas. *Totality and Infinity*［M］. Translated by Alphonso Lingis. Pittsburgh：Duquesne University Press，1969：215.

❸ 孙庆斌. 为"他者"与主体的责任：列维纳斯"他者"理论的伦理诉求［J］. 江海学刊，2009（4）：63–68.

要把握列维纳斯他者伦理中"他者"的内涵。列维纳斯借助"面貌"（face）的概念来解释他者，通过对"面对面"（face to face）相遇的分析阐释了自我与他者的责任关系。首先，每个人都有面貌，面貌所表征的不仅仅是我们所见到的人的表情，还包含着我们无法直接看到的东西。因此，面貌具有非同一性和不可见性。在列维纳斯看来，面貌不能成为认识的根据，也不是被看见的形象，它是一种外在的无限，是他者的全部，我与他者的面对面关系即是我与他人的真实关系。❶ 其次，他者的面貌是独特的，在面对面关系中，面貌的意义只属于他者，是不能被自我左右的，当然也就不能被自我所同一。他者是与自我完全不同的，是在自我之外的另一个主体。在自我与他者的"面对面"关系中，自我借助他者获得伦理的责任，在自我承担责任的过程中，自我的主体性才得以生成。因此，可以说是他者赋予了自我以正式的主体性，自我的主体性依赖于他者，他者的他性构成了主体性概念的前提。在极端的意义上，"我"的这种负责完全是为他的，而且是无限的，似乎是被他者困住了，就好像"我"成为"他"的"人质"（hostage）一般。❷ 因此，列维纳斯说："人类在他们的终极本质上不仅是'为己者'，而且是'为他者'，并且这种'为他者'必须敏锐地进行反思。"❸ 当然，列维纳斯强调他者，并没有否定主体的价值和存在。相反，他认为在为他者的伦理境遇中，主体存在的伦理意义和价值得到更大的凸显。列维纳斯经常援引陀思妥耶夫斯基在《卡拉马佐夫兄弟》一书中的一段话："我们每个人在每个人面前要负起责任，而我要比其他人负得更多……我永远负着责任，每一个我都是不可交换的。我做的事情，没有任何人能够代替我的位置，特殊性的核心就是责任。"❹

此外，列维纳斯还从自我与他人的伦理关系角度重申了自由与责任的关系。他认为，"没有他者，自由就没有目的或基础。在面对面中，他者给予自我的自由以意义，因为自我被赋予了真正的选择：对他者承担责任和义务，或者充满仇恨和暴力地拒绝他者。他者授予自我真正的自由，并且将因自我如何

---

❶ 孙庆斌. 为"他者"与主体的责任：列维纳斯"他者"理论的伦理诉求 [J]. 江海学刊，2009（4）：63-68.

❷ Emmanuel Levinas. *Collected Philosophical Papers* [M]. Translated by Alphonso Lingis. Dordrecht：Martinus Nijhoff Publishers，1987：123.

❸ [法] 列维纳斯. 塔木德四讲 [M]. 北京：商务印书馆，2002：111。转引自孙庆斌. 为"他者"与主体的责任：列维纳斯"他者"理论的伦理诉求 [J]. 江海学刊，2009（4）：63-68.

❹ 同上。

行使这种自由而受益或受害"❶。在列维纳斯的自由观里，自由是处于自我与他者的责任关系中的自由，责任优先于自由，自由是有限度的。当然，列维纳斯的责任理论也存在一些问题，如他没有解释自我为什么能够承担起对他人的责任。此外，在观点上也存在片面性和极端性，因此，其责任理论在引发人们思考的同时也受到了很多的批判，如伦克就曾指出他的理论"无行为导向性"❷。概括来讲，列维纳斯的为他责任观直接将自大的主客体层面上的对他责任转向为主体间的对他责任，这对于我们理解今日个体在担负社会责任中自我的所得有很大的帮助，即自我担负了社会责任，事实上不仅仅是一种单向度的付出，更是一种双向度的收获，因为他者赋予了自我以主体性。

2.1.6　马克思主义思想中的责任思想

人为什么要承担责任？马克思主义理论有关人性的论述对此给出了答案。马克思主义理论认为，人性是人之所以要承担责任的物质基础。"人双重地存在着：主观上作为他自身存在着，客观上又存在于自己生存的这些自然无机条件之中。"❸ "人来源于动物界这一事实已经决定了人永远不能完全摆脱兽性，所以问题永远只能在于摆脱得多些或少些，在于兽性或人性的程度上的差异。"❹ 作为自然性的存在，人首先具有实现自身生存和发展的责任，"譬如说无产者吧，他的职责就是要像其他任何人一样满足自己的需要"❺。除了人的自然性，马克思更强调人的社会属性，他指出："人的本质并不是单个人所固有的抽象物，在其现实性上，它是一切社会关系的总和"❻，"作为确定的人，现实的人，你就有规定、使命和任务，至于你是否意识到这一点，那都是无所谓的。这个任务是由于你的需要及其与现存世界的联系而产生的"❼。因此，在马克思主义理论里，个体是社会的人，处在社会关系之中，个体与社会的关系决定了个体必须承担一定的社会责任。

此外，马克思主义伦理学还认为人的道德责任的前提是人的意志自由，

❶　[英] 柯林·戴维斯. 列维纳斯 [M]. 南京：江苏人民出版社，2006：53.
❷　甘绍平. 应用伦理学前沿问题研究 [M]. 南昌：江西人民出版社，2002：125.
❸　马克思恩格斯选集 (第46卷) [M]. 北京：人民教育出版社，1979：491.
❹　马克思恩格斯选集 (第20卷) [M]. 北京：人民教育出版社，1972：110.
❺　同上书，1965：326.
❻　马克思恩格斯选集 (第1卷) [M]. 北京：人民教育出版社，1975：18.
❼　马克思恩格斯选集 (第3卷) [M]. 北京：人民教育出版社，1975：328 - 329.

"如果不谈谈所谓自由意志、人的责任、必然和自由的关系等问题，就不能很好地讨论道德和法的问题"❶，"没有无义务的权利，也没有无权利的义务"。❷因此，个体在享受自由的同时，也意味着选择了责任。也就是说，自由是有限度的，自由并不意味着放任，而是意味着责任。"你们是自由的，因此是负有责任的。"❸

2.2 传统儒家文化中的社会责任思想

我国具有悠久的文化传统，责任也一直被作为中华民族的传统美德。中国传统文化中蕴含着极为丰富的责任思想和责任要求，每一个社会成员都处于相互交织、错综复杂的责任关系之中，传统的道德伦理规定了每个人的责任所在：父慈、子孝、兄良、弟悌、夫义、妇听、长惠、幼顺、君仁、臣忠（《礼记·礼运》）。甚至可以说，中国的传统价值观念就是一种责任观念。在中国文化发展的历史长河里，有很多圣贤对责任进行过论述，从古代的孔子、孟子到近现代许多思想家、革命家等都有过相关论述，如孔子的"克己复礼"、老庄的"无为而治"、张载的"天人合一"等，都在中国责任文化发展中产生过重要影响，形塑着中国的责任文化形态。在诸多文化传统中，儒、释、道历来被视为源流主干，尤其是儒家的伦理学说被奉为中国传统文化的核心价值理念。牟宗三曾将此精当地概括为"开辟价值之源，挺立道德主体，莫过于儒"，并指出"在危疑时代，能挺起来做中流砥柱的，只有儒家"。❹儒家所强调的"内圣外王""以天下为己任""修己济世"等人的责任品质广泛地渗透入中国的人伦日用之中，成为指引、评价个体责任的规范和世人人格成长转化的行动指南。本部分将着重梳理和阐述中国传统儒家思想中的责任观点，以便为理解中国文化语境下的责任和社会责任思想和行为做铺垫。

2.2.1 天人观：责任的来源

天人观是中国传统儒家伦理思想和责任思想产生的立论基础。牟宗三曾断言："主体和天可以通在一起，这是东方文化的一个最特殊、最特别的地方，

---

❶ 马克思恩格斯选集（第 3 卷）[M]. 北京：人民教育出版社，1975：152 – 153.

❷ 同上书，1975：137.

❸ 马志尼. 论人的责任 [M]. 北京：商务印书馆，1995：101.

❹ 牟宗三. 中国哲学十九讲 [M]. 上海：上海古籍出版社，2005：49.

东方文化与西方文化不同最重要的关键就是在这个地方"❶。在儒家文化体系里，"天"具有崇高的地位，被认为是宇宙万物的源泉。来自于天的力量就是天道，也被称为天命、天理或天意。责任和天道紧密地关联在一起，责任源自天。《尚书》说："天秩有礼""天命有德""天讨有罪"，强调的就是天的至高无上和绝对权威。从周代开始，中国伦理学逐渐强化"天"的道德属性，丰富"天道"的道德内容，强调天是道德之天，人是道德之人，甚至世间万物也得道而生，有德之品性，人道只能顺应天道，人必须顺天道而行，顺天道之人即有德之人，如孔子就认为，人的道德和责任都是天赋予的，《论语·述而》中提到"天生德于予"。因此，在儒家文化里，天道就是个体道德的至高准则，顺应天道的人才是道德的人、负责任的人。《论语·尧曰》说："不知命，无以为君子也。"《论语·季氏》又说："君子有三畏"，其中"畏天命"列于首位。孔子以知天命为得道，以顺天命并从心所欲不逾矩为最高境界。《论语·宪问》说："道之将行也与，命也；道之将废也与，命也。"《礼记·中庸》曰："天命之谓性，性之道，修道之谓教。"也就是说，人生之道源自天道（天命），人生所作所为应与天道（天命）保持一致，教育也应当教授如何顺应天命。除了孔子，其他历朝历代的儒家思想家也表达了其对天道和人道的观点。如《孟子·尽心上》论及："尽其心者，知其性也。知其性则知天矣。存其心，养其性，所以事天也。""诚者，天之道也；思诚者，人之道也。"（《孟子·离娄上》）❷ 在董仲舒那里，顺应天道的人道在内容上逐步体系化、操作化，形成了三纲五常的伦理规范。他认为："为生不能为人，为人者为天也。……人之形体，化天数而成；人之血气，化天志而仁；人之德行，化天理而义。"（《春秋繁露·为人者天》）也就是说，三纲五常源出于天；天不变，道亦不变。及至宋明理学，天道开始转化为"理"，以"三纲五常"为准绳的"理"成为统治阶层规范普通民众行为的工具。北宋张载第一个明确提出"天人合一"的命题，主张"大其心，则能体天下之物"，认为"圣人尽性，不以见闻梏其心，其视天下无一物非我"（《张子正蒙·大心篇》）。❸ 这一思想使得人们一方面认识到"天命不可违"，另一方面作为现实人生必须做到"为天地立心，为生民立命，为往圣继绝学，为万世开太平"。❹ 朱熹在《孟子集

---

❶　牟宗三. 中国哲学十九讲［M］. 上海：上海古籍出版社，2005：62.

❷　焦循. 新编诸子集成：孟子正义［M］. 上海：上海书店，1986：517，559.

❸　王夫之. 张子正蒙注［M］. 北京：中华书局，1975：121.

❹　马和民. 从仁到人：社会化危机及其出路［M］. 北京：北京师范大学出版社，2006：39.

注·梁惠王下》中指出："天者，理而已矣。大之事小，小之事大，皆理之当然也。自然合理，故曰乐天。不敢违理，故曰畏天。"《中庸章句》曰："命，犹令也；性，即理也。天之阴阳五行化生万物，气以成形，而理亦赋也，犹命令焉。……盖人之所以为人，道之所以为道，圣人之所以为教，原其所自，无一不本于天而备于我。"朱熹进而将其解释为"盖天地万物本吾一体，吾之心正，则天地之心亦正矣，吾之气顺，则天地之气亦顺矣"。（《四书章句集注·中庸章句》）❶ 即使到了现代，牟宗三等在《为中国文化敬告世界人士宣言》中追求的依然是："尽内在心性……以达天德、天理、天心而与天地合德，或与天地参。"❷ 正如葛兆光先生所指出的，古人对于宇宙时空即"天道"的思索、体验与玄想在思想世界积淀了一个大体成型的观念性框架，即人类生活在一个由"道""阴阳""四时""五行""八卦"等整饬有序的概念构筑起来的，天地、社会、人类同源同构的宇宙之中。在这个宇宙中，一切都是相互关联的，一切都是流转不居的，整齐有序的运转是正常的，同类系联的感应是正常的，在这一秩序中体现的"天道"是一切的最终依据，也是一切的价值来源。❸ "正是这种'天人观'使得人主动承担起照管家国天下的责任，也决定了中国人的责任意识与行为主要不是依赖刑罚威慑，而是径需向内求取，即'为仁由己''躬自厚而薄责于人'，经由修身而深造自得"。❹

2.2.2 人伦观：责任践行的规范

在儒家伦理文化里，"天道"是一种至高无上的力量，起着引导世人行为的作用。那么，怎样才能实现"天道"到"人道"的转化？也就是，世人如何衡量自己是否顺应了"天道"。围绕这一问题，先哲大儒们在思考世间万物运行规律之后给出了其答案：敬德。如周人在反思商灭周兴的历史后，悟出"皇天无亲，惟德是辅"（《尚书·蔡仲之命》)"❺，继而逐步改变当时殷人"率民事神，先鬼而后礼"的做法，将"天道"问题转化为实实在在的"礼"，即人的道德规范问题，从而开以德治人之先河。此后，围绕"德"，以孔子为

❶ （宋）朱熹. 四书章句集注［M］. 北京：中华书局，2011：20.
❷ 戴茂堂. 中西道德责任观比较研究［J］. 学习与实践，2007（6）：152-156.
❸ 葛兆光. 中国思想史（上卷）［M］. 上海：复旦大学出版社，2001：154.
❹ 任亚辉. 中国传统儒家责任心理思想探究［J］. 心理学报，2008（11）：1221-1228.
❺ （汉）孔安国，（唐）孔颖达，等. 十三经注疏：尚书正义［M］. 北京：中华书局，1980：227.

代表的儒家哲人在继承"以德配天"传统的基础上，形成了一套完善的道德伦理体系，来保障"德"的实施。最终，在世俗生活中构建出"以'天人合一'思想为主旨，以血缘亲情关系为基础，以'孝悌'为核心，外推'礼义'以至人类社会与自然的责任伦理观"❶，并将这套责任伦理规范确立为世人应当普遍遵守的实践原则和行动指南。具体来讲，儒家责任伦理视域下的社会责任可以通过以下几对关系来把握。

首先，在人与集体的关系上，儒家责任伦理传统崇尚集体本位，讲究"贵群"。传统儒家文化里的人不是一个独立的个体，而是一个处于各类社会关系中的人，并以社会关系中的某种社会身份存在着。儒家伦理传统强调集体对于个体价值体现的重要性，如处于儒家伦理思想核心的"仁"，其实现需要借助于集体，"仁者，人也。""仁"，从人从二，其本意就是二人，指的是自我与他人之间的关系。梁启超也说："人生于天地间各有责任"，"自放弃责任，则是自放弃其所以为人之具也。是故人也者，对于一家有一家之责任，对于一国而有一国之责任，对于世界而有世界之责任。一家之人各放弃其责任，则家必落；一国之人各放弃其责任，则国必亡；全世界人之各放弃其责任，则世界必毁"。❷ 在以儒家文化为核心的中国文化传统里，群体或集体的利益得以凸显，而个体价值受到隐匿。林语堂先生在《吾国与吾民》一书中分析了中国人的几种典型德性（character），如圆熟、忍耐、无可无不可、老猾俏皮、和平、知足、幽默、保守性。❸ 这些德性影响着中国人处理个人与群体的关系，例如，圆熟和忍耐的德性使得个体在人际交往中常常以他人和群体为本位，放弃个人价值追求，安于个人本分，妥协退让，试图以此换取生活的安宁与和谐。在上述基本的个体与集体关系模式下，当个体与集体发生冲突时，主张牺牲前者而保全后者，集体的利益高于一切。范仲淹的"先天下之忧而忧，后天下之乐而乐"、顾炎武的"天下兴亡，匹夫有责"、范仲淹的"居庙堂之高则忧其民，处江湖之远则忧其君"所阐发的无一例外都是个体对民族、社会和国家义不容辞的社会责任。这种重集体轻个体的责任价值倾向形成了中国人集体主义的文化品格。在现代科学研究范式下，傅根跃等运用两难故事研究了中国小学生的集体主义意识，发现集体主义意识在小学二年级学生中已占主导

---

❶ 邓凌. 中国传统儒家责任伦理思想浅探［J］. 青海师范大学学报（哲学社会科学版），2009（6）：37－40.

❷ 梁启超. 饮冰室文集［M］. 济南：山东人民出版社，1996：74.

❸ 林语堂. 吾国与吾民［M］. 西安：陕西师范大学出版社，2006：30.

地位，到六年级时集体主义意识发展相对成熟并趋于稳定。❶

当然，儒家传统文化中的这种重集体轻个人的责任承担模式也存在一定的问题，容易导致责任泛化现象的出现，尤其是当所要承担的责任涉及民族、国家层面时，很多时候表达的只是一种号召或口号，而缺乏落实的具体措施和可行途径。如"天下兴亡，匹夫有责"是很多人耳熟能详的，但是作为"匹夫"，如何负责、负何种责却是无人论及的，当然对于个体来说也是无从把握的。因此，在很多情况下，要求人人负责的事情往往沦为人人都不负责。正如梁启超所指出的，"我国民所最缺者，公德其一端也"❷。此外，在法不责众的传统价值文化下，个体对因责任不清而导致的不良后果往往也不会产生内疚感。哈耶克在其《自由秩序原理》中也认为："无论是宣称一人对所有事情负责，抑或是宣称一人可以被认为不对任何事情负责，都会对责任感产生相当的侵损。……欲使自由有效，责任还必须是个人的责任（individual responsibility）。在一自由的社会中，不存在任何由一群体的成员共同承担的集体责任（collective responsibility），除非他们通过商议而决定他们各自或分别承担的责任。……如果因创建共同的事业而课多人以责任，同时却不要求他们承担采取一项共同同意的行动的义务，那么通常就会产生这样的结果，即任何人都不会真正承担这项责任。"❸

其次，在处理自我与他人关系上，儒家责任伦理以"五常"作为处理人际关系的规范。"五常"，即仁、义、礼、智、信，是儒家价值体系中最核心的因素，其中仁、义、礼在处理自我与他人关系，发挥个体的社会责任感方面发挥着举足轻重的作用。"仁"在五常里处于核心地位，意指人与人之间，甚至人和所有世间万物的内在关系。借由"仁"，人类可以彼此感通并相互响应。"仁"是个体承担对他人责任的情感因素和逻辑起点。《论语·颜渊》："樊迟问仁，子曰：'爱人'。"又"克己复礼为仁。一日克己复礼，天下归仁焉。"❹ 也就是说，"仁"的精神实质是"爱人"。通过"爱人"，"仁"在生活中得以实现。怎样"爱人"才能达到"仁"？孔子给出的答案是"泛爱众而亲仁""己所不欲，勿施于人""己欲立而立人，己欲达而达人"，也就是要爱所

❶ 傅根跃，陈昌凯，胡优君.小学儿童集体主义意识研究 [J].心理科学，2002（5）：612-613.
❷ 梁启超.新民说 [M].沈阳：辽宁人民出版社，1994：16.
❸ [英] 哈耶克.自由秩序原理 [M].北京：生活·读书·新知三联书店，1998：99.
❹ 安德义.论语解读 [M].北京：中华书局，2010：372.

有人，要宽厚、容人。孟子则提出"恻隐之心，仁之端也"❶，认为人人都有同情怜悯之心，仁爱之人能够爱护所有人，甚至能"以其所爱及其所不爱"❷。"义"是儒家责任体系里重要的一个方面，被认为是儒学的第二要义。孔子认为，"义者，宜也"；朱熹认为，"义者，天理之所宜"。"义"一般被解释为适宜，行为合乎礼，是一种道德自律，后来引申为理应办理不可废弃的大事，即理应承担的责任和要尽的义务。儒家伦理体系里的"义"和"仁"是不可分割的，"仁"是"义"的实质，"义"是"仁"的保证，"仁者，义之本也；义者，仁之节也"。也就是说，"义"需要通过践行仁爱精神才能实现，"民胞物与"的仁爱精神是责任心理的主要内容。具体到实践活动中，儒家文化强调"先义后利"、以义优先的价值取向，道义上的责任是永远优先的。今道友信说："义就意味着责任。在义（義）这个字中，上面是个羊字，下面是个我字。……指的是在共同体中自己背负着祭祀时绝对必要的珍贵之物，它既是自己肩负着对共同体的责任，即在水平方向上应答其他成员的期望和委托；又是自己肩负着对上天的责任，即在垂直方向上对于超越性存在的应答。"❸ 儒家进一步将"义"具体化为"十义"：父慈、子孝、兄良、弟悌、夫义、妇听、长惠、幼顺、君仁、臣忠（《礼记·礼运》）。按照"十义"，个体的责任范围就覆盖到了家庭和社会。此外，儒家文化里要求个体在与他人交往中，应遵循"礼"。孔子认为，个人只有行为合乎礼义，才能修得君子圣贤的完满人格，挺立于天地之间，故云"不知命，无以为君子也；不知礼，无以立也"❹（《论语·尧曰》）。所谓"克己复礼"，其实质是主张责任的落实除了要靠内在的"克己"外，还需要外在的制度化的"礼"来保证执行。"礼"就是儒家责任伦理实施的基本准则和外在保障。此外，"恕"在处理自我与他人关系中也起着重要的作用。"恕"在儒家文化中被看作是一种基本的美德。"恕"在《论语》中出现过两次。子贡问曰："有一言而可以终身行之者乎？"子曰："其恕乎？己所不欲，勿施于人。"孔子曾对曾参说："参乎！吾道一以贯之。"其他弟子问曾参一以贯之是什么意思，曾参回答道："夫子之道，忠恕而已矣。"❺在孔子那里，"恕"的意思是，在人与己的关系中，自己不愿意的事就不应该

---

❶ 刘兆伟. 孟子译评［M］. 北京：中华书局，2011：82.

❷ 同上书，2011：436.

❸ ［日］今道友信. 东西方哲学美学比较［M］. 北京：中国人民大学出版社，1990：54 – 55.

❹ 杨伯峻. 论语译注［M］. 北京：中华书局，1980：211.

❺ （宋）朱熹. 四书章句集注［M］. 北京：中华书局，2011：155.

强求他人。个体有了"恕"，就可以不断扩展其存在范围，超越自我至他者，实现推己及人。

最后，在处理人与自然的关系上，儒家认为人与自然是和谐统一的，"故有道有理，天人一也，更不分别"❶。儒家的自然责任观主要源于两个方面。第一，是"天人合一"思想的扩展，将人类社会的"推己及人"社会责任思想扩展到"推人及自然"的自然责任思想。儒家"天人合一"学说中蕴含着丰富的人与自然辩证关系思想，虽然儒家哲学倡导"天地之性人为贵"的思想，但同时也认为人与动物、植物都源自天，人与天地万物具有生命的内在关联性和相互依存性。从生命的意义上说，人与动植物都是天地父母之所生，人与万物是相通的，是"一气流通""一理贯通"的。❷ 孔子"子钓而不纲，戈不射宿"❸ 的思想，孟子的"君子之于物也，爱之而弗仁；于民也，仁之而弗亲。亲亲而仁民，仁民而爱物"思想❹，荀子的"凡生乎天地之间者，有血气之属必有知，有知之属莫不爱其类"❺，无不体现着传统儒家哲人"推人及自然"、与自然和谐共处的朴素自然责任观。张载在《西铭》阐述了"民胞物与"的生态道德观，将"仁民爱物"的思想进一步拓展，他在开篇中说："乾称父，坤称母。予兹藐焉，乃混然中处。故天地之塞，吾其体；天地之帅，吾其性。民吾同胞，物吾与也。"❻ 张载认为，人类和自然界是同根同源、共存共荣的，天地是人类的父母，人类与天地万物是同胞兄弟，不应彼此对立互相残害。儒家哲学对待自然的责任观强调人应当对自然界万物同情、关爱和保护，人类对自然界万物的仁爱体现的是仁心之"不容己者"，这是一种本然的、也是应然的生命关怀❼。第二，源自人与自然和谐平衡的实践。儒家哲学强调人类与自然相依相存的辩证关系，人类尊重自然就是尊重人类自身，爱护其他事物的生命就是在爱护人类自己的生命。张岱年以《易传·象》"裁成天地之道，辅相天地之宜"为例，指出"天人合一"说中蕴含着人与自然的辩

❶ 程颢，程颐.二程集［M］.王孝鱼，点校.北京：中华书局，1981：20.
❷ 蒙培元.中国哲学生态观论纲［M］.中国哲学史，2003（1）.转引自徐春.儒家"天人合一"自然伦理的现代转化［J］.中国人民大学学报，2014（1）：41-47.
❸ 安德义.论语解读［M］.北京：中华书局，2010：207.
❹ 刘兆伟.孟子译评［M］.北京：中华书局，2011：433.
❺ 梁启雄.荀子简释［M］.北京：中华书局，2009：271.
❻ 朱金玲.儒家伦理思想与大学生社会公德教育策略构想［D］.杭州：浙江财经学院，2012：50.
❼ 徐春.儒家"天人合一"自然伦理的现代转化［J］.中国人民大学学报，2014（1）：41-47.

证关系，其实际意义是保持生态平衡。❶ 孟子提出"数罟不入洿池，鱼鳖不可胜食也；斧斤以时入山林，材木不可胜用也"❷；荀子认为"天行有常，不为尧存，不为桀亡……循道而不贰，则天不能祸。故水旱不能使之饥，寒暑不能使之疾，妖怪不能使之凶"❸，都强调了遵循自然规律、维护自然生态平衡的重要性。

2.3 中西方责任观的比较分析

通过前文对西方和中国传统文化中责任观的分析，可以看出，西方文化视域下的责任观与中国传统文化里的责任观存在巨大的差异，虽然在各自的文化视域下也存在责任观的差异，但这些责任观都未偏离其所处文化的主流形态，表现出各自体系里一些共同的特征。冯友兰曾指出："中国传统文化比较重视人与自然、人与人之间的和谐与统一；西方近代文化则比较重视人与自然、人与人之间的分别和对抗。"❹ 由此，中国传统文化孕育了集体主义倾向，强调个体在对国家和社会的奉献中体现自我价值；而西方文化强调自我意志的传统也造就了西方人以自我为中心、强调独立意识和为自己负责的责任观。处于不同责任文化环境中的个体在责任承担、责任归因上存在差异。有研究者对能够体现个体社会责任感的助人行为开展研究，发现处于不同文化中的个体对助人的决定归因不同，美国社会强调个人主义和自我独立，因此更倾向于认为助人决定是个人的选择，而处于儒家文化圈里的东亚社会则强调人与人之间的和谐关系和个人对社会的责任，往往倾向于将助人决定看作个人的道德责任。❺ 儒家的伦理思想自天道转为人道之后，在德行上更多地偏向追求"人和"，并以此来调整和处理自我与他者、个人和社会之间的关系，最终达到"修己以安人"的境界。"仁"就是一种克制自己的非礼欲望、从内心萌生的自觉遵守礼制秩序的伦理品质。❻ 邓晓芒曾指出："中国人历来重视的是人的'心性之学'

---

❶ 张岱年. 中国哲学中关于"人"与"自然"的学说 ［M］//北京大学哲学系. 人与自然. 北京：北京大学出版社，1989：27 – 34.

❷ 刘兆伟. 孟子译评 ［M］. 北京：中华书局，2011：6.

❸ 梁启雄. 荀子简释 ［M］. 北京：中华书局，2009：220.

❹ 陈碧云，李小平. 责任观的中西文化比较研究 ［J］. 心理学探新，2008（1）：12 – 15.

❺ Miller, J. G. , Bersoff, D. M. . Cultural Influences on the Moral Status of Reciprocity and the Discounting of Endogenous Motivation ［J］. *Personality and Social Psychology Bulletin*, 1994：20.

❻ 杨伯峻. 春秋左传注 ［M］. 北京：中华书局，1981：502.

或'性命之学'，认为人性是生来就既定了的，只需对它作一个适当的规定就行了；西方人所讨论的重点却总是人的自由意志问题，至于人性本身如何规定，则由于它要以自由意志的性质为基础，因而始终是个未定的问题，或者说，人的本性正在于这种'未确定'性。"❶ 邦滕波（Robert Bontempo）等为了考察个人主义文化和集体主义文化对助人行为的影响，设置借钱给别人或花费时间照顾病人等助人情境来开展研究。研究结果显示，两种文化下的被试都认为自己在设置的情境中应承担助人的社会责任，只是集体主义文化下的被试报告了更多热情地实施助人的行为。❷ 潘维在分析中国模式的哲学思想基础时指出，"'责任本位'和'权利本位'两个概念凝聚了中西方思想的基本差异，这种差异构成了中西模式差异的思想渊源。权利本位强调个人享有其他个人不得侵犯的'权利'。如此'天赋人权'成为近代西方社会组织的起点。权利本位给国家与社会两分、私有产权、隐私权、投票权、问责制等提供了哲学思辨基础。责任本位强调个人处于特定角色时对其他人必须担负的责任。'三纲五常'表达了中国传统社会的责任本位，明确各自社会角色的责任，'为人民服务'则表达了中国现代社会的责任本位。权利本位强调'分'、责任本位强调'和'。"❸ 当然，两种责任文化在促进个体承担社会责任方面亦各有利弊。

西方文化强调个人主义、个人意志，所以责任的重心放在"个人"而不是"群体"身上。相应地，是否承担社会责任也被认为是个人的权利与个人的选择。这种源自个体需要、落足到具体个人的责任模式最大的好处在于，个体的责任行为出自内心，因此在实施责任行为时可能会更为投入和积极，而且个体非常明确自身的权利和责任，在责任承担上也是清晰的。但是，这种责任模式也存在潜在的问题，比如在社会责任问题判断上，可能会太过于强调个体的主动选择以减缓社会道德舆论压力，从而将道德标准降格为法律标准。随着社会结构快速变化和发展，过多强调个人主义的文化有可能会导致一些严重的社会问题，呈现出一系列的"道德危机"（Moral Crisis），如青少年犯罪增加、青少年参与社会公共事务积极性降低、传统家庭结构及家庭价值的崩解等。亨特（James Davison Hunter）曾犀利地指出美国道德教育的症结问题，认为"人

❶ 邓晓芒. 人之镜 ［M］. 昆明：云南人民出版社，1996. 转引自戴茂堂. 中西道德责任观比较研究 ［J］. 学习与实践，2007（6）：152－156.

❷ Bontempo, R., Triandis, H. C., & Villareal, M. J.. Individualism and Collectivism：Cross-cultural Perspectives on Self-in-group Relationships ［J］. *Journal of Personality and Social Psychology*，1988.54.

❸ 潘维，玛雅. 共和国——甲子探讨中国模式 ［J］. 开放时代，2009（5）：126－139.

的品格之死，在于一个无善无恶的道德教育"，并以之作为书名，在美国引起了巨大反响。❶

中国儒家文化孕育了集体主义的责任倾向，强调在对国家和社会的奉献中体现出个人价值，关注群体或社会人格，将个体作为群体的一份子。这种群体认同的基本前提是一种责任意识。在个体与集体发生冲突时，主张牺牲前者而保全后者，集体的利益高于一切，强调服从社会规范而取消个人的意志自由。有人将其称为中国人"情境中心的处世态度"。集体主义责任倾向的个人在道德上通过克己修身来履行其社会责任——"兼济天下"，亦即集体的稳定和发展。理论上推演，这种集体主义的责任倾向更有可能产生高的社会责任感。周治金等的研究的确发现，儒家的仁爱思想对中国大学生助人行为有显著的积极影响。❷

儒家伦理文化下的人固然具有很高的集体主义价值倾向，但是仔细分析将会发现，个体对处于自我之外的集体或他者在负责程度上并非处于同一层面，而是处于一个非常复杂的伦理关系网之中。个体是复杂的伦理关系网中的一个节点，其个体价值的实现和其一切社会需要的满足皆需藉此关系网来实现。个体人作为一种类的存在，是其所属的社会关系的派生物，其价值需通过其在群体中的身份来体现。有学者曾这样描述中国传统文化，认为"中国传统文化崇尚家庭中心，以家庭为基础单元的社会结构形式决定了中国人的社会存在首先依存于以血缘关系为纽带的家庭和宗族集体，是一种典型的集体本位的道德文化"❸。"个人道德自我完善的最终指向是群体认同。而这种群体认同的启蒙之所就是家庭。家庭教导孩子的第一个课程是在人与人之间的社交的义务：自重、礼貌、责任心和互相调整补充的要务。责任心的意义即是对于父母的感恩图报的义务观念，和对于长老的敬意。"❹ 在这样一种道德文化传统下，以家族为中心的社会利益或者群体利益成为个体思考一切问题的出发点和归宿，"克己复礼"，使"我"处于缺位状态。就个体的社会责任而言，其形态类似于水面的涟漪，担负责任的程度也是以家庭为中心，由近及远逐渐扩展到家

---

❶ Hunter, J. D. *The Death of Character*: *Moral Education in an Age Without Good or Evil* [M]. New York: Basic Books, 2000.

❷ 周治金，顾嘉佳，张文雅. 儒家仁爱思想对大学生助人行为的影响 [J]. 教育研究与实验，2013（3）：90－94.

❸ 徐行言. 中西文化比较 [M]. 北京：北京大学出版社，2004：81.

❹ 林语堂. 吾国与吾民 [M]. 西安：陕西师范大学出版社，2006：165.

族、家乡、民族和国家，呈现一种家族化的结构，具有亲缘性和特定指向性。在以血亲家族为社会单元结构的社会，人情关系情况成为个体选择是否担负责任以及担负何种程度责任的一个量度。人情关系状况是以亲人或者熟人为基础的，亲人和熟人是自己人，是个体需要承担责任的对象，其他人是陌生人，个体对陌生人无责任要求，也较难对陌生的他人产生关怀、帮助之情。这种以亲疏关系为基础形成的传统儒家文化里的社会责任关系，使得中国传统社会的人们在承担责任时会更多地考虑私人关系和利益，责任的承担主要指向的是与自己有关的对象或群体，而缺乏对于超越血缘的公共事务的关注。梁启超在其《新民说》有关《论公德》的章节里指出，"我国民所最缺者，公德其一端也"❶。他认为，传统文化中个体所承担的社会责任在某种程度上只是一种私德，中国传统社会的国人缺乏对群体、国家和社会应尽的公德。此外，在道德培养和教育方面，我们的传统始终将个人的道德建设作为核心，对社会公共道德责任的关注欠缺，因此，如何培养民众的社会公德和社会责任仍任重而道远。

---

❶ 梁启超. 新民说 ［M］. 沈阳：辽宁人民出版社，1994：16.

第3章 比较文化视角下大学生社会责任感培养的实践：以美国为例

纵观美国高等教育发展史，美国高校对大学生个体责任和社会责任的重视和培养由来已久，几经兴衰。❶ 鲁道夫（Rudolph）指出，"从一开始，美国大学就带有为公众服务，强调对历史、现在和将来负责的特点"❷。自殖民地学院开始，美国高等教育的核心使命之一就是鼓励学生参与社会，成为责任公民。❸ 早期的美国高校把大学生品格教育与智力发展置于同等重要的地位，如创建于1636年的哈佛学院，其人才培养目标之一就是培养积极参与社区生活的公民。❹ 赠地学院和社区学院的建立更是高校积极参与社区生活的有力证据。在具体组织形式上，美国高等教育发展初期的社会责任教育主要是通过公民参与、社区服务、志愿服务等方式展开。❺ 可以说，"学生参与社区服务的情况直接影响着国家的未来"❻ 的观念深入人心，得到了整个社会的普遍认同。因此，无论是社会组织还是高等学校都号召和鼓励学生积极参与社会服务活动。19世纪末20世纪初，随着社会各行业对专业知识和专门技能需求的增大，大学开始将发展学生智力奉为圭臬。特别是在20世纪50年代的冷战时期，美国政府对科学知识的极大重视促使大学逐步将发展重心转移到科学研

---

❶ Checkoway, B. Public Service: Our New Mission [J]. *Academe*, 2000 (86): 24 – 28.

❷ Marianne Shockley Robinette. Service – learning in Entomology: Developing, Inplementing, Assessing and Evaluating [J]. *VDM Verlag Dr. Muller*, 2010: 6.

❸ Rudolph, F. *The American College and University: A History* [M]. New York: Vintage Books, 1962.

❹ Colby, A., Ehrlich, T., with Beaumont, E., Rosner, J., & Stephens, J. *Higher Education and the Development of Civic Responsibility* [G] //T. Ehrlich (Ed.) . *Civic Responsibility and Higher Education*. Phoenix, AZ: The Oryx Press, 2000: xxi – xliii.

❺ Rudolph, F. *The American College and University: A History* [M]. New York: Vintage Books, 1962.

❻ Fitch, R. T. Characteristics and Motivations of College Students Volunteering for Community Service [J]. *Journal of College Personnel*, 1987 (28): 424 – 431.

究，尤其是基础科学研究上，而对教学和社会服务的关注有所降低。在此时期，美国大学与社会的关系开始逐步疏远。正如很多观察者所言，冷战不仅没有使美国人重新关注社会责任，反而使个人主义和创业精神弥漫整个国家和大学校园。❶ 虽然早在 20 世纪二三十年代，受杜威教育理论的影响，大学曾对公民参与、志愿服务有所重视，但依然未能撼动"唯智论"在美国高等教育中的核心地位。亚斯廷（Astin）指出，"在过去的四五十年里，美国大学被三种相互关联的强势价值观所控制：物质主义、利己主义和竞争，这导致了大学与社区关系的断裂。"❷ 当时有研究者以"个人理想"为主题面向美国大学生开展了一项调查，调查结果显示，当时的美国大学一年级学生梦想"变得富有"的比例从 1970 年的 40% 上升至 1996 年的 74%，而理想为"过有意义的生活"的比例却从 83% 下降到了 42%。❸ 上述种种有关大学在自身社会责任承担和社会责任教育方面的不作为引起了社会的不满。博耶（Boyer）曾发文呼吁"重建美国大学"，期望大学能够将思想付诸行动，将理论用于实践，从而在大学范围内给予"社会服务以学术尊严和地位"。❹ 1997 年，美国教育委员会（the American Council on Education）组织召开了一个有关高等教育公民责任的论坛，大学与社区的合作被再次提上日程。❺ 在有关大学和社区合作的问题上，2001 年发生的"9·11"事件无疑是一个重要的转折点。自此之后，大学生参与志愿服务的热情被再次激发，参与志愿服务的大学生的数量快速增加。调查数据显示，大学生志愿者人数从 2002 年的 270 万增长到 2005 年的 330 万；在 25 岁以上成人志愿者中，大学生志愿者所占的比例也从 2001 年的 27.1% 增长至 2005 年的 30.2%。❻ 虽然该比例在不同的年份有所波动，但总体变化并不大，趋势一致。如美国国家和社区服务集团（Corporation for Na-

❶ Altman, I. Higher Education and Psychology in the Millennium [J]. *American Psychologist*, 1996 (51)：371 –378.

❷ Astin, A. W. *Higher Education and the Concept of Community* [R]. Fifteenth David Dodds Henry Lecture, University of Illinois at Urbana – Champaign, 1993：4（ERIC database：No. ED384 279）.

❸ Astin, A. W. *The American Freshman*：*National Norms for Fall* 1996 [R]. Los Angeles, CA：Higher Education Researh Institute, 1996.

❹ Boyer, E. L. *Creating the New American College* [N]. The Chronicle of Higher Education, 1994 –03 –09 (A48).

❺ Kenny M. E., Gallagher L. A. *Service-learning*：*A History of Systems* [G] //Learning to Serve. Springer US, 2002：15 –29.

❻ Dote, L. *College Students Helping America* [EB/OL]. http：//www. nationalservice. gov/pdf/06_1016_RPD_college_full. pdf. [2006 –01 –24].

tional and Community Service，CNCS）的调查数据显示，2010 年 26.1% 的美国大学生参与了志愿服务，与 2004 年时的最高比例 31.2% 相比有所下降。❶ 从大学生参与志愿服务的整体发展趋势看，可以说，自进入 21 世纪以来，美国社会和美国大学对大学生社会责任的重视都在不断提升。美国学院与大学联合会在呼吁提高大学生责任方面做出了不懈的努力，在其报告《新世纪全球的大学学习》（*College Learning for the New Global Century*）中明确提出，要将提高大学生的责任置于高等教育的重要位置。在测量学习的方式上，AAC&U 主张放弃原有的学分衡量方式，转而考查学生的知识获得和应用情况，在诸多核心学习成果指标中，其中之一就是个体和社会责任感（Personal and Social Responsibility，PSR），包括公民知识和公民参与，多元和全球知识和跨文化胜任力，道德推理和行为以及终身学习的基础和技能。❷ 此外，AAC&U 还借助全国健康运动、博雅教育和"美国承诺"，大力宣传个体和社会责任感是大学教育不可或缺的部分，并联合爱荷华州立大学教育研究中心（RISE）开发了个体和社会责任详细目录（PSRI）。目前，AAC&U 正致力于建立一个全国性数据库，旨在通过数据库来跟踪和研究有关个体和社会责任培养的趋势和实践。国家公民与民主素养发展任务中心（National Task Force on Civic Learning and Democratic Engagement）发布题为《关键时刻：大学学习与民主未来》（*A Crucible Moment：College Learning & Democracy's Future*）的报告，呼吁美国的公民教育处于"危急时刻"，号召高等教育机构在公民教育方面进行全面调整和改革，将公民主题融入学科教学、鼓励学生参与社会服务、营造良好的校园氛围等。❸ 奥巴马政府也非常注重公民教育的重要性。2012 年 1 月 12 日美国教育部部长邓肯（Arne Duncan）邀请总统行政幕僚与教育官员共同举办一场国事会谈，呼吁教育组织培养和强化学生们的公民素养学习。在此背景下，结合高等教育理论界对服务学习和志愿服务效用的研究成果，责任教育又重新成为美国高等教育中不可或缺的一部分。❹ 2014 年，美国国家和社区服务集团

---

❶　Daniel Luzer. *Decline in Student Volunteering*［EB/OL］. http：//www. washingtonmonthly. com/college_guide/blog/decline_in_student_volunteerin. php.［2012 – 01 – 24］.

❷　AAC&U. *College Learning for the New Global Century：A Report from the National Leadership Council for Liberal Education& America's Promise*［R］. Washington，DC. ，2007.

❸　*Crucible Moment：College Learning & Democracy's Future*［EB/OL］. http：//www. aacu. org/crucible.［2006 – 01 – 24］.

❹　Reason，R. D. *Developing and Assessing Personal and Social Responsibility in College*［M］. San Francisco：Jossey – Bass. 2013：13 – 14.

（CNCS）开展的人口统计数据显示，在 25 岁以上的志愿者中，具有大学学历的志愿者比例最高，大学毕业的志愿者所占的比例为 39.8%，具有大学同等学历的志愿者的比例为 27.3%，高中毕业的志愿者占 16.4%，高中以下的志愿者比例为 8.8%。❶ 因此，研究美国社会和美国大学在培养大学生社会责任方面的丰富实践和经验，可以为我国高校开展社会责任教育提供借鉴和启示。

　　为了加强大学与社区的联系，培养学生的个体和社会责任感，美国高校开展了类型多样的社会服务活动，如志愿服务、专业实习、道德伦理教育、社区服务、服务学习等。在上述各类社会服务活动中，志愿服务、社区服务、服务学习课程和道德伦理教育是常见的几种培养大学生社会责任感的途径。

3.1　志愿服务

　　论及各国的志愿服务活动状况，美国是执牛耳者。❷ 美国的志愿精神历史悠久，早在 18 世纪美国建国之前，在美洲大路上的移民队伍中就出现了志愿服务活动。"一批又一批从欧洲来到北美大陆的移民们，为了能够克服所面临的种种困难并在这片陌生的土地上生存下来，自发地进行相互帮助，形成了美国原始的志愿服务精神，一大批怀有慈善之心的各阶层人士成为最早的志愿服务人员。"❸ 与其他类型的服务相比，志愿服务的主要特点是公民主动、无偿地参与到公共事务和公共生活之中，其最主要的价值在于志愿者在服务中所表现出来的积极参与公共事务的公民精神和公民意识。19 世纪 30 年代，法国贵族托克维尔在其《论美国的民主》一书中描写的"小镇精神"，即美国人参与乡镇义务劳动的场景，实际上就是美国人主动参与社会公共事务和社区服务的一种志愿服务精神的体现。经过 200 多年的历史积淀，公众主动参与公共生活和公共服务的志愿服务精神已成为美国重要的历史和文化传统，并根植到美国民众的社会文化心理之中。托克维尔曾指出：美国社会的一个显著特点便是有

　　❶ U. S. Bureau of Labor Statistics. *Volunteering in the United States* ［EB/OL］. http：//www. bls. gov/news. release/volun. nr0. htm. ［2014－03－01］.

　　❷ Allik，J.，& Realo，A. Individualism-collectivism and Social Capital ［J］. *Journal of Cross-Cultural Psychology*，2004（35）：29－49；Curtis，J. E.，Crabb，E.，&Baer，D.. Voluntary association membership in fifteen countries：A comparative analysis ［J］. *American Sociological Review*，1992（57）：139－152；Van Vugt，M.，Snyder，M.，Tyler，Y.，& Biel，A.. *Cooperation in modern society：Promoting the welfare of communities，states，and organizations* ［M］. London：Routledge，2000.

　　❸ 郝运. 美国高校服务学习研究 ［D］. 长春：东北师范大学，2009：1.

无数私营的非政府组织活跃其间，这是解决社会平等方面问题的独特民主反映。❶ 这种通过民间的自愿合作解决集体行动问题的传统为美国志愿服务的蓬勃发展提供了无与伦比的便利条件。此外，宗教性的慈善服务也发挥了重要的作用，教会经常会组织信徒为有需要的民众提供帮助。即便是政府本身，也将志愿服务视为当代社会问题的解决途径和昂贵政府项目的替代品。❷ 多位美国总统曾公开呼吁全国民众做一名积极负责的公民，积极参与到社会公共事务中来。1961 年 1 月 20 日，美国总统约翰·肯尼迪在就职演说中对积极负责公民的号召："同胞们，不要问你们的国家能为你们做些什么，而要问你们能为国家做些什么"，曾感动了成千上万的美国人；2001 年 1 月 20 日小布什总统在就职演说中强调，美国人应该做"有责任心的公民"而不是这个国家的"旁观者"；现任总统奥巴马也认为：美国的历史始于对志愿者的召唤，并呼吁更多的美国人行动起来，以积极公民的姿态主动参与到帮助自己社区的活动中。❸ 因此，在美国，无论是正式组织还是非正式组织在开展志愿服务活动上表现都非常活跃。根据美国全国和社区服务公司（Corporation for National and Community Service）提供的最新数据，在 2013 年约有 6260 万美国人参与正式组织开展的志愿服务，参加人数占全美成人总数的 25.4%，提供的志愿服务时间达 77 亿小时，价值达 1730 亿美元，志愿服务内容涉及社区居民生活的方方面面，如教育、卫生、治安、环保、帮扶弱势群体等；此外，超过 1380 万美国人（62.5%）还参与了社区的一些非正式的志愿服务，如帮助邻居照看孩子、陪护等。❹

　　就学生参与志愿服务活动而言，人们普遍赞同参与志愿服务活动有助于提高学生合作探索、解决公共问题的能力，对于其社会责任感的提升亦大有裨益。❺ 学生参与志愿服务活动的过程既是秉持志愿精神奉献自我的过程，也是体悟公民精神并成长为一名合格公民的过程。因此，美国政府在教育界积极推

---

❶ 臧雷振. 比较视域下志愿服务事业发展的政府政策因应［J］. 中国非营利评论，2014（4）：142－160.

❷ Gerson, M. Do do-gooders Do Much Good? ［N］. *U. S. News & World Report*，1997－04－28.

❸ 康秀云. 美国培育积极公民的志愿服务路径研究［J］. 外国教育研究，2012（7）：113－121.

❹ Corporation for National and Community Service. *Volunteering in America* ［EB/OL］. http：// www. nationalservice. gov/impact－our－nation/research－and－reports/volunteering－in－america. ［2015－07－29］.

❺ Chuck Tomkovick, Scott W. Lester, Lanette Flunker, Theresa A. Wells. Linking Collegiate Service-learning to Future Volunteerism：Implications for Nonprofit Organizations ［J］. *Nonprofit Management & Leadership*，2008（1）.

广志愿服务，并将之视为对青少年乃至青年实施公民教育的重要载体。在各类志愿者队伍中，大学生向来是非常重要的一个群体，该群体与志愿服务有天然的适切性，如大学生参与志愿服务活动往往会有助于其未来求职，而且与其他的志愿者群体相比，大学生的时间也更为弹性。❶ 20 世纪四五十年代，在美国政府的大力支持下，大学生志愿服务活动呈现出项目化特征。以 1933 年罗斯福总统创建了"民间资源保护队"（Civilian Conservation Corps）为主要标志，美国推出了大量的志愿服务项目，号召青年针对社会问题开展有关基础设施重建、复苏经济等方面的大规模志愿服务活动。1961 年，肯尼迪政府建立了美国和平队（Peace Corps），旨在通过在全球范围内推广青年志愿服务活动来重塑美国在世界其他国家的形象，施展美国的软实力。作为"反贫困战争"项目的一部分，约翰逊总统在 1965 年设立了全国志愿者服务组织（Volunteers in Service to America，VISTA），旨在为美国公民提供以全职形式服务于数以千计低收入社区的机会。此后，在 20 世纪六七十年代，城市军团（Urban Corps）、国家公共服务实习中心（the National Center for Public Service Internships）、高等城市事务教育联合会（HECUA）等一系列志愿服务组织纷纷建立，组织青年大学生积极参与到志愿服务和社区服务之中。1973 年，美国颁布了《全国志愿服务法案》（Domestic Volunteer Service Act of 1973），从而为志愿服务的开展提供了法律保证。进入 21 世纪后，面对一系列的突发事件，美国政府又进一步扩张志愿服务计划，加大了联邦政府对志愿服务工作的管理和协调能力。2002 年，布什总统下令在白宫设立志愿服务协调机构——"美国自由服务团"（USA Freedom Corps）、"公民服务队"（Citizen Corps）和"缔造繁荣志愿者"（Volunteers for Prosperity），巧妙地将政府政治意图和期望融入志愿服务组织建立和志愿服务活动开展之中。目前，美国联邦政府的志愿服务计划体系主要包括学习和服务美国计划（Learn and Serve America）、美国志愿队计划（AmeriCorps）、国民长者服务队（Nation Senior Serve Crops）。这三大基本志愿服务项目囊括了从中小学到退休老年人等不同年龄、不同身份、不同职业的各类群体。其中，

---

❶ Sergent, M. T., Sedlacek, W. E. Volunteer Motivations across Student Organizations: A Test of Person-environment Fit Theory [J]. *Journal of College Student Development*, 1990 (31): 255 – 261; Berger, J. B., Milem, J. F. The Impact of Community Service Involvement on Three Measures of Undergraduate Self-concept [J]. *NASPA Journal*, 2002, 40 (1): 85 – 103; Sundeen, R. A., Raskoff, S. A., Garcia, M. C.. Differences in Perceived Barriers to Volunteering to Formal Organizations [J]. *Nonprofit Management and Leadership*, 2007, 17 (3): 279 – 300.

"学习和服务美国计划"的主要参与者和服务对象是学生群体，该计划与全美各大高校、学生社团、非营利组织、政府机构都有着密切的联系，为全美从幼儿园到大学及社区组织提供直接或间接的资助。

各类志愿服务活动的开展为大学生参与志愿服务、培养社会责任感提供了机会。以美国联邦政府出资和管理的面向大学生志愿者的和平队（Peace Corp）为例，该志愿者组织最早可追溯到 1960 年 10 月 14 日。后来，该组织被认为是美国志愿者组织典范。时为民主党总统候选人、参议员的约翰·肯尼迪在密歇根大学发表演讲时，号召美国青年为他们的国家，志愿在海外服务一两年时间，引起了大学生的追捧。同年 11 月 2 日，肯尼迪在旧金山作竞选演说时，明确提出组建"和平队"。1961 年 3 月 1 日"和平队"正式成立，总部设在美国国务院内，经费从当时可用的对外援助计划拨款中支付。该组织宣传的目标是：帮助相关国家满足他们对训练有素的人力的需求；帮助被服务国人民更好地理解美国人；帮助美国人更好地理解被服务国。和平队的服务周期是 2 年。服务期间美国政府仅提供生活、旅行和休假补助以及必需的住房、交通、供给、设备和服装等的费用。凡年满 18 岁的美国公民均可提出申请，申请者需要通过和平队机构对申请人个人背景材料的审查方可最终成为和平队志愿者。申请者不仅需要经过体力、智力、学习能力、语言才能、技术水平和工作能力、对美国历史和美国价值观的把握等的测试，还要通过忍耐力、环境适应和应变能力、心理承受能力等考验，以及必须通过"安全忠诚"检查。因此，虽然加入和平队的条件非常宽泛，但实践中仍然以青年为主，其平均年龄为 28.7 岁。为避免引起文化价值观的冲突和增加志愿项目的可接受度，"和平队"在进入具体服务对象国时，在名称上有时候会做出调整，如进入中国的"和平队"（Peace Corps）的名称为"两国友谊志愿者项目"（the U. S. – China Friendship Volunteers Program）❶。截至 2015 年，累计有 21.5 万美国人参与了和平队，服务的国家超过 140 个，其中非洲国家占 46%，拉丁美洲 20%，中欧/中亚 13%，亚洲 10%，加勒比海地区国家 4%，北非/中东 4%，太平洋岛屿国家 3%。服务的领域主要集中在教育（40%）、卫生（22%）、环境（12%）、区域经济发展（11%）、青年发展（7%）、农业（5%）和其他行业（3%）。❷ 事实上，和平队并不完全是一项完全利他的志愿服务组织，它实

---

❶ *U. S. -China Friendship Volunteers Program* ［EB/OL］. http：//www. sino – education. org/english/volunteers. htm. ［2014 – 10 – 03］.

❷ *Peace Corps Today* ［EB/OL］. http：//peacecorps. gov/. ［2014 – 10 – 03］.

际上是为美国外交政策服务的，尤其是在最初建立时，是美国面对当时的国际形势而采取的一种加强与第三世界国家关系、重塑美国形象，从而在冷战中占据优势的一项措施。除了上述美国外交诉求外，此类志愿服务组织在培养青年或大学生的社会责任感、国家责任感方面亦发挥了重要的作用。

除了政府开展的志愿服务组织和活动外，还有很多志愿服务组织和活动是由企业和非营利性组织支持的。很多企业组织建立了相关基金会，通过慈善捐赠、设备支持、贷款、雇佣志愿者等对眼方式支持志愿服务事业，如谷歌在2009年6月推出了一个名为"一切都好"（ALL FOR GOOD）的网站，该网站为用户提供各类慈善机构及全美范围内志愿服务工作机会等相关信息，为民众寻找感兴趣的志愿服务机会提供了便利。此外，很多非营利组织也组织了大量的志愿服务机会，如创办于1989年的著名非营利性组织"为美国而教"（Teach for America，TFA），其创办人温迪·卡普（Wendy Kopp）就是一个热心社会公益和志愿服务活动的年轻人。创办"为美国而教"项目时，温迪·卡普年仅21岁，是美国普林斯顿大学的应届毕业生。她之所以创办这一组织主要是基于对当时美国教育制度存在的一些不平等现象的关注。卡普召集了一批来自一流大学的且有至少两年志愿服务经历的优秀毕业生，在欠发达地区以及城市中心师资薄弱学校任教两年。通过"为美国而教"项目，大批优秀师资得以输入到美国贫苦社区，有效地帮助贫困社区的儿童获得更优质的教育资源和教育机会。同时，通过该项目，还培养了一批具有高社会责任感的大学生。在20年的时间里，该项目向美国条件艰苦的26个学区派出了2万多名教师，其中在职教师5000余名，每年接受该项服务的学生人数达425 000人。❶

3.2 社区服务

社区服务被普遍认为是既有利于社会又有利于学生个体发展的一个举措，在培养学生社会责任感方面发挥着举足轻重的作用。德依（Dey）等的研究表明，学生参与社区服务越多，其分析和综合多元观点的能力越强，若想提高学生的社会责任，高校应鼓励学生多参与那些立足社区的社会服务，并提供充足

---

❶ 康秀云. 美国培育积极公民的志愿服务路径研究［J］. 外国教育研究. 2012（7）：113 – 121.

的让学生接触多元群体的机会。❶ 在美国，社区服务的概念具有多重含义。一方面，它常被视为专门指称司法体系中替代短期刑狱的选择性方案，即违法者可以通过参与社区服务的形式来承担责任或减免罪行❷；另一方面，还可以作为赠地大学和城市社区学院应履行的社会职能之一，即现代大学所担负的"服务社会"职能。此外，还有研究者将之定义为"一种特殊的自愿行动，个体与群体贡献私人时间和行动惠及他人"❸。在本书中，笔者关注的社区服务是大学生志愿服务活动的一种，即大学生个体或群体通过无偿付出自己的时间和精力以给他人带来便利。按照莫顿（Morton）的研究结论，"在美国，社区服务的概念出现在 20 世纪 40 年代，在当时是一种新的概念和活动形式……主要是为了应对当时不断降低的公民参与，缓解个体和社会的发展困境"❹。当时，伴随着美国社会工业化、城镇化的不断深入和外来移民的不断增加，美国文化的整体性受到冲击，社会规范、社会信任也随着减弱。❺ 为应对上述社会形势，社区服务应运而生，以提高公民参与度、培养责任公民为目标，以应对美国公共生活的各类负面趋势。

社会服务运动在提升社会民众对社会服务项目的兴趣以及推动国家层面的服务立法方面发挥了举足轻重的作用。1990 年，布什政府签署了"国家和社区服务法案"（*National and Community Service Act*），从法律上明确了学校开设社区服务课程的权利和义务，确立了社区服务的义务性与合理性。❻ 按照该法案的规定，"服务机会主要是指那些能够为服务者提供有意义的和建设性服务机会的各类项目。在服务过程中，服务者借助一定的机构和组织，运用自身的

---

❶ Dey, E. L. & Associates. *Engaging Diverse Viewpoints*：*What Is the Campus Climate for Perspective-taking?*［M］Washington, DC：Association of American Colleges and Universities, 2010：1.

❷ Pease, E. *A Brief History of Community service*［G］//K. Pease& W. Mc Williams（Ed.）. *Community Service by Order*. Edinburgh：Scottish Academic Press, 1980：1 – 14.

❸ Serow, R. C., Dreydan, J. Community Service among College and University Students：Individual and Institutional Relationships［J］. *Adolescence*, 1990；25, 553 – 566.

❹ Morton, K. The Irony of Service：Charity, Project and Social Change in Service – learning［J］. *Michigan Journal of Community Service Learning*, 1995：2, 19 – 33.

❺ O' Keefe, J. M. Children and Community Service：Character Education in Action［J］. *Journal of Education*, 1997, 179（2）, 47 – 62；Raskoff, S., Sundeen, R. A. Youth Socialization and Civic Participation：The Role of Secondary Schools in Promoting Community Service in Southern California［J］. *Nonprofit and Voluntary Sector Quarterly*, 1998, 27（1）, 66 – 87.

❻ Smith, T. J., Jucovy, L. Z., Solms, L. A., Baker, R., Furano, K. & Tierney, J. P. *Launching AmeriCorps：First-year Implementation of the National Community Service Trust Act of 1993*［M］. Philadelphia, PA：Public/ Private Ventures, 1995：i.

特长来为社区无偿提供服务，从而帮助改善社区在人权、教育、语言、公共安全和环境方面的状况，尤其是因贫穷而导致的上述状况"❶。法案一经发布，相应的一系列组织架构和活动随之得以建立和开展，如建立了"国家和社区服务委员会"（Commission for National and Community Service，CNCS），并配备了工作人员，拨付了对服务学习项目、青年服务组织和其他一些示范性项目的资助等。❷ 虽然 CNCS 的资金使用不存在问题，但其所开展的活动的广泛度和影响面却受到了质疑，很多活动除了受资助者和一些服务拥护者了解外，其他大部分民众都不为所知。鉴于此，克林顿政府在"国家和社区服务法案（1990）"的基础上，于 1993 年签署了"国家和社区服务信托法案"（*National and Community Service Trust Act*），建立了全国社区服务协会，将所有的社区服务项目都纳入统一的管理网络。该法案表达了联邦政府对社会服务，尤其是青年一代社会服务的重视。法案的基本目标是将社会服务机会与教育相关联，通过发动不同年龄段志愿者投身社区服务来改善和强化社区的各项服务，从而实现学生在服务社会的同时自身也从中获益。该法案目标的具体表述如下：①国家服务必须优先关注并着力于满足教育的、环境的、人类的或公共安全领域未达成的需要；②国家服务必须能够通过公民教育和培训来提升参与者的生活品质；③参与者不能替代或重复已有工作人员的职能。❸

为配合上述目标的实现，"国家服务集团"（the Corporation for National Service，CNS）得以成立。该集团的使命是通过提供社区服务和志愿服务改善个体生活状态，加强沟通和培养公民参与。迄今为止，该组织已经为 500 多万名不同年龄和背景的个体提供了服务，服务主要集中在自然灾害、经济、教育、环境、健康和军人家庭六个方面。具体来讲，该集团的活动主要通过以下三个主要项目来开展。

第一个项目是美国志愿队（AmeriCorps）。该项目由全国志愿者服务组织（AmeriCorps VISTA：Volunteers in Service to America）、全国公民社区组织（AmeriCorps NCCC：National Civilian Community Corps）和联邦/地方政府的服

❶ Smith, T. J., Jucovy, L. Z., Solms, L. A., Baker, R., Furano, K. & Tierney, J. P. *Launching AmeriCorps: First – year implementation of the National Community Service Trust Act of 1993* [M]. Philadelphia, PA: Public/ Private Ventures, 1995: 11.

❷ Ibid, 1995: 12.

❸ Wang Y. *Social Responsibility and Intellectual Development as Outcomes of Service-learning Courses* [D]. Columbus: The Ohio State University, 2003: 13.

务合作组织（AmeriCorps State and National）组成。全国志愿者服务组织始建于 1965 年，是美国"反贫穷运动"的一部分，旨在为美国公民提供以全职形式服务于数以千计的低收入社区的机会，于 1993 年被纳入美国志愿队项目体系。❶ 全国公民社区组织是一个全职的项目团队，借鉴美国民间资源保护队（the Civilian Conservation Corps）和美国军事管理的模式，该组织坚信公民责任是每个公民应当具有的内在品质。他们通过以团队为形式的社区服务来改善社区环境、培养本地领导者。❷ 联邦/地方政府的服务合作组织是美国志愿服务项目组织和开展的最大平台，旨在组织和协调国家和地方的各级组织机构来开展社区服务，并推动社区以能力建设的方式来表达其未满足的需要，尤其关注社区在教育、公共安全、健康和环境方面的需求。❸ 据统计，每年有超过 75 000 的美国人通过美国志愿队的活动参与社区服务。自 1994 年该机构建立起至今，已经有超过 900 000 的美国志愿队成员合计贡献超过 12 亿小时的服务时间。❹

　　第二个项目是学习和服务美国项目（Learn and Serve America）。该项目为公立教育机构、学校、公益组织、高等学校等提供资源支持，帮助这些机构来组织学生开展社区服务。据统计，每年有超过 100 万的美国学生参与到该项目中。该组织开展的活动目的除了关注学生社会责任感的提升，还重视学生学业的进步，鼓励学生运用他们的知识和技能来改善社区，帮助学生在服务—学习过程中得到更全面的发展，实现知行合一。在该组织所支持的机构中，约有 40% 的中小学和 60% 的高校将服务学习课程列为其学校的核心课程。此外，该组织每年能够创造 1490 万小时的服务时间，参与服务的大学生数量超过 4.5 万人次。❺

　　第三个项目是国民长者服务队（Nation Senior Serve Crops）。该组织主要由 55 岁以上的老年人志愿者组成，包含祖父母抚养组织（Foster Grandparents）、

---

❶　AmeriCorps VISTA［EB/OL］. http：//www. nationalservice. gov/programs/americorps/americorps – vista.［2015 – 04 – 15］.

❷　AmeriCorps NCCC［EB/OL］. http：//www. nationalservice. gov/programs/americorps/americorps – nccc.［2015 – 04 – 15］.

❸　*AmeriCorps State and National*［EB/OL］. http：//www. nationalservice. gov/programs/americorps/americorps – state – and – national .［2015 – 04 – 15］.

❹　*AmeriCorps*［EB/OL］. http：//www. nationalservice. gov/programs.［2015 – 04 – 15］.

❺　*Learn and Serve America Fact Sheet*［EB/OL］. http：//www. nationalservice. gov/newsroom/marketing/fact – sheets/learn – and – serve – america.［2015 – 04 – 15］.

退休年长志愿者组织（Retired and Senior Volunteer）和长者伙伴组织（Senior Companion Programs）。服务队会对志愿者进行培训，协助志愿者们通过发挥其工作技能和经验来帮助和指导受助者。自肯尼迪政府开始，国民长者服务队已经组织了 36 万多美国人为社会提供服务，他们为社区中各种有需要的人群贡献了他们的技能、知识和经验。❶

概而言之，社区服务政策的制定和服务实践的开展都根植于整个社会对公民参与的需求。无论是政府的各类政策法规还是整个社会氛围都为社会服务活动的开展提供了关键的支持。

3.3　服务学习

100 多年前，杜威、博伊尔等高等教育专家就曾呼吁将学校教学和学习置于真实世界之中，以提高学生的公民参与和社会责任。美国的教育实践证明，传统的课堂教学或者志愿服务、社区服务对于培养学生社会责任感的作用都存在一定的限度。在美国社会大力推广社区服务的背景下，作为实用主义理念下经验教育的一种形式，20 世纪六七十年代，服务学习（Service-learning）开始在美国许多高校建立并发展起来，希望通过服务学习的推广来深化学习和提高学生的自我责任感和社会责任感。❷ 就学习目的而言，服务学习既不同于那些仅关注服务而不关注课程设计和学习目标的课程，也不同于那些不进行反思或不与学术学习相关联的大学社区服务项目。服务学习植根于道德教育和专业学习，涉及一系列的与有意义的社区服务和现实问题相关的课程安排、讨论和写反思报告。自服务学习方式诞生直到 20 世纪 80 年代晚期，在十多年的时间里，服务学习在学校组织中蓬勃发展，并逐渐与社区服务区分开来。❸ 到 20 世纪 90 年代，服务学习的发展如日中天，并被认为是"教育变革的巨大推力"。❹ 此外，服务学习在促进学生的社会责任感发展方面的成效也基本获得

---

❶ *Senior Corps* [EB/OL]. http://www.nationalservice.gov/programs/senior-corps. [2015-04-15].

❷ Jacoby, B. and Associates. *Service-learning in Higher Education：Concepts and Practices* [M]. San Francisco, CA：Jossey-Bass, 1996.

❸ Hollander, E., Saltmarsh, J., & Zlotowski, E. *Indicators of Engagement* [G] //Kenny, M. E., Simon, L. A. K., Kiley-Brabeck, K., Lerner, R. M. *Learning to Serve：Promoting Civil Society through Service Learning*. Kluwer Academic Publishers, 2002.

❹ Liu, G.. Foreword [M] //T. K. Stanton, D. E. Giles, & N. Cruz. *Service-learning：A Movement's Pioneers Reflect on Its Origins, Practice, and Future.* San Francisco：Jossey-Bass, 1999：xi.

了业内的普遍认同。❶ 可以说，服务学习是理论与实践结合、学校与社区结合、思想与行动结合的一种有益尝试。时至今日，服务学习已然成为美国高校培养学生社会责任感的主要途径之一。

3.3.1　服务学习的发展历史

"服务学习"这一概念最早出现在西格蒙（Robert Sigmon）和拉姆斯（William Ramsey）1967 年向南部区域教育委员会（the Southern Regional Education Board，SREB）提交的报告上，SREB 发动大学生以实习生的身份参与社区项目，从而加强高等教育与社区的关系，促进社会经济发展。❷ 这是首次将服务融入课程的一次设计和尝试。通过服务与学习关联的形式，学生可以将在课堂上学到的理论知识运用到服务实践中，同时他们在服务中所获得的实践知识又可以折返课堂，从而进一步促进课堂理论知识的学习。1969 年，由南部地区教育委员会、亚特兰大市政府、亚特兰大城市联盟、和平协会等联合发起的服务学习会议讨论了服务学习在高等教育领域的重要性，会议达成了三点共识：①高校必须鼓励学生参与社区服务，确保课程学习是社会服务的必要组成部分，并对服务中的学生给予褒奖；②高校、团体组织、联邦和州政府必须为学生提供参与服务学习的机会和专项资金；③学生、教师必须参与服务学习的规划和实施过程。❸ 同年，国家学生志愿者项目（National Student Volunteer Program）更名为全国服务学习中心（National Center for Service – Learning）。1971 年，该中心与全国志愿者服务组织（Volunteers in Service to America，VISTA）、和平部队（the Peace Corps）共同组建了联邦机构 ACTION，负责全美的学生服务活动。在 20 世纪 70 年代，ACTION 组织上万名学生参与了服务学习活动。另一项由大学开展服务学习的项目是 20 世纪 70 年代初期兴起的大学行动年（University Year for Action，UYA）。该项目由几所大学联合发起，UYA 鼓励学生参与当地服务机构组织的针对贫困问题的服务活动，许诺一年的服务可以折

❶　Reeb, R. N., Sammon, J. A., &Isackson, N. L. Clinical Applications of the Service-learning Model in Psychology：Evidence of Educational and Clinical Benefits ［J］. *Journal of Prevention and Intervention in the Community*，1999，18（1－2）：65－82.

❷　O'Connell, W. *Service-learning in the South：Strategy for Innovation in Undergraduate Teaching* ［G］//J. Kendall and Associates. *Combining Service and Learning：A Resource Book for Community and Public Service*. Raleigh, NC：*National Society for Internships and Experiential Education*，1990（1）：593－600.

❸　黄孔雀. 美国高校服务学习模式述评 ［J］. 高教探索，2015（2）：61－65.

合成 30 个学分。联邦政府对该类学术服务项目的开展亦给予了大力支持。❶ 除了这些政府背景的社会服务机构外，还有很多大学、宗教组织和非政府组织开展服务活动，全美实习和经验教育协会（National Society for Internships and Experiential Education，NSEE）也发挥了重要的作用。❷ 但是，服务学习运动并未就此顺利持续下去，很多服务学习项目随着联邦拨款的结束而终止。Astin 等对当时大学生的调查显示，物质主义在大学生价值观中居于显著地位，73% 的被调查大学生表示"经济富足"是至关重要的，仅有 22% 的大学生认为"参与社区活动"非常重要。❸ 有学者总结了当时服务学习难以为继的原因并将之归纳为三个方面：一是很多服务学习项目并未与学校或相关机构的核心使命和目标有机结合；二是在提供服务时过于强调"帮助别人""做好事"，这使得服务者与被服务者之间的关系不对等，有施舍之嫌；三是服务与学习未能有机关联。❹ 服务学习运动发展的困局使得教育者、社区领导和学生都开始反思服务学习。

到 20 世纪 80 年代中期，对于"服务学习"（Service Learning）的尝试又重新兴起。1985 年由斯坦福大学、布朗大学和乔治城大学校长联合发起的校园协定（Campus Compact）在推广和发展服务学习方面具有里程碑意义，该校园协定旨在通过鼓励学生参加社区服务来消解"自我的一代"的诸多弊病，号召学生能够更关注"他人"。❺ 校园协定致力于将服务与大学的学术课程相整合，从而改变服务学习在大学活动中的边缘地位。❻ 到 20 世纪 90 年代末，已有 300 多名美国大学校长成为校园协定的成员，他们与服务学习合作组织、美国高校联合会和国家社区服务集团合作，共同开发大学的服务学习项目。❼

❶ Kendall，J. and Associates. *Combining Service and Learning：A Resource Book for Community and Public Service* [M]. Raleigh，NC：National Society for Internships and Experiential Education，1990.

❷ Jacoby，B. and Associates. *Service – learning in Higher Education：Concepts and Practices* [M]. San Francisco，CA：Jossey-Bass，1996.

❸ Astin，A. W.，Parrott，S. A.，Korn，W. S.，& Sax，L. J. *The American Freshman：Thirty Year Trend* [M]. Los Angeles：Higher Education on Research Institute，1997.

❹ Kendall，J. and Associates. *Combining Service and Learning：A Resource Book for Community and Public Service* [M]. Raleigh，NC：National Society for Internships and Experiential Education，1990：8 – 10.

❺ Stanton，T. *Service Learning and Leadership Development* [G] //J. Kendall and Associates. *Combining Service and Learning：A Resource Book for Community and Public Service*. Raleigh，NC：National Society for Internships and Experiential Education，1990：175 – 189.

❻ Jacoby，B. *Service Learning in Higher Education：Concepts and practices* [M]. San Francisco：Jossey-Bass，1996：Forward.

❼ Myers – Lipton，Scott J. Effect of a Comprehensive Service-learning Program on College Students' Civic Responsibility [J]. *Teaching Sociology*. 1998，26（4）：243 – 258.

而且，校园协定的成员也一直处于增长态势，至 2014 年，已有 1100 所大学加入其中，所占数量超过美国总高校数量的 1/4。❶ 1986 年，青少年服务美国协会（Youth Service America）成立，这为青少年参与社会服务提供了更多的机会和可能。1989 年有关服务学习的实施细则发布，这为提高服务学习活动的规范化和有效性提供了制度支持。一系列围绕服务学习展开的讨论和行动直接促成了 1989 年第一届翼展大会（the Wingspread Conference）的召开。会议得到了约翰逊基金会的赞助，该基金会是一个由私人运作、重点赞助时下围绕热门公众问题而开展的会议。在会议上，与会成员讨论制定并发布了整合服务和学习的基本原则。1991 年，第二届翼展大会在全美经验教育协会的赞助下召开，形成了整合服务与学习的研究日程。而且，为促进服务学习研究成果的发布，第一本有关服务学习的学术期刊——《密歇根社区服务研究》杂志也于 1994 年创刊。❷与此同时，高等教育机构也制定了一系列举措来发展服务学习，关注大学生社会责任和社区参与，服务学习开始从高等教育的边缘走向中心。1995 年，美国高等教育协会（AAHE）将探讨服务与学习结合的方法作为会议主题，并且推出了 18 卷的研究成果，涉及各类学科中的服务学习。这些基于学科的服务学习研究专著为高校教师开设服务学习课程提供了参考。同时，美国社区学院委员会（the American Association of Community Colleges，AACC）也在全美 1200 所二年制学院中推广服务学习的价值。❸ 1994 年，AAAC 获得了全国和社区服务公司和 Kellogg 基金会的资助，用来培训社区学院教师开设服务学习课程和加强社区学院对服务学习课程的支持力度。此外，从联邦层面上对社区学院的资助还包括大学校园协议中心和 AACC 服务学习。自 1997 年始，校园协议在其组织愿景中增加了一条声明，即促进"参与型"大学校园的形成，着力推动大学生和大学所有成员参与到社区和国家中去。❹ 在 1999 年由校园协定和美国教育委员会组织召开的大学校长领导力论坛上，近 400 名大学校

---

❶ *Campus Compact. Three Decades of Institutionalizing Change* ［EB/OL］. http：//www. compact. org/news/stats/2 - student - service. heml.

❷ Kenny, M. E., Gallagher, L. A. *Service-learning：A History of Systems* ［M］//Learning to Serve. Springer, 2002：20.

❸ Barnett, L. *Service learning：Why Community Colleges?* ［M］//M. H. Parsons, & C. D. Lisman. *Promoting Community Renewal through Civic Literacy and Service Learning.* New Directions for Community Colleges. San Francisco：Jossey-Bass, 1996（93）：7 - 15.

❹ Hollander, E., & Hartley, M. *Civic Renewal in Higher Education：The State of the Movement and the Need for A National Network* ［M］//T. Ehrlich. *Civic Responsibility and Higher Education. Phoenix, AZ：* American Council on Education/ The Oryx Press, 2000：345 - 366.

长签署了高等教育社会责任声明。❶ 大学自治委员会、全美经验教育协会和校园协定中心联合开发了信息网络平台，为大学与社区合作创造了机会。❷ 与此同时，在 20 世纪 80 年代早期，一群大学毕业生组建了校园拓展机会联盟 COOL（Campus Outreach Opportunity League）来帮助学生服务社区。目前，COOL 仍由新毕业的大学毕业生管理，并且已经发展成一个涵盖 600 多所高校的网络。COOL 的目标是"通过服务和提供多元环境，提高学生行动的有效性，让学生能够在社区中发声以表达当今社会面临的各类挑战"❸。

在服务学习实践过程中，全美实习和经验教育协会（NESS）发挥了巨大的作用。1983—1989 年，NSEE 开展了大量的人员培训，以帮助高校开展经验教育和服务学习，将服务学习与高校使命相结合，努力争取学校教师的支持，将服务学习与课程教学、教育实践相结合，寻找服务学习的理论基础。为了更好地帮助各类组织或公众识别实践活动项目的优劣，1987—1989 年，NSEE 还制定了指导服务学习开展的基本原则（Principles of Good Practice in Combining Service and Learning），实现服务与学习有机结合、取长补短的目的。❹ 20 世纪 90 年代之后，在美国各级政府和各类学校的积极推动下，服务学习的理论不断完善，相关的研究文献和指导手册层出不穷，相关的服务学习实践也不断丰富。1992 年，马里兰州甚至将"是否参加服务学习"列为学生大学毕业的必要条件之一，之后又有 34 个州制定了有关服务学习的政策。❺ 绝大多数美国高校成立了服务学习办公室，负责协调处理教师、学生和社区的诸类事务，并组织开展服务学习培训、制定服务学习规则等。截至 2000 年，超过 13 000 名教师和 374 333 名大学生参与了服务学习。❻ 2006 年的统计数据显示，美国校

---

❶ Ehrlich, T., Hollander, E., et al. *Presidents' Fourth of July Declaration on the Civic Responsibility of Higher Education*. Providence [EB/OL]. RI: Campus Compact, 1999. http://www.compact.org/resources/plcdeclaration.html. [2014 – 10 – 20].

❷ Hollander, E., & Hartley, M. *Civic Renewal in Higher Education: The State of the Movement and the Need for a National Network* [G] //T. Ehrlich. *Civic Responsibility and Higher Education*. Phoenix, AZ: American Council on Education/ The Oryx Press, 2000: 345 – 366.

❸ Myers – Lipton, Scott J. Effect of A Comprehensive Service-learning Program on College Students' Civic Responsibility [J]. *Teaching Sociology*. 1998, 26 (4): 243 – 258.

❹ Jacoby, B. & Associates. *Service-learning in Higher Education: Concepts and Practices* [M]. San Francisco, CA: Jossey-Bass, 1996.

❺ *Learn and Service American* [EB/OL]. http://www.nationalservice.gov/pdf/factsheet_lsa.pdf. [2014-10-20].

❻ Campus Compact. 1999 *Campus Compact Member Survey* [EB/OL]. http://www.compact.org/news/stats/2 – student – service.html. [2014-10-20].

园协定中 85% 的高校至少有一名全职工作人员负责协调和组织服务学习项目的有效开展。[1] 2014 年，在被调查的校园协定成员高校中，91% 的高校开设了服务学习课程；高校提供的服务学习课程数量平均值达 69 门，平均每所高校有 43 名教师开设了服务学习课程，64% 的高校将服务学习课程纳入学校的核心课程体系。[2] 自此，服务学习与大学教学的联系逐步成熟，服务学习成为高校开展积极教学、进行道德教育、促进学生发展的一条重要途径。截至 2014年，美国校园协定的成员高校数量达 1080 所，开设的服务学习项目达 30885个，每所大学参与社区服务、服务学习项目的学生数平均为 3299 人。[3] 在政府层面上，美国政府曾先后推出过多部与服务学习相关的法案来指导服务学习的开展，其中影响最大的是 1990 年颁布的美国国家和社区服务法案 (*National and Community Society Act, 1990*) 和 1993 年颁布的国家和社区服务信托法 (*National and Community Service Trust Act of 1993*)。此外，美国还设置了全美服务学习情报交流中心 (National Service-Learning Clearinghouse)，该中心曾对 2004—2006 年美国发表的有关服务学习的论文进行过一次统计分析，结果显示共有 144 篇硕士和博士论文以服务学习为主题开展研究，研究领域的分布情况如下：75% 的源自教育领域，7% 的源自科学领域，人文领域占 4%，社会科学领域占 6%，此外，交叉学科研究的占 3%。其中，高等教育所占的比例最多，为 65%，基础教育领域占 27%，社区组织占 8%，交叉领域为 2%。[4] 可以说，截至目前，服务学习在美国已经完成了制度化和法制化的过程。

3.3.2　服务学习的内涵与特点

虽然美国推广服务学习已经有几十年的历史，但人们对服务学习的理解仍存在分歧。仅就服务学习的概念而言，肯德尔 (Kendall) 就归纳出了 147 多种。[5] 在

❶ Butin, Dan W. *Service-learning in Theory and Practice：The Future of Community Engagement in Higher Education* [M]. New York：Palgrave Macmillan, 2010：vii.

❷ Campus Compact. 2014 *Member Survey Affinity Report* [EB/OL]. http：//compact. org/resource - posts/2014 - member - survey - affinity - report - fte - 7501 - to - 15000 - colleges/ [2015-01-20].

❸ Ibid.

❹ Smith, L. and Heather J. Martin. *Recent Dissertations on Service and Sercice-learning Topics.* [EB/OL]. http：//www. servicelearning. org/filemanager/download/ Dissertations_VolumeIV_. [2015-01-20].

❺ Kendall, J. and Associates. *Combining Service and Learning：A Resource Book for Community and Public Sercice* [M]. Raleigh, NC：National Society for Internships and Experiential Education, 1990：Volumes and Ⅱ. Retrieved from Jacoby, B. and Associates. *Service-learning in Higher Education：Concepts and Practices* [M]. San Francisco, CA：Jossey - Bass, 1996：3.

众多概念界定中，比较有代表性的有以下几种。

最早提出服务学习概念的南部区域教育委员会（South Regional Education Board，REB）将服务学习定义为："一种能够同时满足人类需求和促进教育发展的活动形式。"❶ 美国服务行动（Service Action，1993）将服务学习定义为："是将社区服务与课程相联系的一种方法，通过学校和社区的合作，让学生参与到有组织的社会服务活动中，学生在满足社会需求培养学生社会责任感的同时，获得知识和技能，提高与同伴和其他社会成员合作、分析、评价及解决问题的能力"❷；美国全国和社区服务公司（Corporation for National and Community Service）将服务学习界定为，"是一种传授公民意识、学科知识、技能、价值观以及学生主动学习的方法，学生通过服务获得经验和教训"❸；美国高等教育协会（American Association for Higher Education）将服务学习定义为，"是学生通过精心组织的社区服务进行学习并获得发展的一种方法。通过高校与社区的协调，学生在满足社区需要的同时，实现公民责任感的发展。服务学习强调服务与学生学习相结合，学生需要对服务进行反思，通过反思继而促进知识学习"❹。曾在马里兰大学负责学校社区服务工作的雅克比（Barbara Jacoby）认为："服务性学习是经验教育（Experiential Education）的一种形式，学生通过参加围绕学习精心安排的服务活动，在满足人们和社区需要的同时可以获得各方面发展。反思和互惠是服务学习的核心概念。"❺

此外，还有很多学者对服务学习的内涵进行了诠释。比较有代表性的如：Bringle 和 Hatcher 将服务学习界定为，"是一种基于课程、有学分的教育实践。通过修读这类课程，学生能够将服务社会与知识学习有机结合，不仅满足社区的需要，而且通过对服务活动的反思加深对所学知识的理解，拓宽对学科知识

---

❶ Kendall, J. and Associates. *Combining Service and Learning: A Resource Book for Community and Public Service* [M]. Raleigh, NC: National Society for Internships and Experiential Education, 1990: 20. Retrieved from Jacoby, B. & Associates. *Service-learning in Higher Education: Concepts and Practices* [M]. San Francisco, CA: Jossey - Bass, 1996: 3.

❷ Meyers, S. Service Learning in Alternative Education Settings [J]. *Clearing House*, 1990, 73 (2): 114 - 117.

❸ *What is Service-Learning?* [EB/OL]. http: //csf. colorado. edu/sl/what - is - sl. html. [2015-01-20].

❹ Ibid.

❺ Barbara Jacoby and Associates. *Service-learning in Higher Education: Concepts and Practices* [M]. San Francisco, California: Jossey - Bass Publishers, 1996: 5.

的认识，并提高其社会责任感"❶。Furco 则认为服务学习是实验教育的一种模式，源自杜威以及其他经验学习的教育理论。❷ Eyler 和 Giles 认为学习经由行动和反思而产生，而非仅仅能够重述阅读材料和讲座中的知识；经验有助于理解，理解有助于有效的行动，服务学习就是将学习和服务有机结合的一种方式。❸ Zlotkowski 认为，基于问题的学习、合作学习、批判思维、多元文化和差异、公民自觉、领导技能、专业和社会责任都与服务学习项目休戚相关。❹ Jacoby 认为服务学习"是一种实践教育模式，通过有目的的设计，将人类和社区的需要与学生的学习有机结合起来，从而促进学生学习和发展，反思和互惠是服务性学习的核心概念"❺。Wade 和 Saxe 则认为，服务学习"是一种丰富课程的方法，需要教师实现精心准备，可以满足社区的关键需求"❻。Godfrey 和 Grasso 认为服务学习包含以下四个基本的部分：第一，学生积极参与有组织的社会服务活动，通过社区和学校的通力合作来有效地协调社区和学校的关系；第二，服务学习体验被纳入学生的课程学习框架中，课程设计中会留出固定的时间让学生思考、讨论或撰写他们在真实的社会服务活动中的所见所闻；第三，学生有机会将新掌握的技能和知识运用到社区的真实生活场景中；第四，服务学习体验有助于提高学生关心他人的责任感。❼ 还有些学者提出，"'服务学习'更倾向于是一个服务项目谱系，谱系的一端是强调服务和'被服务对象'的活动，如志愿服务和社区服务，谱系的另一端则是强调学习和'服务提供者'的活动，如实习和实地教育。鉴于此，服务学习实际上就可以

---

❶ Bringle, R., and J. Hatcher. A Service Learning Curriculum for Faculty ［J］. *The Michigan Journal of Community Service-Learning*, 1995 （2）：112 – 122.

❷ Furco, A. *Service-Learning*：*A Balanced Approach to Experiential Education* ［G］ //B. Taylor. *Expanding Boundaries*：*Serving and Learning*. Washington, DC：Corporation for National Service, 1996.

❸ Eyler, J. and D. E. Giles, Jr. *Where's the Learning in Service-Learning?* ［M］. San Franscisco：Jossey-Bass, 1999.

❹ Zlotkowski, E. *Successful Service-Learning Programs New Models of Excellence in Higher Education* ［M］. Edward Anker Publishing Company, 1998.

❺ Jacoby, B. and Associates. *Service-Learning in Higher Education Concepts and Practices* ［M］. Jossey – Bass, 1996. Retrieved from Marianne Shockley Robinette. *Service-Learning in Entomology*：*Developing, Inplementing, Assessing and Evaluating*. VDM Verlag Dr. Muller, 2010：5.

❻ Wade, R. C., & Saxe, D. W. Community Service – learning in the Social Studies：Historical Roots, Empirical Evidence, Critical Issues ［J］. *Theory & Research in Social Education*, 1996 （24）：331 –359.

❼ Godfrey, P. C. & Grasso, E. T. *Introduction* ［M］ //E. Zlotkowski, P. C. Godfrey E. T. Grasso. *Working for the Common Good*：*Concepts and Models for Service-learning in Management*. Washington, D. C.：Amerian Association for Higher Education, 2000：1 –9.

细分为不同的称谓，如'学术的服务学习''基于社区的服务学习''基于实习的社区服务'等，如此，单从称谓上就可以知道活动的侧重点"。❶ 事实上，在服务学习的实际运作过程中，也一直伴随着对服务和学习关系的处理，活动组织者和参与者在"大学习、小服务"（service‐LEARNING）、"大服务、小学习"（SERVICE‐learning）、"分离的服务学习"（service learning）和"服务学习并重"（SERVICE‐LEARNING）间不断平衡。

由上述分析可知，服务学习是一个具有丰富内涵的概念，不同的行动主体基于不同的目的会有不同的侧重，由此，服务学习也就表现出不同的属性，可以表现为一种哲学、一种文化、一种教育教学方法抑或是一种社会服务模式。虽然人们对服务学习的认识存有差异，但仍存在诸多共识，人们普遍认同服务学习中包含以下基本要素：满足社区实际需要、精心组织的服务项目、学校—社区的合作关系、学生的积极主动参与、服务与学术性课程学习的融合、学生对服务的反思、服务者与服务对象的双赢、学生社会责任感的提升等。在服务学习实施过程中普遍强调遵从以下基本准则，即4Rs——尊重（respect）、互惠（reciprocity）、相关（relevance）和反思（reflection）。❷ 具体来讲，提供服务者需要做到以下几点：第一，提供服务人员必须尊重被服务区域的环境、景观以及被服务对象的生活模式，也就是服务者并不是所谓的"拯救者"；第二，服务不能仅关注服务者的发展，还需要始终将被服务对象的需求放在首位；第三，服务必须与课程内容相关，服务应是课程的核心组成部分而不能脱离课程；最后，学生必须对服务进行反思，这也就要求学校在组织服务学习项目时要尽量为学生提供那些充满矛盾、相对复杂的现实问题，能够让学生不断思考、讨论和研究。具体流程主要如图3‐1所示。

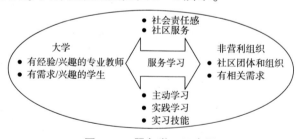

图3‐1　服务学习示意图

---

❶ Sigmon, R. *Serving to Learn, Learning to Serve* [G] //Council for Independent College Report. Washington, DC: The Council of Independent Colleges, 1994.

❷ Sigmon, R. Service-learning: Three Principles [J]. *ACTION*, 1979, 8 (1): 9–11.

此外，结合前文论及的志愿服务和社区服务，可以发现，服务学习与志愿服务和社区服务关系密切，三者都着眼于社区参与和社会服务。但同时，三者也存在诸多差异。概括来讲，差异主要存在于两个方面：第一，与志愿服务和社区服务相比，服务学习强调学生对服务过程的反思。无论是志愿服务还是社区服务，其工作核心都集中于服务，主要是期望通过服务来满足社区或社会的需要，与学生的学习并无直接的关系。虽然学生在志愿服务或社区服务过程中也会获得经验的增长，也存在学习，但学习并未成为活动组织策划的正式目标。与此不同，服务学习的工作核心是服务与学生学习和自身发展的有机结合。服务学习为教师创设动态学习环境提供了机会，在学习目标、课程设计上，服务学习要求提供更明确的服务项目设计和学生反思，有助于学生将课堂上所学的知识运用到实践中。服务学习项目认为，有引导的学生反思有助于学生将服务经历与课程学习有机结合。[1] 在服务学习中，学生需要将课程所学的知识运用到服务实践之中；学生又需要对服务实践进行反思，将经验学习与理论学习相结合，进而提升对理论知识的理解，并提升社会责任感和公民参与意识。在采访德克萨斯理工大学（Texas Tech University）一位开设服务学习课程的教师时，他表示，"服务学习为课程学习材料从书本知识转移到生活实践上创造了机会，服务学习有助于教学和学生学习兴趣的提高，这既改变了学生也改善着社区"[2]。第二，与志愿服务和社区服务相比，服务学习更强调"互惠性"。在进行志愿服务和社区服务时，组织者往往更多地强调服务者对被服务对象进行帮助，是一种单向度奉献，这在一定程度上会造成服务双方关系的不对等。服务学习则强调服务双方之间的"互惠性"，认为服务过程是一种双向度的收获，即服务活动双方，无论是提供服务者还是被服务对象都能够从中收益。[3]

3.3.3　服务学习的实施：以德克萨斯理工大学为例

在服务学习实施过程中，美国高校形成了许多不同的程序，有四段论、五段论和七段论等。如怀特（White）提出了服务学习四段论，将服务学习实施

[1]　Jacoby, B. and Associates. *Service-learning in Higher Education： Concepts and Practices* ［M］. San Francisco, CA： Jossey – Bass, 1996.

[2]　A 老师. 德克萨斯理工大学教学发展中心，2014/9/20.

[3]　Kendall, J. and Associates. *Combining Service and Learning： A Resource Book for Community and Public Service* ［M］. Raleigh, NC： National Society for Internships and Experiential Education, 1990（1）： 22.

过程分为准备、服务、反思和庆祝；服务学习联盟则给出了五阶段实施服务学习的策略，即准备、合作、服务、课程整合和反思；鲁宾（Rubin）则提出了服务学习课程发展模式的七阶段论："①确定学生的学习成果，②确定个人学术成果，③社区协作计划，④设计过程，⑤安排后勤和创建形式，⑥反思、分析和提供，⑦在所有关键的受众中执行评价和评估。"❶ 虽然各高校按照不同的程序来组织服务学习课程，但一般来讲，服务学习项目的开展都包括以下四个阶段：①准备阶段。该阶段主要是确定学生的兴趣和活动方式，学生发现社会中的问题，确定可利用的学习资源并制订适应社区需要的发展计划。②服务实施阶段。学生与社区建立合作伙伴关系，在指导教师的带领下，进入服务地点，按计划实施有助于社区的服务计划。③课程统合阶段。在活动中学生发现和讨论各种问题，并运用在学校里所掌握的知识解决社区问题。④反思阶段。在服务过程中针对所从事的社区服务工作及时进行思考讨论，阐释自己在服务活动中的体验并撰写反思报告。

笔者在德克萨斯理工大学（Texas Tech University）为期一年的访学过程中，详细考察了该大学在组织和开展服务学习课程方面的情况。作为美国南部德州地区最好的公立研究型大学之一，该校在教学、科研和社会服务方面都卓有成效，服务学习课程是该校的核心课程之一。在德克萨斯理工大学，服务学习被界定为"是一种将学术学习和公民参与整合的教学方法。服务学习通过精心地组织社会服务来满足社区的各类需求。在服务学习中，服务活动被有机地纳入学术课程之中，学生通过批判性反思开展学习并获得发展"❷。德克萨斯理工大学服务学习项目的组织和开展工作主要由"大学生主动学习和参与促进中心"（the Center for Active Learning and Undergraduate Engagement，CAL-UE）以及"教学和专业发展中心"（the Teaching，Learning，and Professional Development Center，TLPDC）来负责。❸ 上述两中心为学生、教师和社区合作开展服务学习项目提供了信息沟通平台，并对有志于参与服务学习的教师和学生提供培训以及各类技术和资源支持，为实现社区服务活动的学术性和实践性方面的双重价值起到了重要的引导和支持作用。以下是该校服务学习课程的具体安排和相关要求。

❶ 郝运.美国高校服务学习研究［D］.长春：东北师范大学，2009：65－66.

❷ *TTU Service Learning Advisory Council*［EB/OL］. http：//www. depts. ttu. edu/tlpdc/Faculty－Instructors/Service_learning/Faculty/index. php.［2014-05-20］.

❸ *Service Learning*［EB/OL］. http：//www. depts. ttu. edu/calue/servicelearning. php.［2014－05－20］.

服务学习课程基本情况

服务学习课程的教学目标

- 发展学生对复杂问题和情景的认知和处理能力
- 学以致用
- 发展人际交往能力和领导力
- 提高学生的社会责任感和相关技能
- 提高学生的道德推理能力，并帮助学生利用其专业技能服务社区

服务学习课程的标准

标准 1：通过社区服务和批判性反思的有效结合，为学生提供更为严格的、高要求的学习经历

服务学习课程将社区服务活动与批判性反思、相关学科概念、技能或学术理论应用有机结合。服务学习课程要求选课的学生至少完成一次围绕服务活动开展的反思学习活动（如日志、服务叙事等）。反思活动的具体类型（如写作、口头）由任课教师根据学生和课程的需求来决定。

标准 2：通过学生参与各类有针对性的社区和社会服务活动，提高服务的价值

参与服务学习的师生与相关机构、团体、学校、个体和其他社区实体通力合作来确定社区需要、商议应对策略或实施相关策略。这种基于社区问题的多方合作有助于丰富学生的学习环境，使其不仅从教师那里学习，而且可以从处于不同文化和社会背景的同伴和社区成员那里学习。合作精神被纳入服务学习课程的评价过程中，在对参与程度和服务影响进行评价时，被服务机构和人员的意见将被充分考虑。

标准 3：通过创设一个更有助于学生获得知识、技能和价值的学习环境，为学生提供目的明确的公民学习机会，从而使个体、社区、国家和全球共同获益

通过服务学习活动，学生可以在一个更大的社会背景下理解规则，从而增进其对社会责任和民主社会积极公民的理解。学生还可以更好地理解如何在其选择的领域内做出实际贡献。

标准 4：服务学习应在实施过程中坚持教学大纲规定的如下学习要求：学生能够批判地、全面地识别、归纳和反思涉及个体、专业和公民生活的诸类道德伦理问题

为了证明服务学习活动的成效，开设服务学习课程的教师需要提交一份学生反馈信息概要和能体现上述目标的学生作业。相关材料将提交给服务学习协调委员会。教师所提交的学生作业数量占服务学习课程总注册人数的 10% ~ 20% 为宜。

服务学习课程评估：由于服务学习课程注重社区服务与批判性反思、学科理论学习与应用的有机结合，因此，在服务学习课程评估方面也注重围绕服务活动开展反思学习，反思学习的类型和具体要求由任课教师根据具体的学习需求制定。有的课程要求学生每周提交服务日志，要求学生从多角度对课程知识内容和服务体验进行批判性反思。如第一周学生需要针对他们参与服务活动时的紧张和偏见进行批判性分析；之后可以对他们的服务学习体验进行批判性反思，反思内容必须与所学的课程知识相关。例如，在一门《管理学原理》课上，除了对团队和领导力进行评估外，教师还采用直接评估和整合式评估（Capstone Assessment）相结合的方法。直接评估包括对团队的考核和对个体的考核。对团队而言，考核内容包括项目策划书、项目终期报告和面向全班做项目最终成果口头展示；对个体而言，需要围绕其作为团队成员在完成项目过程中的体验撰写反思报告。直接评估占总分数的 46%，主要包括项目策划书和项目最终报告。整合式评估主要测评通过服务学习课程学生是否在公民参与、应用管理学理论和商业专门技能方面有提高，主要包括对以下几个方面的评估：项目加深了我与大学社区的联系；项目加深了我与周边社区的联系；项目让我能够接触真实的商业申请方案；项目为我提供了应用问题解决策略的机会；项目为我提供了使用管理学理论的机会；项目让我实践了团队工作技能；项目为我提供了学习实践工作场所相关技能的机会；项目增强了我的专业自信心。

备选方案：为达到服务学习课程的最佳成效，服务学习课程设计委员会建议教师为不能参与服务学习课程部分环节的学生安排备选作业。很多服务学习课程在考核要求里注明了备选方案，当然也有的服务学习课程明确注明没有备选方案。如 EDLL 5350 课程，其课程备选方案如下。

学生去当地小学进行服务学习前必须通过身份背景审查。未通过身份背景审查的同学，需要选择备选方案以达到课程要求。备选课程方案具体如下：与指导教师商定研究主题，阅读相关学术文献（至少 8 篇）、报纸和其他期刊杂志（至少 8 篇），并撰写 20 ~ 25 页的论文。论文的评价标准为：选材质量 10 分，与课程主题的贴切度 15 分，结构/清晰度 10 分。

具体到某门服务学习课程（以数学与统计系开设的服务学习课程为例），在参与课程之前，开课教师会向学生明确课程的目的，让学生签署《服务学习同意书》（*Service Learning Agreement*）、《学生活动免责书》（*Student Activity Release Form*），并向被服务机构或个体提交《服务学习活动知情书》（*Service Learning Expectations*）。

例：Math 4370 – 服务学习课程要求

服务学习的目标是在参与社区服务的同时增进学生的学习。Math 4370 的服务活动将通过在当地 K – 12 学校课堂担任志愿者来展开。希望通过服务活动有助于学生更全面地了解学科概念，也能够为教师和学生提供帮助。建议活动类型包括协助教师讲解知识难点、开展小组学习、课堂授课或组织数学游戏。

为了更好地参与，学生必须做到以下几点：

- 正式注册课程
- 具有合适的时间参与指定教师和班级的课堂
- 将《服务学习活动知情书》交给对方教师
- 参与服务活动 10 次以上（含 10 次）

服务学习同意书

学生个人信息：

姓名＿＿＿＿＿＿　　　学号＿＿＿＿＿＿

地址＿＿＿＿＿＿　　　联系电话＿＿＿＿＿＿　　E – mail ＿＿＿＿＿＿

紧急联系信息：

紧急联系人姓名＿＿＿＿＿＿　　　　　　　与学生的关系＿＿＿＿＿＿

地址＿＿＿＿＿＿　　　联系电话 1 ＿＿＿＿＿＿　　联系电话 2 ＿＿＿＿＿＿

课程信息：

指导教师姓名＿＿＿＿＿＿　　课程代码＿＿＿＿＿＿　　课程名称＿＿＿＿＿＿

学生的课程责任：

学习目标：为 K – 12 年级的数学课堂提供帮助。加深学生对在大学数学课堂中学习的相关概念的理解。

服务时段：＿＿＿＿＿＿　　服务时长：＿＿＿＿＿＿

服务评估要求：教师反馈、活动日志、反思报告

学生的服务责任：

● 守时。务必准时。如果有事不能准时到达，请务必提前通知。如果交通不便，请向任课教师说明以便调整安排。

● 安全。在往返服务场所过程中确保自身安全，遵循服务场所的安全流程安排。避免服务场所存在的对你及他人的潜在危险。

● 着装得体。遵照服务场所的着装要求。

● 做好记录。与服务单位的导师一起做好服务时间记录。

● 真诚地分享你的学习目标。与服务单位的同事分享你的学习目标和目的，不要作超过自身能力的承诺。

● 有困难及时咨询。在服务过程中遇到困难或问题请及时与服务单位的导师、任课老师或服务学习办公室联系。

● 保守隐私和机密。如果你能够接触到他人的隐私信息（档案、日记、诊断结果等），请务必保守隐私。如果你需要用到上述信息，请与服务单位的导师和任课教师一起保护他人隐私。未经允许，不得擅自拍照。

● 营建良好的关系。服务学习经历是一次难得的学习机会，不仅仅是课程本身，还包括学习他人、反省自身。己所不欲勿施于人。避免因年龄、性别、种族或残障等问题可能引发冲突的一些话语和行为。不要八卦，尽量不要与服务场所的同事分享过多的个人隐私。务必明白你所在的服务场所的相关人员知道你来自哪里以及你是谁。

知情单：

__ 我已阅读《服务学习同意书》并决定参与服务学习。

__ 我将自行处理好往返服务场所的交通问题。

__ 我已签署学生活动免责书。

学生签名：_____   日期：_____

学生活动免责书

我，_____同意大学组织的各类活动中可能存在的潜在风险，包括但并不仅限于以下各类风险，如车祸、受伤、失窃等。我也同意德克萨斯理工大学不可能控制上述各种状况。鉴于我参与活动的必要性，我郑重承诺："对于在活动中可能出现的财产丢失、个人伤亡等，与德克萨斯理工大学、大学的管理人员、相关机构、志愿者和工作人员无关。在参与活动过程中产生的任何医疗费用也将由自身承担。"

此外，我同意活动中因财产损坏、人员伤亡等问题而产生的各类赔偿和花费与大学及大学的管理人员、相关机构、志愿者和工作人员无关。

德克萨斯理工大学应及时指导我撰写相关声明或采取相关行动。接到通知后，我或我的监护人将及时采取相关行动。

我已阅读并同意上述条款。

签名：＿＿＿＿＿＿　　　　日期：＿＿＿＿＿＿

如果参与者未满 18 岁，作为家长或监护人我愿意签名认可上述条文。

签名：＿＿＿＿＿＿　　　　日期：＿＿＿＿＿＿

服务学习活动知情书

＿＿＿＿＿＿同学选修了德克萨斯理工大学数学与统计系的服务学习课程。根据课程要求，该生将在接下来的几周里以志愿者身份参与到您的课堂中。该生只有完成该环节任务才可以获得课程的相关学分。

服务学习的目的是通过让学生参与社区服务来促进学生学习。服务活动的开展有助于学生更全面地了解数学概念，当然，我们也希望能够对您的教学和学生有帮助。该服务活动仅与德克萨斯理工大学数学课程志愿组织有关，与大学的其他志愿组织和实习活动无关。

建议学生参与以下活动：

* 协助教师讲解知识难点

* 帮助学习上有困难的学生

* 设计活动内容，如数学游戏来帮助学习天赋高的学生

* 面向全班做展示

以上建议仅供参考。您可以根据实际需求选择您认为更有助于您教学的活动。若有疑问，烦请通过邮件或电话联系我。联系方式为：×××

学生至少需要参与课堂服务十次。服务结束后，希望您能够填写所附问卷以帮助我们更好地评价学生、改进项目，以便最大限度地满足您的课堂的需要。

多谢您的参与。希望能为您和您的学生提供一次有意义的体验。

调查问卷

* 学生参与到您的课堂中的次数？请简要描述一下学生参与活动的情况。

* 学生是否守时、负责、成熟和热情？

* 您对该生的整体印象是什么？

* 我们期望此次服务学习活动能够对您的教学有所帮助。为提高活动的

成效，请提宝贵意见。

多谢您的参与。

在实际教学过程中，开设服务学习课程对大多数教师来讲都是一个不小的挑战。教师不仅需要关注学生个体的学业学习，还需要跟社区合作者联系并建立良好的信任关系、重组班级、寻找有效的教学评估方法。为帮助教师开设新的服务学习课程或更新原有的服务学习课程，德克萨斯理工大学的教学和专业发展中心（TLPDC）专门开展了"服务学习课程教师培训项目"（the Service Learning Faculty Fellows，SLFF）。该项目通过构建教师学习共同体来帮助教师将服务学习理念、教学法和实施程序有机地融入其科研、教学和社会服务生活中，帮助教师成长为一个真正的复合型学者。该中心为有意愿开设服务学习课程的教师提供免费培训和各方面支持，教师只需提前向该中心提交申请即可参与相关培训。项目实施过程中，SLFF 主要围绕以下两个问题进行：①服务学习对学生学习、教学方法、社区伙伴、大学和整个社区有什么样的影响？②如何评价拟开展的服务学习课程在上述各方面产生的影响？

服务学习课程教师培训项目（SLFF）的基本要求

• 出席和参与 SLFF 开展的各类培训。每学期初（秋季/春季）至少有一次必须要出席的会议，一般安排在学期正式上课之前，以免与其他教学和科研安排冲突。其他的会议将根据实际需要来组织安排。

• 每学期至少参与一次由教学和专业发展中心（TLPDC）组织的有关服务学习的工作坊。除传统的工作坊外，中心每月提供一次午餐会来为 SLFF 成员、服务学习课程任课教师相互交流提供平台。

• 提交服务学习课程开设申请。新开设的和重新设计的服务学习课程都需要提交申请。已获批开设过服务学习课程的教师可作为兼职人员参与到服务学习课程的审批工作中。

• 参与 SLFF 组织的会议，与培训导师共同商议如何将服务学习理论和实践与其将开设的新课程有机整合。

• 至少与社区合作单位进行一次面谈。鼓励在项目结束后进行一次回访，以便更好地对服务学习项目进行评估。

• 聘请一名研究生或本科生助教来协助新的服务学习课程的实施，所需费用将由 TLPDC 承担。根据大学雇佣学生时间的相关规定，学生每周的工作时间不得超过 20 小时，因此 TLPDC 将仅资助每周在校内工作 20 小时的学生。如果您有意聘请学生助理，TLPDC 可以提供帮助。（备选）

● 在 TLPDC 服务学习主题网页上张贴 1000 字左右的反思。这可以为开展相关学术研究提供素材，反思内容可以是对相关项目主题的文章、书籍和网页的反思，也可以是作为指导教师在服务学习项目中的收获，或者是对您承担的服务学习项目的整体评价。

● 在校内相关场合，如院系会议、TLPDC 工作坊中推介服务学习及您的服务学习项目。

● 参加教学诊断，收集学生有关其学习体验的匿名反馈。诊断会议以不超过 20 分钟为宜。学生的意见将整合后提交任课教师。

● 参与项目的终期考核。

SLFF 岗位的要求

SLFF 面向校内所有全职教师招聘。无论是否具有终身教职、是否具有服务学习经验，均可报名参加。作为 SLFF 的兼职成员，每位教师将获得一学期 1500 美元的资助和一名兼职研究生助理（TLPDC 每周资助 10 小时的工作量），兼职时间为 9 个月。

申请和选择标准

由服务学习项目教师、TLPDC 和 CALUE 服务学习工作人员组成的评价委员会负责审核申请。所需申请材料如下：个人简介（不超过 3 页）；服务学习项目申请表（封面需有系主任签名）；您对服务学习培训项目的期望（1 页）；您对服务学习项目未来发展的建议以及对服务学习如何提高学生学习能力和促进课程学习的分析（1 页）。

服务学习课程申请表

服务学习是一种将学术学习和公民参与集合的教学方法。服务学习通过精心地组织服务来满足社区的各类需求。在服务学习中，服务活动被有机地组织开展并被纳入学术课程之中，学生通过批判性反思开展学习和获得发展。我校开设的服务学习课程统一用"S"代码表示。

服务学习项目欢迎所有院系和教师提交课程申请。申请"S"课程请完整填写表格中的相关信息并以附件形式发送至×××。

课程名称：_____　　　课程代码：_____

开课学期/学年：_____　　　教师：_____

本课程是否符合核心课程的相关要求？　　是____　　否____

若是，属于哪一种？_____

课程概述：请参照服务学习标准（如下）说明拟开设的服务学习课程与传统课程的差异及与相关标准的关系。字数限制在 500～1000 字。请用 PDF 或 Word 文档的格式。

标准 1：通过社区服务和批判性反思的有效结合，为学生提供更为严格的、高要求的知识学习经历。

标准 2：通过学生参与各类有针对性的社区和社会服务活动，提高服务的价值。

标准 3：通过创设一个更有助于学生获得知识、技能和价值的学习环境，为学生提供目的明确的公民学习机会，从而使个体、社区、国家和全球共同获益。

标准 4：服务学习应在实施过程中坚持教学大纲已明确的如下学习要求：学生能够批判地、全面地识别、归纳和反思涉及个体、专业和公民生活的诸类道德伦理问题。

课程大纲：按照学校的管理要求，所有课程大纲必须包括学生的学习结果和评价方法。拟开设课程的教学大纲应包括对服务学习活动的详细描述以及解释活动与课程理论学习之间的关系，并请标明将如何组织学生的反思活动。请将服务学习课程的各环节用马克笔标出。

备选任务：服务学习课程应为不能参与服务实践活动的学生提供备选任务方案。请在课程大纲中提供备选任务内容。委员会建议将此备选任务设置为"需要任课老师批准"。

院系意见：需要提供系主任签名的院系同意意见。

面试（备选）：除了提交书面材料外，审批委员会可能会要求面试。请填写下列相关问题。

我想参加审批委员会的面试：是____ 否____
申请人：_____　　　校内信箱：_____
电子邮箱：_____　　　电话：_____
请将三份材料（申请表、课程大纲、系主任签名）通过邮件提交到 ***。

支持开设服务学习课程声明

尊敬的评估委员会：

我系同意并支持×××教授开设×××服务学习课程。×××教授在我系任教，对于服务学习在教学中的重要性很有心得。

×××教授认同服务学习是课程教学的重要环节，可以为学生提供真实的实践体验。因此，我们系支持将服务学习纳入课程教学，以便为学生提供实践学习的机会并为他们了解社区、服务社区提供可能。

我们非常希望学校能够批准×××教授的申请，我们也将全力提供支持。若有任何疑问，请随时与我们联系，联系电话×××，E-mail×××。

系主任×××

×××系

此外，德克萨斯理工大学的教学和专业发展中心（TLPDC）不仅为教师开设服务学习课题培训，而且帮助教师和社区搭建了沟通的平台。截至2015年，该中心合作过的社区机构达73个，涉及教育、医疗、卫生、环保、宗教、养老、助残、扶幼、帮孤、济贫等各领域。此外，除了大学提供的这些辅助外，全美大学校园协定（Campus Compact）也为教师开设服务学习提供资源支持和帮助，其官方网页上提供了大量的与服务学习相关的信息资源，如成功的服务学习案例、服务数据和与校园参与相关的各类政策等。❶

此外，为加强大学生的责任意识和责任能力，德克萨斯理工大学还专门设置了道德伦理中心（the Ethics Center），负责在校内组织开展道德责任教育。该中心于2011年创建，工作主旨是营造良好的校园道德文化氛围，开展道德教育。该中心的工作包括开展道德伦理研究、在线调查、道德伦理问题讨论等，常规活动如"道德伦理茶歇系列"（Coffee Break Ethics Series）、"做正确的事：校园伦理道德论坛"（Do the Right Thing：A Campus Conversation on Ethics）、"2分钟挑战：探讨伦理道德"（The 2-minute Challenge：Talking about Ethics with an Egg-Timer）等，讨论主题涉及学术伦理道德、社会伦理道德和环境保护等多方面内容。❷

3.4　大学生社会责任教育的其他途径

在培养和提高大学生社会责任发展方面，除了志愿服务、社区服务和服务学习等基本途径外，众多协会组织也开展了一系列的活动。比较有代表性的协会组织如美国高校联合会（AAC&U）、美国国家学生人事管理者协会（National Association of Student Personnel Administrators，NASPA）等。长久以来，

---

❶ *Resources for Community Servive/Service-Learning Staff* ［EB/OL］. http：//www. compact. org/resources-for-community-serviceservice-learning-staff/. ［2014-05-20］.

❷ TTU Ethics Center ［EB/OL］. http：//www. depts. ttu. edu/ethics/index. php. ［2014-09-10］.

AAC&U 投入大量精力研究高校如何培养学生的自我责任感和社会责任感，2006 年发布了"核心承诺：培养学生的个体和社会责任感"（*Core Commitments：Educating Students for Personal and Social Responsibility*）报告，提出了与个体和社会责任感相关的五个维度，即：追求卓越；培养个体和学术忠诚；服务更大的社区；尊重他人；提高伦理、道德推理能力和行动力，其中"服务更大的社区""尊重他人"属于社会责任的范畴。"服务更大的社区"指的是"明确并履行个体的责任，服务于学校和更大社区，如当地的、全国的甚至全球的社区"；"尊重他人"，即"明确并履行自己的义务，在学习、参与公民事务和工作中能够认可多元的、有争议的视角"❶。此外，AAC&U 还推出了个体和社会责任详细目录（Personal and Social Responsibility Index，PSRI），并协同爱荷华州立大学教育研究中心共建全国性数据库，跟踪和研究个体责任培养的趋势和实践。截至 2007 年，PSRI 显示，无论是大学生还是大学教授们都普遍认同自我责任和社会责任教育应当成为大学的关注焦点。围绕美国公民与民主素养发展任务中心（National Task Force on Civic Learning and Democratic Engagement）所发表的文件《关键时刻：大学学习与民主未来》（*A Crucible Moment：College Learning & Democracy's Future*），美国高校联合会（AAC&U）、美国国家学生人事管理者协会（NASPA）和其他一些机构也以出版物、项目和会议等方式宣传提高学生责任的重要性。除了 NASPA 和 AAC&U 之外，还有很多组织和基金会参与到提高大学生责任的努力中，如美国州立大学和学院联合会（the Association of American State Colleges and Universities）、邦纳基金会（the Bonner Foundation）、校园协议（Campus Compact）、塔夫茨大学公民学习与参与研究中心（the Center for Information & Research on Civic Learning and Engagement at Tufts University）、民主联盟：社区学院行动（the Democracy Commitment：A Community College Initiative）、印象美国（Imagining America）、多信仰青年团体（the Interfaith Youth Core）、凯特灵基金会（the Kettering Foundation）和新英格兰高等教育资源中心（New England Resource Center for Higher Education）等。❷ 此外，还有很多机构在关注大学生品格教育的工作中促进大学生责任的发展。如爱达荷大学的伦理中心（www. educ. uidaho. edu/center_

---

❶ Dey，E. L. &Associates. *Engaging Diverse Viewpoints：What Is the Campus Climate for Perspective-taking?* ［M］. Washington，DC：Association of American Colleges and Universities，2010：1.

❷ Reason，R. D. *Developing and Assessing Personal and Social Responsibility in College* ［M］. San Francisco：Jossey – bass，2013（164）：10.

for_ethics）关注道德教育和运动竞赛；Templeton 基金会（www. templeton. org）关注品格发展；乔恩·C. 道尔顿机构对大学生价值的关注和《大学与品格》杂志的创办，道尔顿机构还为教师和学生事务管理人员组织相关论坛来寻求有效地提高大学生伦理发展的途径（http：//studentvalues. fsu. edu），并于 2000年创办了杂志，主要刊登有关大学生品格发展以及有关大学生道德和公民学习的影响因素等方面的内容（http：//journals. naspa. org/jcc）。从更广的层面看，作为一个跨学科组织，道德教育协会（the Association for Moral Education）已经存在了近 40 年（www. amenetwork. org），其关注点除了高等教育阶段的道德教育和道德发展，还关注新理论和模型的产生和推广。❶ 2006 年，卡内基教学促进基金会（Carnegie Foundation for the Advancement of Teaching，CFAT）在大学分类中增加了"社区参与情况"选项。几个主要的认证机构，如西部学校和大学认证联盟（the Western Association of Schools and Colleges，WASC）、北部中央联盟（the North Central Association，NCA）等都有对社会参与的评价标准。《美国新闻与世界报道》（US News and World Report）也将服务学习列为大学开展积极学习战略的一个方面。《华盛顿月刊》（Washington Monthly）在进行大学排名时也将学生社会服务作为测量的一维。此外，大学还获得了可观的基金来开展服务学习项目和公民参与活动。2008 年，杜克大学获得了来自比尔和梅林达盖茨基金会（Bill and Melinda Gates Foundation）1500 万美元的资金，连同杜克基金会的 1500 万美元，共同建立杜克公民参与中心。2007 年，艾摩斯特学院获得了来自阿尔格西基金会的 1300 万美元的资金用于建立学校的社区服务中心。塔夫茨大学的公民和公共服务学院在 2006 年获得了 4000 万美元的捐赠。2005 年，德保罗大学也获得了 500 万美元的捐赠用于开展服务学习，2001 年斯沃斯莫尔学院获得了 1000 万美元的捐赠用于公民与社会责任中心的建设。❷ 为了丰富服务学习实践，美国高等教育协会（AAHE）进行了多年的改革研究，并将其研究成果集结成册，编辑出版了"美国高等教育协会各科服务性学习丛书"，专门围绕服务学习与教师教育进行了专题讨论。

　　此外，在服务学习运动中，一批致力于推进社区参与的教育者还于 1992年建立了"无形学院"，力图"为那些开展服务学习项目的教师们提供一个自

---

❶ Debora, L. Liddell and Diane L. Cooper. *Facilitating the Moral Growth of College Students* [M]. San Francisco：Jossey-Bass, 2012：8－9.

❷ Butin, Dan W. *Service-learning in Theory and Practice：The Future of Community Engagement in Higher Education* [M]. New York：Palgrave Macmillan, 2010：Viii.

由的空间，探讨与服务学习有关的教育问题和社会责任问题"❶。在大学校园协定（Campus Compact）和美国大学学习机会推广联盟（Campus Outreach Opportunity League，COOL）的协助下，"无形学院"组织了多次论坛，邀请社区成员和学生代表来共同探讨开展服务学习的各类挑战。论坛的组织形式一改传统论坛征集论文、展示、评论的模式，取而代之的是一个全国范围内的学习网络。当然，对于"无形学院"的组织模式，业界的评价也褒贬不一。有人担心这种模式会吓跑那些信奉主流文化传播模式的教师尝试开设服务学习课程。❷

上述各方面的努力获得了良好的结果，美国高等教育领域成功地营造了一个关注大学生自我责任和社会责任的氛围。2007—2008 年度美国高等教育研究中心针对 372 所四年制高校的 22562 名全职大学教师的调查显示，自上次调查以来的三年内，教师对本科教育中涉及个体和社会责任目标的态度发生了转变，认为"教师应该帮助学生发展道德品质"非常重要的比例从 57.1% 跃至 70.2%，而"帮助学生发掘自我价值"的比例从 50.8% 升至 66.1%，支持"参与社区服务"的比例也从 36.4% 涨为 55.5%。❸

当然，值得一提的是，虽然美国社会和高校在开展社会责任教育方面付出了很多努力，也取得了较大成效，但现实中仍有一些问题存在，制约着大学生社会责任感教育的有效开展。具体来讲，大致可归纳为以下三个方面：①高校对促进大学生参与公共事务仍存在漠视现象；②教师在培养学生个体和社会责任上职责相对模糊；③学生在承担责任机会上尚存在不足。

（1）高校对促进大学生参与公共事务的漠视。在高校对大学生参与公共事务态度的变化上，Rudolpy 曾指出，在美国高等教育发展初期，大学对学生品格发展的重视要超过对智力发展的关注。❹ Checkoway 支持 Rudolpy 的观

❶ http：//www. e4ce. org/About/History. htm. ［2014 – 09 – 10］.

❷ Butin，Dan W. *Service-learning in Theory and Practice*：*The Future of Community Engagement in Higher Education* ［M］. New York：Palgrave Macmillan. 2010；Viii.

❸ DeAngelo，L.，Hurtado，S.，Pryor，J.，etc. *The American College Teacher*：*National Norms for the Faculty 2007 –2008 HERI Faculty Survey* ［M］. Los Angeles：University of California，2009；3.

❹ Rudolph，F. *The American College and University*：*A History* ［M］. New York，NY：Vintage Books，1962.

点，认为美国大学应帮助学生有效地应对多元民主环境下的公民使命。● 然而，时至今日，高等教育对学生责任感的发展有所忽视。Colby 和 Sullivan 将之形容为中学后教育的"附属品"。● 责任教育让位于智力发展、技能发展和职业训练。责任教育常被认为是非正规教育的结果，因此最好留给学生个体自我反思或者通过课外活动组织来开展。Seguine 指出，产生这样结果的原因可能与高校组织的发展相关，随着高校组织的发展，商业组织的很多元素开始进入高校，高校间的竞争不断加剧，使得高校不得不加强对知识内容的重视。●

（2）教师在培养学生个体和社会责任上职责相对模糊。在培养学生责任方面教师角色方面，Pascarella 和 Tewenzini 曾围绕"什么对学术群体重要"的问题对高校教师开展调查，在对学生责任发展应承担角色的回答上并不乐观，大多数教师对其角色并无明确认知。● 教师的这一反应可能与其科研、课题、论著发表等方面的压力有一定关系。Checkoway 认为，教师之所以不愿承担其在培养学生责任感方面的角色，可能的原因在于"教师并未意识到其在培养学生社会责任方面的职责所在，事实上他们会理所当然地认为学生的公民素养和社会问题跟他们的教师职责关系不大，他们更愿意履行其在学术和专业领域里作为教师和研究者的角色，至于自己是否需要在大学或社会上扮演公众角色并无必要"●。教师的学术贡献固然重要，但是对此角色的过度强调将损害高等教育服务和引领社会历史使命。而且，教师在责任教育上的角色和责任模糊也会反过来影响学生参与公民学习的积极性。可以由此判断，教师对其在责任教育上职责和角色的不清晰可能会降低学生思考政治、经济、文化等方面问题的机会，从而丧失借此提高其责任感的可能。

（3）学生在承担责任机会上尚存在不足。学生度过大学一年级之后会更

● Checkoway, B. Renewing the Civic Mission of the American Research University [J]. *The Journal of Higher Education*, 2001, 72 (2): 125 – 147.

● Colby, A. , & Sullivan, W. M. Strengthening the Foundation of Students' Excellence, Integrity, and Social Contribution [J]. *Liberal Education*, 2009 (95): 22 – 30.

● Seguine, J. *Education Alumni Discuss Higher Education Challenges*, *Future Perspectives. The University Record*. 2000 [EB/OL]. http://ur. umich. edu/001/Oct16_00/8. htm. [2014 – 09 – 10].

● Pascarella, E. T. , Terenzini, P. T. *How College Affects Students: A Third Decade of Research* [M]. San Francisco, CA: Jossey – Bass, 2005.

● Checkoway, B. Strategies for Involving Faculty in Civic Renewal [J]. *Journal of College and Character*, 2001, 2 (5): 135.

多地关注与自身有关的诸类事情，如社交、就业、毕业等。❶ Reason、Terenzi-ni 和 Domingo 研究发现，大学生对公共事务的参与情况与其入学前对责任承担的经历有很强的相关性。❷ 但遗憾的是，调查结果显示，入学前的影响随着学生大学四年对公民参与活动的减少而减弱。❸

因此，在高等学校里开展社会责任教育仍然任重而道远。

---

❶ Checkoway，B.. Renewing the Civic Mission of the American Research University ［J］. *The Journal of Higher Education*，2001，72（2），125－147.

❷ Reason，R. D.，Terenzini，P. T，Domingo，R. J.. Developing Social and Personal Competence in the First Year of College ［J］. *The Review of Higher Education*，2007，30（3）：271－299.

❸ Dey，E. L. & Associates. *Civic Responsibility：What Is the Campus Climate for Learning?* ［M］. Washington，DC：Association of American Colleges and Universities，2009.

第4章　中国大学生社会责任感发展状况的实证调查

4.1　中国大学生社会责任感培养的历史演变

责任意识和责任行为一直是中华民族的传统美德。现代语境下的责任（responsibility）与中国古代语境下的"责"意义接近，如《后汉书·杨震传》："崇高之位，忧重责深也。"自宋代开始，文献中逐渐出现"责任"连用现象，如《宋史·职官志》："责任不专，职任废弛"，意指个体的职位及与之相对应的职责。中国传统文化中蕴含着丰富的责任思想，孔子所说的"当仁不让"，孟子的"舍我其谁"，诸葛亮的"鞠躬尽瘁、死而后已"，顾炎武的"天下兴亡，匹夫有责"，范仲淹的"先天下之忧而忧，后天下之乐而乐"等高尚、豪迈的责任表达成为历朝历代统治者对普通民众实施国家责任教育和社会责任教育的典范，显示着个体对社会、国家和民众的整体责任感。在处理人与人之间关系上，儒家伦理中所倡导的"君臣、父子、夫妇、兄弟、朋友"全面规定了个体在人伦关系中应承担的责任。儒家关于"仁爱""义利""忠孝"的思想，墨家关于"兼爱""非攻"的学说，也体现着传统中国的社会价值取向和对个体的责任期望。可以说，传统的中国人处于各种责任规范和要求之中，无论是对国家、社会、家庭、朋友或是他人，都有着明确的责任要求和期望。虽然我国历来重视对青少年责任的培养，也很早就将教育的目标确立为"修身、齐家、治国、平天下"，但纵观历史，通过学校有目的地开展社会责任教育的历史却并不是很长，今日中国社会责任教育模式是伴随着中国现代化进程的开启而产生、经过历史的历练逐步形成的。大致来讲，近代中国对青少年开展的社会责任教育实践可以划分为两个大的阶段：一是民国时期的"从臣民到公民"的社会责任教育阶段；二是新中国成立后的社会责任教育阶段。

4.1.1 从臣民到公民：民国时期的社会责任教育实践

在中国传统文化和教育中存在着对个体社会责任的要求，主要集中在对"义利"问题的讨论上。孔子区分了义和利并指出，"君子喻于义，小人喻于利"，将个体应遵循的社会准则和个人的私利对应起来，宣称"君子义以为上"。孟子继承了孔子，更强调义和利的对立，认为国君之利与大夫之利、士庶人之利彼此矛盾。荀子也提出"先义后利者荣，先利而后义者辱"，分析了个人利益与社会道德准则的关系。儒家重义轻利，主要是教导人们不能为了一己之私利而破坏社会秩序和社会整体利益，即不能破坏社会的公共利益，体现了对个体社会责任的要求。当然，在封建社会，统治阶级经常用统治阶级的利益来冒充为社会的公共利益。黄宗羲在《明夷待访录·原君》中曾经指责专治的君主"以我之大私为天下之大公"。❶ 此外，在处理义和利关系上，传统的道德准则是以牺牲个人利益为前提的，主张"克己复礼"和"克己奉公"，这与现代责任伦理讲求的责、权、利统一的原则完全不同。因此，我国传统文化和教育中所倡导的个人责任，其指向仍然是培养臣民意识而非公民意识。

在民国时期，与社会责任教育直接相关的是"公民教育"。"公民"和"公民教育"概念是源自西方文化的一个舶来品。在中国，"公民"概念的出现最早要追溯到 19 世纪末 20 世纪初。当时，一批有识之士在介绍西方政治思想和传播西方文化过程中将公民概念传入中国，并逐渐在中国社会掀起一阵波澜，继而影响到学校教育。如 1898 年出版的康有为编撰的《日本书目志》中有"《日本公民必携》一册"的书目；1902 年 4 月至 5 月，康有为在《新民丛报》发表《公民自治篇》，全文一万三千余字，将公民与地方自治联系起来，并提出了公民的资格限制，"凡住居经年，年二十以上，家世清白，身无犯罪，能施贫民，能纳十元之公民税者，可许为公民矣"，还提出了"女公民"的概念，认为"以女子为公民骤添国民之一半，既顺公理，又得厚力，何事背天心而夺人权哉"！1899 年，梁启超在与"奴隶"相对立的意义上使用"公民"一词，指出："人而不能独立，时曰奴隶，于民法上不认为公民。国而不能独立，时曰附庸，于公法上不认为公国。"1902 年他在《新民说》中指出，"凡生息于一国中者，苟及岁而即有公民之资格，可以参与一国政事，是

---

❶ 张岱年. 中国伦理思想研究 [M]. 北京：中国人民大学出版社，2011：104－109.

国民全体对于政府所争得之自由也"❶。康有为、梁启超所提出的公民概念，已包含了个体责任的意识，这标志着公民意识开始在中国萌芽。之后，在知识界的大力传播下，"公民"一词逐渐被中国大众所熟知。

论及"公民教育"，要追溯到蔡元培提出的"五育并举"。1912 年 2 月，时任教育总长的蔡元培提出了在教育领域开展"以公民道德为中坚"的五育并举，即军国民教育、实利主义教育、公民道德教育、世界观教育和美育，由此开启了民国公民教育的序幕。❷ 在高等教育领域，国民政府时期开设的诸多现代专业和课程为培养大学生的公民意识奠定了基础。与中国古代旧式私塾和晚清的洋务学堂的教育理念和课程体系相比，现代性专业和课程为开启当时大学生的公民意识和社会责任意识起到了重要的启蒙作用，使大学生能够逐步成长为具有社会责任意识的现代公民。如 1913 年 1 月 12 日，北京国民政府颁布的《大学规程令》中，政治学课程开设的情况如下：政治学包括宪法、行政法、国家法、国法学、政治学、政治学史、政治史、政治地理、国家公法、外交史、刑法总论、民法、商法、经济学、财政学、统计学、社会学、法理学、农业政策、工业政策、交通政策、社会政策、国际公法（各论）、殖民政策、国际司法、政党史。❸ 1915 年，袁世凯颁布教育宗旨，规定国民教育为国家强盛的关键所在，需要提高民德、民智、民力，将中国的教育宗旨概括为：爱国、诚心、尚武、崇实、法孔孟、重自治、戒贪争、戒躁进。❹ 在教育宗旨中对国家和个人的关系进行了论证，提出国家离不开个人，个人也必须依赖于国家的保护。1922 年 10 月第八届全国教育会联合会议决新学制系统草案；1922 年 11 月 1 日"中华民国"北洋政府以大总统令公布《学校系统改革令》；1923 年 6 月，新学制课程标准起草委员会公布了《新学制课程标准纲要》，要求在小学校和初级中学课程社会科中开设"公民科"，这标志着公民科开始进入国家正式课程体系。

概括来讲，从 1923 年开始直至 1926 年，学校公民教育处于兴盛阶段，在社会各界的支持下，公民教育得到了空前的重视和大力推行，在培养学生的社

---

❶ 吴亚玲. 民国时期的公民教育 [J]. 社会科学家，2011 (7)：42 – 46.

❷ 蔡元培. 全国临时教育会议开会词 [EB/OL]. 教育杂志，1912，4 (6). http：//nuoha. net/www/book/61380/00020. html. [2015-05-15].

❸ 骆军. 民国时期的大学生公民意识教育研究 [J]. 武汉大学学报（哲学社会科学版），2011 (2)：124 – 128.

❹ 同上。

会责任感方面发挥了重要作用。新学制《小学公民课程纲要》中"责任"一词共出现九次，意在强调学生对家庭、学校、地方和国家的责任。中华基督教青年会也明确指出，"公民教育之要义，贵在能使一般国民知行合一，以尽国民之天职，担负国家之责任"❶。朱元善在《今后之教育方针》中也指出，"所谓公民教育者非他，乃确认个人为组织国家之分子，而籍教授训练之力，以完成其堪任公民之资格而已。换言之，即在唤起国家观念，以矫正其冷淡国事之弊，使之对于国家有献身奉公之精神，对于一己有自营自主之能力，此公民教育之意义也"❷。1924 年 5 月 4 日至 10 日，中华基督教青年会发起第一届公民教育运动，青年会各地分会"参与之会有二十二处，"分布的地区从东北到华北再到华中华南，影响较大，"各地风行飚举，青年之获益非鲜。"❸ 之后每年大致同一时间都会举行公民教育运动，直至 1927 年。公民教育运动的参与者以青年为主，主要集中在沿海城市和省会等大城市，运动的形式丰富多样，包括演讲、组建公民教育组织、出版公民教育资料、选举模范公民、游行、辩论等形式。与青年会相呼应的是各省教育会。很多省教育会在当时专门成立了公民教育委员会，研究公民教育问题，组织开展各类公民教育运动等。学校公民教育和现代课程体系在培养个体的国家观念和社会责任意识方面发挥了重要的作用。

然而，这种兴盛的公民教育势头并未持续很长时间。1926 年 3 月 1 日，广东国民政府教育行政委员会在广州成立，提出了"党化教育"的口号，着重于以孙中山的联俄、联共、扶助农工三大政策和新三民主义来改造军阀统治教育。1927 年南京国民政府成立后，对"党化教育"的实质进行了篡改，试图用"党义"代替公民道德教育，以达到专制统治之目的。后因社会进步人士的反对，1932 年 10 月党义科重新恢复为公民科，并增加道德、政治、法律、经济等内容。虽然在形式上做出了调整，但意识形态的成分仍然被加入公民教育课程之中，"训育"代替了"教育"，公民教育随之也发生了某些异化，如该时期的教育方针中规定，初级小学不特设党义一科，高级小学也可仿照办理，所有党义教材分别纳入社会及其他各科。初级中学及高级中学，所有历史、地理及国文等课程标准应分别酌量改订，并另设科目，包括公民生活及各科所不能容纳之党义教材，此科名称拟暂定为公民科。至于大学及专科学校课

---

❶ 青年会全国协会公民教育委员会. 公民教育与国货展览 [M]. 上海：青年协会书局，1926：1.

❷ 朱元善. 今后之教育方针——实施公民教育 [J]. 教育杂志，1916，8 (4). 转引自吴亚玲. 民国时期的公民教育 [J]. 社会科学家，2011 (7)：42－46.

❸ 同上。

程门类分别较细，其情形异于普通教育，党义一科应如何由专科以上学校课程中取消独立地位，分别归并于各科中，交由大学及专科学校课程及设备标准起草委员会详加研讨，俟有结果再行专案呈报。❶

抗日战争爆发之后，国民政府应战时之需对高等教育的培养目标、专业设置和教材选择都做出了相应的调整，加大了国防教育在高等教育中的比重，让高等教育直接为抗战服务。在具体措施上，各校实行导师制，成立训导处，设置训导长或主任以资统率，划一步骤，培养纯正思想及真实简朴耐劳之校风，并严格厉行军事管理，养成整齐严肃、操作勤敏、守纪律、负责任、明礼义、知廉耻，现代国民之美德。❷ 同时，还针对专科以上学校学生开展国民军事教育，期满考试合格者，直接授予相应军衔。上述措施有效地提升了大学生的公民意识。当然，这也在一定程度上加大了国民政府对大学生思想和政治倾向的控制。此外，在抗日战争和解放战争时期，以大学生为主要群体发动了一系列抗日民主运动和爱国行动，对于增强大学生的公民意识和社会责任意识也起到了一定的促进作用。

概括来讲，"公民""国民"等概念进入中国传统话语体系是社会政治文化进步的一个重要表现，标志着中国社会文化的巨大转型，预示着个体从对君主的责任转变为对社会的责任。然而，这种社会文化的转型并非是一个自然的过程，而是在战争裹挟下的被迫转变，其出发点和归宿都是通过提高公民素质以完成救亡图存、民族复兴的历史重任。时任南洋大学堂校长的唐文治在《美国公民学》序言中指出，"夫权利义务之间，道德之所由丽，人群之所相处也。而此书反复申辩，使知区别，且于人道之当然，公民之定分，详揭确举，剖别瞭晰，一字一义无非昭公德而固人群……故欲为切世之针砭，以匡救人心，恢弘道德，是书盖有神焉"❸。民国时期是我国公民教育的开端，将个体的社会责任提升到新的高度，实现了个体从臣民身份向公民身份的过渡，培养了个体的国家民族观念，在中国公民教育史上具有举足轻重的地位。但受到时代的限制，该时期的公民教育离真正的现代公民教育还有很大距离，公民教育依然薄

---

❶ 中国第二历史档案馆. 中华民国史档案资料汇编（第五辑）［M］. 南京：江苏古籍出版社，1994：1090 – 1091.

❷ 中国第二历史档案馆. 中华民国史档案资料汇编（第五辑）［M］. 南京：江苏古籍出版社，1994：114 – 115. 转引自骆军. 民国时期的大学生公民意识教育研究［J］. 武汉大学学报（哲学社会科学版），2011（2）：124 – 128.

❸ 唐文治. 美国公民学·序［A］//美国公民学. 上海：上海群益书社，1913：3.

弱，公民观念亦未深入人心，缺乏培养责任公民的文化土壤，甚至缺乏基本的对人、社会的权力与尊严的关注与尊重，公民教育和社会责任教育仍任重而道远。

4.1.2 新中国成立后的社会责任教育实践

新中国成立后，通过学校有目的地培养青少年社会责任感的实践逐步规范。在具体操作过程中，主要通过以下两条途径来进行：一条途径是通过开设思想政治课程，围绕爱国主义、集体主义等精神来讲授个体所应该具备的社会责任；另一条途径是通过组织学生参与具体的社会实践来开展。国家和各级各类学校先后开展了一系列的以无私、奉献为核心的共产主义教育运动，如"学雷锋"活动、周六义务劳动等，借此倡导个人对社会、集体和他人的奉献，培养青少年的集体主义和利他主义价值观，帮助青少年成长为有理想、有道德、有文化、有纪律的"四有"新人。特别是"学雷锋"活动，自 1963 年 3 月 5 日毛泽东主席发出"向雷锋同志学习"的号召之后，全国掀起了"学雷锋"活动的热潮，这项活动一直延续到现在。"雷锋精神"已经成为"为人民服务"的代名词，成为一个符号，这也是今天如火如荼开展的志愿服务活动的精髓所在。2000 年 3 月 5 日更是被共青团中央确定为全国首个"中国青年志愿者服务日"，从此，雷锋精神在新的历史条件下被赋予了新的内涵，这为今天我国开展的志愿服务事业奠定了深厚的根基。

关于我国志愿服务活动的正式启动，据北京大学志愿服务和福利研究中心（该中心成立于 2002 年 7 月 16 日，是我国第一家专门从事志愿服务和福利研究与培训的机构）丁元竹主任介绍，中国最早的志愿者来自联合国志愿人员组织，1979 年第一批联合国志愿者来到中国偏远地区，从事环境、卫生、计算机和语言等领域的服务。[1] 20 世纪 80 年代中期，民政部号召推进社区志愿服务，天津和平区新兴街就是早期开展社区服务的典型。1993 年年底，共青团中央实施了中国青年志愿者行动。12 月 19 日，两万余名铁路青年率先打出了"青年志愿者"的旗帜，之后 40 万余名大中学生在寒假期间在全国主要铁路沿线和车站开展志愿者新春热心行动。自此，志愿服务开始在中国蓬勃发展，且服务领域不断扩大，在农村扶贫开发、城市社区建设、环境保护、大型活动、抢险救灾、社会公益等领域形成了一批重点服务项目，志愿精神被广为传扬。1994 年 12 月 5 日，团中央成立了中国青年志愿者协会。随后，各级青

---

[1] 中国志愿者发展历程 [EB/OL]. http://wenku.baidu.com. [2015-08-06].

年志愿者协会也逐步建立起来，形成了由全国协会、36 个省、自治区、直辖市青年志愿者协会，中央国家机关、全国铁道、全国民航青年志愿者协会组成的志愿服务组织管理网络。全国经过规范注册的志愿者达 4 043 万人。❶ 1995 年开始进行了社区青年志愿者服务站建设工作。现在，由 24 000 多个街道社区青年志愿者服务站、十几万支志愿者服务队组成的青年志愿服务基层组织网络已见雏形。与此同时，青年志愿者招募、培训、考核、评估、表彰等制度普遍建立起来，青年志愿服务的内部运行机制逐步形成。1998 年 8 月，团中央成立了青年志愿者行动指导中心，负责规划、协调、指导全团的青年志愿服务工作，承担中国青年志愿者协会秘书处的职能。1999 年 8 月，广东省人大通过了国内第一部省级青年志愿服务条例。2000 年 1 月，江泽民总书记对青年志愿者工作做出重要批示，指出："青年志愿者行动，是当代社会主义中国一项十分高尚的事业，体现了中华民族助人为乐和扶贫济困的传统美德，是大有希望的事业。努力进行好这项事业，有利于在全社会树立奉献、友爱、互助、进步的时代新风。"❷ 据公益中国爱心满世界统计，截至 2000 年 6 月，全国累计已有 8 000 多万人次的青年向社会提供了超过 40 亿小时的志愿服务。

经过 30 多年的发展，目前我国大学生开展的志愿服务活动的影响力在逐步扩大，其中知名度较高的项目如："大学生志愿服务西部计划""青年志愿者行动""青年志愿者一助一长期结对服务计划""青年志愿者扶贫接力计划""大中专学生志愿者暑期三下乡活动"、保护母亲河"中国青年志愿者绿色行动营计划"、海外志愿服务活动、可可西里珍稀动物保护、奥运会和残奥会志愿服务项目等。在志愿服务活动类型上，也逐步走向多样化，既有官方组织的志愿服务活动，如"大学生志愿服务西部计划""青年志愿者行动"，也有民间团体自发组织开展的各类志愿服务活动，如"本禹志愿服务队""郭明义爱心团队""蓝信封留守儿童关爱组织"等，还有一些国际组织开展的各类志愿服务互动，如 AIESEC❸，为中国而教（Teach Future China，TFC）等。就志愿服务周期而言，有为期 1～3 年的"大学生志愿服务西部计划"，也有周期性

---

❶　中国青年志愿者协会［EB/OL］. http：//www. cvf. org. cn/show/32. html.［2015-08-06］.

❷　中国志愿者发展历程［EB/OL］. http：//wenku. baidu. com.［2015-08-06］.

❸　AIESEC（Association Internationale des Etudiants en Sciences Economiques et Commerciales）是全球最大的由青年领导的组织，致力于提供一个供青年学生发展自身领导力的平台，提供给全球青年大学生参与跨国商业实习、文化交流、实践性领导力岗位锻炼以及全球学习的机会，服务时间一般为 6 周以上。AIESEC 全球志愿服务项目，旨在培养"世界公民"，培养大学生具有全球视野和处理多元文化差异的能力，志愿服务者来自世界各地，服务的国家大部分位于第三世界，有严格的志愿者筛选机制。

较强的"大中专学生志愿者暑期三下乡活动"，还有相对短期的各大赛事志愿服务活动以及时间比较弹性的各类义教、义演、义卖等志愿服务活动。无论选择怎样类型的志愿服务活动，我国对青少年或大学生的责任教育目标主要是围绕现行的教育方针"培养全面发展的社会主义建设者和接班人"来展开的，即定位在培养青少年和大学生对于国家和人民的社会责任上。大学生在中国志愿服务活动开展和志愿精神弘扬过程中发挥了极其重要的作用。2014 年，北京志愿服务发展研究会通过"志愿北京"网络平台对北京实名注册志愿者所登记的邮箱推送问卷 20 多万份，一个月内收回有效问卷 2 002 份，结果显示：除部分收入水平已达到一定程度的企业家外，大学生参与志愿服务的积极性最高，大专以上文化层次的志愿者占到近七成，达到 68.73%。❶自 2003 年"大学生志愿服务西部计划"实施以来，截至 2013 年，共选派 11 批 9 万名高校毕业生到中西部 22 个省（区、市）及新疆生产建设兵团 2 100 多个县服务。加上地方项目，西部计划实施总规模超过 16 万人，先后有 1.6 万人扎根西部。仅新疆一个地区，就已有来自 30 个省区市的 11 666 名大学毕业生在新疆开展志愿服务工作，4 000 多名志愿者在结束服务后，选择留在新疆工作。❷2014 年，中央文明委专门下发了《关于推进志愿服务制度化的意见》，着力推进志愿服务立法，目前已有十几个省份通过了省级法规。而且，在志愿服务活动设计上，也在尝试创新志愿服务项目类型，逐步推进志愿服务队伍专业化分工，如区分领袖志愿者、骨干志愿者、项目专员志愿者、专业志愿者和普通志愿者，让志愿者队伍更加专业化、常态化。团中央青年志愿者工作部部长、中国青年志愿者协会副会长兼秘书长杨松指出，"现阶段，国家层面对志愿服务的定位提升了。它不仅是一种精神文明创建活动，还承担了社会治理的责任，是一种提供公共服务的重要方式。青年最敢于开拓、最没有条条框框束缚，也是最充满活力、热情和担当精神的群体。学雷锋青年志愿服务理应冲锋在前，敢于闯新路子、出新项目，去满足各类社会需求"❸。可以说，通过志愿服务活动，中国大学生群体向世人展现了其对社会责任的承担。恰如中国十大杰出志愿者徐本禹所说的："我投身学雷锋志愿服务是出于感恩……在这个过程中，

❶ 贾晓燕. 大学生和企业家最爱当志愿者［N］. 北京日报，2014-12-06. http：// bjrb. bjb. com. cn/2014－12/06/content_238630. htm.

❷ 王瑟. 西部计划开展 12 年万余志愿者服务新疆［N］. 光明日报，2015-08-03. http：// www. zgzyz. org. cn/content/2015－08/03/content_11527055. htm

❸ 刘维涛，贺勇，程远州. 志立愿行 善作善成［N］. 人民日报，2015-03-05（6）.

我也找到了一种被需要的感觉，产生了一定的社会责任感，形成了一种生活方式和生活习惯。"❶

4.2　当代中国大学生社会责任发展现状调查❷

不容置疑，时代的发展对个体社会责任提出了越来越高的要求。与具有高水平社会责任感的志愿者群体相比，现实生活中同样也存在着严重的社会责任缺失和错位现象，道德冷漠、诚信丧失、正义缺乏等现象也时有发生。可以说，在当今中国，无论是个体还是组织都面临着前所未有的责任危机。1995年"世界公民文化与消费潮流"的调查结果显示："礼貌、责任和尊重他人"是三个在世界范围内得到人们广泛支持的价值观。而在这三个方面，中国只在讲究礼貌方面达到了世界平均水平，责任感和尊重别人方面大大低于世界平均水平。❸ 当代大学生生活在一个价值多元化、利益关系复杂化的时代，作为独特敏感的社会群体，他们有更多的机会参与到社会生活中，表现出较高的社会责任感，但与此同时，受种种因素的影响，大学生的社会责任感呈现出日益淡漠的趋势，个人主义、功利化的现象时有发生，大学生的社会责任问题成为当前我国社会广泛关注的焦点问题之一。但从研究方法的视角看，目前国内对大学生社会责任问题的研究偏重于思辨，实证研究偏少且普遍缺乏理论基础。鉴于个体社会责任感的形成过程是一个复杂的动态过程，是外部作用机制、内化机制和外化机制综合作用的结果，且其发展也非一蹴而就，更多地呈现出螺旋式上升趋势，本研究以"社会责任感发展阶段理论"为依据，针对上千名广东省大学生进行随机抽样调查，共回收有效调查问卷 1 040 份，通过考察大学生对参与社会服务（志愿）活动的态度，来把握我国大学生的社会责任感状况及其影响因素，从而为认识和解决大学生社会责任感问题提供依据和参照。

4.2.1　社会责任感发展阶段理论

个体社会责任感的形成是一个复杂的动态过程。基于此，本研究选择 Delve、Mintz 和 Stewart 提出的社会责任感发展五阶段理论作为本次调查的基本

❶　刘维涛，贺勇，程远州. 志立愿行 善作善成 [N]. 人民日报，2015-03-05 (6).
❷　本小结部分内容主要来源：魏海芩. 当代大学生社会责任感特征及影响因素分析——基于广东高校的实证调查 [J]. 现代大学教育，2014 (1)：80-86.
❸　凌月. 全球调查：你向下一代灌输什么样的价值观 [N]. 光明日报，1995-10-06.

理论框架，该理论主要探讨了学生认知（或道德）发展与社会责任感发展之间的关系，提出个体社会责任感的发展共包括五个阶段，依次为尝试阶段（Exploration）、明确阶段（Clarification）、领会阶段（Realization）、主动阶段（Activation）和内化阶段（Internalization）。❶ 在不同的阶段，个体对社会服务性活动（或志愿活动）的感知和参与呈现出不同的状态（见表 4 - 1）。在尝试阶段，个体饱含热情地参与各类社会服务活动，并且对他们所寻找到的机会感到很兴奋。他们一般认为自己所面对的人都是需要帮助的，并因能帮助别人或者能够得到回报，如 T 恤、一件小纪念品等，或者得到同学的认可、个人获得满足感等，而备受鼓舞。处于该阶段的个体还没有承担起对"任何校园社团、任何人或者社团中的任何事"的责任。在社会责任感上的主体积极性较低，对兴趣、社交和被他人认可的积极性较高，更多地关注自身的表现，对其同伴的关注不够。处于明确阶段的个体在选择服务活动上更为明确，更加有识别能力，会在参与之前权衡利弊得失，实现自身利益最大化。在决定参加哪一种志愿者活动之前，他们会探究多种不同的选择。他们会基于在什么地方能更锻炼自身的社区服务的精神而做出决定，愿意通过跟各种志愿者朋友交流来明确对自身发展更有利的志愿服务类型。通常来说，这些服务活动让学生在服务小组中感受到归属感。处于这个阶段的个体非常珍视跟小组队友的友谊，友谊反过来也会影响个体对该志愿者组织去留的选择。在领会阶段，个体更为自知，认识到表面上看起来不同的社会服务是相互联系的，更关注于某一特定的人群或者事件，并且更加坚信自己的信念，开始真正关注那些需要帮助的人们，而不仅仅是为了"有趣""T 恤"或是得到他人的赞扬，开始意识到服务过程是相互学习的过程。在主动阶段，个体具有更强的自我认知，更积极地参与服务活动，且觉得自己跟其服务对象密不可分，开始关注社会公平问题。学生变成了承担义务的参与者。他们参加正式或者非正式的讨论，谈论种族歧视、社会等级偏见和其他偏见等问题，这些话题都跟他们的服务经验密切相关。学生会感受到自己和与其一起工作的人是团结在一起的，并且成为其中的代表人物。学生在服务的同时认识到有关社会偏见的问题。进入内化阶段，个体将社会服务经验融入其生活或职业生涯中，使自己的生活状态与职业选择包含了从这些经验中学到的价值取向，并愿意为实现社会公平奋斗一生。

---

❶ Delve, C. I., Mintz, S. D., & Stewart, G. M. *Promoting Values Development through Community Service*：*A Design*［G］//Delve, C. I., Mintz S. D., & Stewart G. M. *Community Service as Values Education*. New Directions for Students Services, San Francisco：Jessey - Bass, 1990（50）：7 - 29.

表 4 - 1　个体社会责任感发展阶段

变量	阶段 1 尝试阶段	阶段 2 明确阶段	阶段 3 领会阶段	阶段 4 主动阶段	阶段 5 内化阶段
介入 模式 背景	团队 非直接 (Nondirect); 间接的	团队 非直接 (Nondirect); 间接的	团队、个体 间接的; 直接的	团队、个体 间接的; 直接的	个体 间接的; 直接的
承诺 频率 持续时间	一次 短期	尝试参与不同 的活动 长期服务于统 一组织	持续参与 长期服务于某 活动、地域或 主题	持续参与 终身关注社会 问题	持续参与 为实现社会公 正奉献一生
行为 需要 结果	有动机的参与 感觉良好,自 我满足	组织认同 组织归属感	关注活动、服 务地域或主题 理解活动、服 务地域或主题	倡导某主题 改变生活方式	宣传、倡导某 类价值 践行某类价值
平衡 挑战 支持	融进活动圈子 有意思、无威 胁、结构良好 问题	从多种机会中 选择;把握小 组动态 组织背景、身 份认同、有意 思结构良好 问题	面对多样性; 脱离组织 平等的服务协 调者,管理 者、志愿者	质疑权威,根 据同伴的反馈 调适自身 伙伴、客户、 志愿者	依一定价值观 生活 共同体、内在 的平静
过渡的目标	从个体到组织 慈善　社会公平	从组织到活动、地域/主题	从活动、地域或主题到社区	从社区到社会	

（资料来源：Delve, C. I., Mintz, S. D., & Stewart, G. M. (1990). *Promoting Values Development through Community Service: A Design* [M]. In C. I. Delve, S. D. Mintz, & G. M. Stewart (Eds.): *Community Service as Values Education.* New Directions for Students Services, (No. 50, pp. 7 - 29). San Francisco: Jessey - Bass. pp. 12 - 13.）

在上述社会责任发展阶段理论基础上,Olney 和 Grande 开发了社会责任阶段测量量表(Scale of Social Responsibility Development, SSRD),首次将社会责任感测量定量化❶。鉴于尝试阶段和明确阶段以及主动阶段和内化阶段之间区

---

❶ Olney, C. & Grande, S. Validation of A Scale to Measure Development of Social Responsibility [J]. *Michigan Journal of Community Service Learning*, 1995 (2): 43 - 53.

别不明显，量表将五个阶段合并为三个维度，分别为：尝试阶段（Exploration）、领会阶段（Realization）和行动阶段（Activation）。该测量量表的信度、效度都达到了统计学的要求。但是，该量表主要是围绕美国高校的服务性学习（Service-Learning）与大学生社会责任感发展关系开发的，而中国大学生的社会参与主要通过志愿服务活动来展开，与服务性学习尚存在差异，对于社会公平的理解亦存在文化差异。因此，本研究将对量表进行修正以调查中国大学生对志愿服务活动的态度，继而把握其社会责任感发展状况以及志愿服务活动与大学生社会责任感发展之间的关系。

4.2.2　研究设计

1. 研究对象

按照随机抽样的方式，对广东省的上千名大学生进行调查，共回收有效问卷 1 040 份，其中男性占 28.1%，女性占 71.9%；所属专业，理学占 8.3%，工学占 4.4%，农学占 5.5%，医学占 4.6%，文学占 15.3%，经济学占 17.9%、管理学占 10.2%，法学占 10.9%，教育学占 18.5%，艺术学占 4.5%；所属年级，大一占 31.7%，大二占 27.6%，大三占 35.4%，大四占 5.3%。

2. 测量工具

本研究的测量工具是在社会责任感发展阶段测量量表（SSRD）基础上修订而成，原量表共包含 64 个题项，采用 4 点评分方法（1 代表非常不符合，2 代表基本不符合，3 代表基本符合，4 代表非常符合）。在本研究中，正式施测的问卷主要包括以下内容：①调查对象的基本信息。包括性别、专业、年级、前期参与志愿服务活动的频率、参与志愿服务活动的动机以及父母的受教育程度。②大学生社会责任感发展阶段。共包含 64 个题项，采用 5 点评分方法（1 代表非常不符合，5 代表非常符合）。

4.2.3　结果分析

1. 大学生社会责任感发展阶段的结构

为了建构适合测量我国大学生社会责任感发展阶段的量表，根据大学生对 64 道题目的回答进行了因素分析（以特征值大于或等于 1 作为提取因素的标准）。本研究采用 SPSS18.0 进行统计分析，测得 KMO 和 Bartlett's 的球形度检验结果表明，可以进行因素分析（KMO = 0.884，Bartlett's 球形度检验 $\chi^2 = 7375.573$，df = 595，p = 0.000）。

　　在进行因素分析时，本研究采用如下标准和程序对大学生社会责任感发展情况调查中的有关题目进行筛选：首先，对测量题目进行主成分分析，如果某题目在所有因素上的负荷都比较小（＜0.400），或者在两个或两个以上维度上数值相近，则删除该题。其次，如果一个题目与所属子量表的总体相关程度较低，且删除该题后可以使子量表的内部一致性系数（α系数）增加，则删除该题。经过筛选，主体问卷共保留 35 道题目，包含 3 个维度，累计解释总体变异的 63.234%，分别为：①尝试阶段，包含 6 道题，处于该阶段的个体在社会责任感上的积极性较低，对兴趣、社交和被他人认可的积极性较高，更多地关注自身的表现，并因能帮助别人或得到他人认可而备受鼓舞；②领会阶段，包含 9 道题，处于该阶段的个体更为自知，认识到表面上看起来不同的社会服务是相互联系的，更关注于某一特定的人群或者事件，并且更加坚信自己的信念，开始真正关注那些需要帮助的人们，而不仅仅是为了"有趣"或是得到他人的赞扬，并意识到服务过程是相互学习的过程；③行动阶段，包含 20 道题，处于该阶段的个体具有更强的自我认知，更积极地参与服务活动，且觉得自己跟其服务对象密不可分，并开始关注社会公平问题，并将社会服务融入生活或职业生涯中，甚至为之奋斗一生（见表 4 - 2）。

表 4 - 2　大学生社会责任感发展阶段的特征分析

（主成分因素分析并进行方差最大旋转的结果）

因素与项目	解释变异量	抽取的因素		
		维度 1	维度 2	维度 3
a11 我是否继续参与某个组织的志愿工作取决于组织其他成员是否继续参加		0.646		
a7 我参与志愿工作主要是因为我跟那个志愿活动组织者关系很好		0.644		
a13 我参加志愿工作的一个很重要的原因是可以和同学（或朋友）一起玩	18.09%	0.591		
a12 我很认同某一志愿者组织，我参与的志愿工作几乎都是该组织发动的		0.560		
a5 最近一次我参加志愿工作主要是为了得到一些有意义的纪念品，如一件文化衫、吉祥物、证书等		0.546		
a22 我会努力为有需要的人筹款（如赈灾、帮助重病患者），但不想与其直接接触		0.431		

续表

因素与项目	解释变异量	抽取的因素		
		维度 1	维度 2	维度 3
a3 我更喜欢参与短期的志愿工作			0.589	
a33 我更乐意参加一个不占用我太多时间的志愿工作			0.589	
a15 我更愿意跟我的朋友一起参加志愿工作			0.583	
a19 我意识到大部分社会问题的成因都十分复杂			0.529	
a20 我认为仅凭时间、金钱和社区努力并不足以改善社会问题，需要从国家甚至全球的层面来努力			0.508	
a36 我更愿意参加轻松的而非严肃的志愿工作	18.91%		0.487	
a4 我开始认识到，对于一些社会问题志愿者组织只能做到暂时缓解，却无法改变			0.475	
a37 如果我能帮到我认识的人，我从事志愿工作的动力会更大			0.470	
a18 如果志愿工作能使我的家乡或我所在的社区获益，我将更愿意参加			0.441	
a35 我相信我以后会一直参与有关社会正义的志愿活动				0.671
a38 我会尽可能多地参与志愿工作以促进社会公平				0.628
a34 我参加志愿工作是因为意识到它对那些需要帮助的人的重要性				0.615
a30 即便我很喜欢与其他志愿者共事，但若需独立而为，我也会坚持做下去				0.558
a29 我可以从接受我志愿服务的人身上学到东西				0.554
a17 参加志愿工作的经历改变了我的待人方式				0.548
a27 我关注社会公平并想着怎样有所作为	26.24%			0.526
a26 我定期投入时间和精力来帮助弱势群体				0.522
a14 我经常向身边的朋友解释我为什么认为志愿工作很重要				0.513
a40 我能坦然面对志愿工作中所遭遇的挫折				0.511
a23 即使我的父母或朋友反对，我依然会参加志愿工作				0.510
a8 我开始意识到我可以在志愿工作中学到东西				0.489
a1 无论有无朋友做伴，我都会参与志愿工作				0.484
a39 我认为我们这些在生活中相对幸运的人应去帮助那些生活不幸的人				0.478

因素与项目	解释变异量	抽取的因素		
		维度 1	维度 2	维度 3
a28 最近一次我选择参加志愿工作是因为某个问题强烈地触动了我				0.452
a25 我常常审视我参加志愿工作的动机以确保我并非出于私心而参加				0.451
a6 我从受助者那里获得的与我给予他们的一样多甚至更多	26.24%			0.434
a9 我惊讶地发现我居然能从我所认为的"弱势"群体身上学到不少东西				0.422
a16 我会经常阅读与我所从事的志愿工作相关的社会问题报道				0.420
a32 我常反思自己的固定思维模式				0.414
特征值		2.517	2.987	6.129
信度系数（Cronbach α系数）	0.833	0.672	0.720	0.857

注：整体问卷的信度系数为 0.833，其中，三个维度的各自内部一致性α系数分别是 0.672，0.720，0.857，总体以及各维度内部的信度比较高，达到了统计学的要求。

2. 担当与疏远：当代大学生社会责任感的一般特征

鉴于各维度题目数量的不同，不能通过直接比较各阶段的均值来判断发展阶段之间的差异，需要求出各阶段单题的平均分，并对排序前 2 位和后 2 位的变量进行配对样本 t 检验，如表 4－3 所示，以得出大学生在社会责任感发展不同阶段是否存在显著性差异。配对样本检验统计量分别为："阶段 2& 阶段 3"两个变量平均数的差异为 0.387 42，差异检验的 t 统计量为 20.804，显著性概率值 $p = 0.000 < 0.001$，达到 0.001 的显著水平；"维度 1& 维度 3"两个变量平均数的差异为 －1.245 44，差异检验的 t 统计量为 －49.215，显著性概率值 $p = 0.000 < 0.001$，达到 0.001 的显著水平。表明三个阶段的单题均值都存在显著性差异，大学生更多的处于社会责任感状态的领会阶段，其次为行动阶段，尝试阶段表现得最弱。在对"参加志愿活动的最主要原因"问题的回答上，"丰富人生阅历"和"对志愿工作感兴趣"两个选项所占的比例最高，分别为 36.6% 和 27.8%。由此可以判断，当代大学生的社会责任感状态尚佳，但社会责任感水平还有待进一步提高。

表 4 - 3　大学生社会责任感发展各阶段的描述性统计量

社会责任感发展阶段	各阶段平均数	各阶段标准差	题项数	各阶段单题平均数	排序
阶段 1：尝试阶段	14.022 4	3.825 11	6	2.337 1	3
阶段 2：领会阶段	35.719 5	4.583 66	9	3.968 8	1
阶段 3：行动阶段	71.622 3	9.580 19	20	3.581 1	2

具体来讲，当代大学生社会责任感呈现出担当与疏远的矛盾状态。一方面，大学生在参与社会服务活动时较为自知，能够主动关注民生、关爱弱势群体，能够意识到社会服务过程是与被服务对象相互学习的过程。这一点不仅体现在问卷调查的结果上，更体现在当代大学生的具体行动上。2008 年奥运会、2010 年亚运会志愿者中超过 80% 是在校大学生，他们用实际行动展现了当代大学生的责任意识和奉献精神；汶川地震后，大学生们不仅积极地募捐、献血，争当志愿者，还多方调查认真研究、撰写抗震救灾报告，为灾后重建献言献策，赢得了社会的认可。另一方面，大学生尚未将社会服务融入自己的生活或职业生涯中，社会服务活动的持续性较差，且对产生弱势群体社会根源的关注不够。上述矛盾的产生，既有大学生自身的原因，也与外部社会环境的影响有关。从大学生自身角度看，他们正处于个体社会化的过程中，社会角色迷惘，由于尚未真正走上社会，缺乏社会经验，对社会的认知往往带有一定的片面性。从外部环境看，当代大学生生活在经济全球化、文化和价值多元化的时代，尤其是市场经济逻辑、后现代思潮，在增强大学生竞争意识、批判意识、自我价值的同时也造成了自我中心主义、极端个人主义的产生，一定程度上消减了大学生的社会参与度和社会责任感。

3. 大学生社会责任感的影响因素分析

运用独立样本 t 检验和单因素方差分析方法，对不同组别大学生社会责任感发展阶段的差异情况进行比较，结果如下。

（1）不同性别的大学生在社会责任感发展的不同阶段存在差异。

独立样本 t 检验的结果显示，在尝试阶段，F 值未达显著差异（F = 1.753，p = 0.186 > 0.05）表示两组样本方差同质，t = 3.058，df = 100 6，p = 0.002 < 0.01，达 0.01 显著水平，男、女生的均值差为 0.817 79，表示处于社会责任感尝试阶段的男女学生在该维度上有显著差异存在，其中男生的要显著高于女生，男、女生的均值差为 0.817 79，即处于社会责任感尝试阶段的男女生有显著差异，且男生表现更为明显。在领会阶段上，无性别差异

（$p = 0.791 > 0.05$，$t = -0.265$，df $= 995$）；在行动阶段，存在显著差异，$t = -2.708$，df $= 424.992$，$p = 0.007 < 0.01$，达到 0.01 显著水平，男、女生的均值差为 -1.99352，说明进入行动阶段的女生在参与社会服务活动方面表现得更为执着和投入。该结果与科德尔（K. N. Kennemer）的观点一致，认为女大学生比男大学生更热衷于参与社会服务活动。❶ 吉利根（C. Gilligan）的研究也指出，女性情感丰富，富有同情心，在做责任判断和归因时，女性感到自己拥有更多的责任。女性比男性更容易把自我融入社会环境中，对与她有关的对象拥有更多的责任心。❷

（2）不同专业的大学生在社会责任感发展的不同阶段存在差异。

从表 4-4 的方差分析摘要表知悉：在社会责任感发展三个阶段上，整体检验的 F 值分别为 8.468（$p = 0.000 < 0.05$）、4.073（$p = 0.000 < 0.05$）、3.823（$p = 0.000 < 0.05$），均达到显著水平，表示不同专业的大学生在社会责任感发展的不同阶段有显著差异。事后比较雪费法（Scheffe）显示，十个专业的大学生在尝试阶段，农学的得分显著高于其他专业，其他专业之间无显著差异；在领会阶段，农学的得分显著低于其他专业，其他专业之间无显著差异；而在行动阶段，艺术学和教育学显著高于医学，其他专业之间无显著差异。产生上述差异的原因一方面可能与各专业的专业特色、课程设计、参与社会实践活动的机会有关。以"暑期三下乡"为例，各高校组织者都重视发挥专业优势，结合专业特点开展活动，如某高校动物科学学院师生对渔业资源进行调查、林学院师生对区域绿化树种调查、人文学院学生对农民工情况进行调研、教育学院则开展义教服务等。专业背景和实践体验的差异对大学生的社会责任感发展会产生不同的影响。另一方面，社会责任感发展上的差异也与不同专业的就业情况有一定关系。麦可思研究院最新公布的大学生就业数据显示，在 2012 届本科学科门类中，专业相关度最高的是医学（87%），最低的为农学（53%），2011—2013 年 9 个"高失业风险型专业"中，农学专业占据 3 个。❸而且，调查显示，目前学农学的仍以农村孩子居多，他们的就业渴望远比城市里孩子要强烈得多，他们不能容忍自己一毕业就失业。所以，在参加社会服务活动时，与其他专业大学生相比，农学专业的学生可能对兴趣、社交和被他人

---

❶ Kordell, N. K. *Factors Predicting Social Responsibility in College Students* [D]. Newberg：George Fox University, 2002（2）：28.

❷ Gilligan, C. *In a Different Voice* [M]. Cambridge：Harvard University Press, 1982：35-50.

❸ 邓晖. 2013 大学生就业报告透视 [N]. 光明日报, 2013-06-14（6）.

认可的积极性较高，非常关注自身表现。

表4-4　不同专业大学生在社会责任感不同阶段差异比较的方差分析摘要表

		平方和（SS）	自由度	平均平方和（MS）	F 检验	事后比较 Scheffe 法
尝试阶段	组间	1 045.923	9	116.214	8.468***	农学 > 其他专业
	组内	13 806.911	1 006	13.725		
	总和	14 852.834	1 015			
领会阶段	组间	752.291	9	83.588	4.073***	农学 < 其他专业
	组内	20 419.604	995	20.522		
	总和	21 171.895	1 004			
行动阶段	组间	3 067.141	9	340.793	3.823***	艺术学 > 医学 教育学 > 医学
	组内	85 839.613	963	89.138		
	总和	88 906.754	972			

*** $p < 0.001$

（3）不同年级大学生的社会责任感发展存在差异。

针对不同年级大学生社会责任感进行方差分析后知悉（见表4-5）：在社会责任感发展三个阶段上，整体检验的 F 值分别为 1.603（$p = 0.187 > 0.05$）、3.329（$p = 0.019 < 0.05$）、2.830（$p = 0.037 < 0.05$），领会阶段和行动阶段达到显著水平，表示不同年级的大学生在社会责任感发展的后两个阶段具有显著差异存在，而在尝试阶段不存在年级间的差异。事后比较最小显著性法（Least Significance Difference，LSD）显示，在领会阶段，低年级大学生（大一、大二）的得分显著高于高年级（大三、大四），在行动阶段，二年级学生得分显著高于一年级。这表明，低年级的学生更乐于参与志愿者服务活动，且大二学生体现出的社会责任感更为突出。可能的原因是：大一时，大学生刚进入大学，对社会和人生的期望都带有强烈的理想主义色彩，感觉自己是"准成人"，具有更高的自我要求，积极要求参与社会活动，关心政治生活和祖国富强，并渴望在其中承担责任，做出贡献。❶经过大一的各种尝试后，大二的学生在参与社会服务活动方面更为理性也更有可能全身心地投入，及至大三、大四，大学生的现实压力开始凸显，尤其是在专业学习压力和就业压力下，大学生又转而关注自身的发展，而疏远了对他人、对社会的责任，这种疏离并不代表他们内心缺乏社会责任感，相反，却折射出当代大学生在社会责任感上

---

❶ 黄希庭. 大学生心理学 [M]. 上海：上海人民出版社，1989：207-232.

"有心无力"的尴尬心态。

表 4 – 5　不同年级大学生在社会责任感不同阶段差异比较的方差分析摘要表

		平方和（SS）	自由度	平均平方和（MS）	F 检验	事后比较 LSD 法
尝试阶段	组间	70.542	3	23.514	1.603	
	组内	14 848.891	1 012	14.673		
	总和	14 919.433	1 015			
领会阶段	组间	207.702	3	69.234	3.329 *	大一 > 大三
	组内	20 818.222	1 001	20.797		大一 > 大四
	总和	21 025.924	1 004			大二 > 大四
行动阶段	组间	774.204	3	258.068	2.830 *	
	组内	88 351.159	969	91.178		大二 > 大一
	总和	89 125.363	972			

$^*p < 0.05$

（4）前期社会服务经历对大学生社会责任感发展影响显著。

方差分析的结果显示（见表 4 – 6），社会服务经历（包括参与次数和频率）对大学生社会责任感发展有一定的影响。在社会责任感发展三个阶段上，整体检验的 F 值分别为 1.146（$p = 0.330 > 0.05$）、1.381（$p = 0.247 > 0.05$）、37.902（$p = 0.0007 < 0.001$），只有行动阶段达到显著水平。表明在行动阶段，社会服务经历对大学生社会责任感发展具有显著影响，并且参与社会服务活动的次数和频率与社会责任感发展呈显著的正相关。在访谈过程中也发现，很多热衷于参与社会服务活动的大学生之所以长期坚持参与社会服务活动，甚至毕业后选择全职做社会公益，跟大学期间的社会服务经历关系密切，如"爱心中国行"公益组织创办人梁海光大学毕业后选择做全职公益人的想法就起源于大一大二时的下乡支教❶。

表 4 – 6　前期参与社会服务活动的情况对大学生社会责任感差异比较的方差分析摘要表

		平方和（SS）	自由度	平均平方和（MS）	F 检验	事后比较 Scheffe 法
尝试阶段	组间	50.662	3	16.887	1.146	
	组内	14 826.171	1 006	14.738		
	总和	14 876.833	1 009			

---

❶ 邓仲谋. 全职公益人能当终生职业吗？［N］. 广州日报, 2010-05-31（D12）.

		平方和（SS）	自由度	平均平方和（MS）	F 检验	事后比较 Scheffe 法
领会阶段	组间	87.132	3	29.044	1.381	
	组内	20 910.279	994	21.036		
	总和	20 997.412	997			
行动阶段	组间	9 470.569	3	3 156.856	37.902 ***	D > C > B > A
	组内	80 207.409	963	83.289		
	总和	89 677.977	966			

*** $p < 0.05$. A. 迄今为止，我从未参加过志愿工作；B. 偶尔会参加某类志愿者工作；C. 我定期参加志愿工作；D. 我热衷于社会公益活动，并为之付出行动。

（5）动机对大学生社会责任感发展影响显著。

在大学生社会服务动机方面，各题项的选择情况如下："丰富人生阅历"占 36.6%，"对志愿工作感兴趣"占 27.8%，"迫于学校（学院或专业）的要求"占 15.3%，"丰富简历"占 6.6%，"积累志愿时数"占 3.8%，"从未参加过志愿工作"占 3.8%，"因为身边很多人都参加了"占 3.3%，"为了获得奖学金"占 2.8%。这在一定程度上说明，大学生的社会服务动机更多地源自内在需求而非外部压力，也进一步验证了前文对当代大学生在社会责任方面有所担当的判断。有关动机与社会责任感发展的方差分析显示，整体检验的 F 值分别为 8.461（$p = 0.000 < 0.001$）、1.253（$p = 0.271 > 0.05$）、8.856（$p = 0.000 < 0.001$），在社会责任感发展的尝试阶段和行动阶段达到了显著水平，表明不同动机的志愿活动参与情况对大学生社会责任感发展具有显著的影响，事后比较雪费法（Scheffe）显示，在尝试阶段，"对志愿工作感兴趣"的大学生得分最低；在行动阶段，得分最低的是"从未参加过志愿活动"的大学生。说明参与社会服务是增强大学生社会责任感的有效途径，而参与动机是影响大学生社会责任感发展的重要方面，其中源自内在动机的社会服务更有助于大学生社会责任感的提高。大学生参加社会服务的过程是知识与社会生活实践互动的过程，是大学生形成知识技能、丰富情感和态度体验、培养社会责任感的过程。

此外，调查数据显示，父母的受教育程度对大学生社会责任感发展无显著影响。

上述对大学生社会责任感的调查和分析表明：目前国内大学生的社会责任感情况尚佳，但更高层次的社会责任感培养仍需加强；参与志愿活动的动机和频率对大学生社会责任感有显著影响，基于内在动机的志愿活动参与以及丰富的志愿服务经历更有助于大学生社会责任感的提高；性别、专业和年级大学生在社会责任感发展的不同阶段存在差异；父母的受教育程度对大学生社会责任感发展无显著影响。

4.3　大学生社会责任感培养的成效分析：以大学生志愿者为研究对象

在社会责任重要性日渐凸显的现代，大学生社会责任感教育逐步成为国内高校重视的问题。在大学生社会责任教育方式上，鼓励大学生积极参与志愿服务是最常见的重要途径之一，越来越多的大学生加入志愿服务的行列并发挥了积极的示范作用。然而，与方兴未艾的大学生志愿服务实践相比，对志愿服务实践对于大学生社会责任感影响效果的研究仍有所欠缺。从已有的研究成果看，目前对志愿服务与大学生社会责任感关系的实证研究还不多。因此，为客观展示国内志愿服务活动在培养大学生社会责任感方面的效果，本研究通过问卷调查和访谈来分析比较大学生参与志愿服务前后社会责任感的变化，从而为大学生志愿服务活动的开展和大学生社会责任感的培养提供参照。

4.3.1　样本选择与研究设计

1. 研究对象

本研究以参与暑期"三下乡"和 AIESEC（Association Internationale des Etudiants en Sciences Economiques et Commerciales）全球志愿服务的大学生为研究对象，跟踪调查其社会责任感水平在服务前后的变化，两次调查分别在志愿服务前和服务后的 2 周内进行。选择这两类志愿服务类型的主要原因在于，暑期"三下乡"活动是目前国内最常见的一种大学生志愿服务活动，大学生的参与度大；AIESEC 的全球志愿服务是目前影响力不断增大的一种志愿服务项目，旨在培养"世界公民"，培养大学生具有全球视野和处理多元文化差异的能力，志愿服务者来自世界各地，服务的国家大部分位于第三世界，有相对严格的志愿者筛选机制。剔除无效问卷和无法匹配问卷后，共获得130 个被试的有效数据，其中参加暑期"三下乡"服务的被试 107 位（82.3%），参加 AIESEC 全球志愿服务的被试 27 位（17.7%）；男性占 21.7%，女性占 78.3%。

2. 测量工具

本研究的测量工具是修正后的"社会责任感发展阶段测量量表（SSRD）"。该量表由奥尔尼（C. Olney）和格兰德（S. Grande）开发，本研究根据 1 040 名中国大学生的调查数据对其进行了修正。整体问卷的信度系数为 0.833，其中，三个维度的各自内部一致性 α 系数分别是 0.672、0.720、0.857，总体以及各维度内部的信度比较高，达到了统计学的要求。主体问卷包含 3 个维度，包括 35 题，分别为：①尝试阶段，包含 6 题；②领会阶段，包含 9 题；③行动阶段，包含 20 题。主体问卷及各维度内部的信度都达到了统计学的要求。正式施测问卷包括两方面内容：一是调查对象的基本信息。包括性别、父母受教育程度、参与志愿服务类型、志愿服务时长、志愿服务参与经历。二是大学生社会责任感发展情况。共包含 35 个题项，采用 5 点评分方法（1 为非常不符合，5 为非常符合）。

4.3.2 志愿服务对大学生社会责任感发展的影响情况

1. 志愿服务对大学生社会责任感的提升有显著影响

根据 SSRD 量表对社会责任感发展的阶段划分及相关研究成果可知，尝试阶段得分越低、领会阶段和行动阶段得分越高的学生，其社会责任感越强。在本研究中，大学生社会责任感水平的提高显示为参加志愿服务后尝试阶段得分显著降低或领会阶段、行动阶段得分显著提高。配对样本 t 检验的数据显示（见表 4 - 7），参与志愿服务对大学生社会责任感的提升有一定影响，在行动阶段上有显著提高，$t = 3.483$，$p = 0.001 < 0.01$，均值差 = 2.212 12，说明参与志愿服务有助于大学生社会责任感水平的提高，尤其在帮助大学生提高自我认知，并将社会服务融入其生活或职业生涯方面效果明显。从均值变化上可见，领会阶段与行动阶段的变化趋势一致，且都与尝试阶段的变化趋势呈相反状态，该结果与社会责任感发展理论构想一致。此外，对参与两种类型志愿服务的大学生分别进行配对样本 t 检验（见表 4 - 8、表 4 - 9）显示，参加"三下乡"志愿服务的大学生仅在行动阶段发生了显著变化，而参加全球志愿服务的大学生在尝试阶段和行动阶段均发生了显著变化。这说明参加不同类型志愿服务的大学生在社会责任感变化上存在差异，对社会责任感处于尝试阶段的大学生来讲，全球志愿服务带给他们的影响更显著。可能的原因是，全球志愿者所服务的对象主要是非洲、印度等地的弱势群体，他们所受到的冲击更为强

108

烈。有被访者说到,"我认识到,原来在我狭小的世界外还有那么一个小角落——那里的人多么需要我们的帮助和关怀";"在坦桑尼亚我体验到当地的文化差异,食物卫生差异还有非洲男女不平等的各种现状,这就是坦桑尼亚,它和中国有很多不同之处,正因为文化差异太大,才会有彻彻底底受到不同文化冲击和体验而前往的价值。"除此之外,很多被访者都谈及了志愿服务带给自己的收获,"对个人价值观的改变以及对日后待人接物和思维方式的改变。无论从项目中,还是从与不同国度的志愿者一起生活中,我都见识到好多不同的东西而令自己从不同的角度去思考自己的人生,去考虑自己身边的事情。总的来说,我觉得自己有小小成长了,主要改变了我对生活的态度";"在印度做志愿者期间,我所得到的,比我为 NGO 里面的小孩子付出的更多,我得到对人生的新认识,对社会应有的感怀,对全球的新认识,得到了多段异国友情,得到了生存的锻炼,最后才是对语言水平的提高"。对于暑期"三下乡",有被访者指出,"现在要我参加很多的志愿者活动也可能不太现实,但是我从心里萌发的一种想法就是,等以后我有经济能力的时候就捐物资啊、捐钱啊。我觉得是经历了下乡之后就让我觉得有必要去帮助一下那些人";还有志愿者说,"我觉得'三下乡'是有一定的影响。要是我没去'三下乡',我根本不对这类的志愿者活动有所关注,哪怕是关注,但不会说有想要去的感觉";"对我们自身的影响比较大。因为第一次当老师,第一次带一群跟你的童年不太一样的小孩,会让你有一种责任感"。

表 4-7　志愿服务对大学生社会责任感的影响（配对样本 t 检验）

	前测		后测		t	P
	平均数	标准差	平均数（均值差）	标准差		
尝试阶段	13.672 3	3.541 78	13.117 6（-3.204 28）	3.627 06	-1.843	0.068
领会阶段	35.622	4.547 68	36.173 2（0.538 4）	3.819 53	1.602	0.112
行动阶段	72.655 7	8.537 49	74.967 2（2.212 12）	9.094 49	3.483**	0.001

** $p < 0.01$

表 4-8　"三下乡"志愿服务活动对大学生社会责任感的影响

	前测		后测		t	P
	平均数	标准差	平均数（均值差）	标准差		
尝试阶段	13.302 1	3.321 76	13.020 8（-8.712 26）	3.491 28	-0.860	0.392
领会阶段	35.769 2	4.455 24	36.307 7（0.538 46）	3.728 86	1.453	0.149
行动阶段	71.909 1	8.499 81	74.121 2（2.212 12）	8.712 26	2.903**	0.005

** $p < 0.01$

表 4 – 9　全球志愿服务（AIESEC）对大学生社会责任感的影响（配对样本 t 检验）

	前测		后测		t	P
	平均数	标准差	平均数（均值差）	标准差		
尝试阶段	15.217	4.067 12	13.521 7（−1.695 65）	4.208 97	−2.371*	0.027
领会阶段	34.956 5	4.995 25	35.565 2（0.608 70）	4.240 78	0.667	0.512
行动阶段	75.869 6	8.108 94	78.608 7（2.739 13）	9.985 17	2.098*	0.048

* $p < 0.05$

2. 志愿服务活动类型对大学生社会责任感发展无显著影响

大学生在社会责任感变化上的差异是否与参与的志愿服务类型显著相关呢？为解决此问题，需要先验证两组大学生的社会责任感水平在参与服务前是否存在差异。独立样本 t 检验的数据显示（见表4 – 10），两组大学生在参加服务前有显著差异存在，主要表现在第一阶段（$F = 0.564$，$t = −2.433$，$p = 0.016 < 0.05$，均值差 = −1.988 82）和第三阶段（$F = 0.655$，$t = −1.992$，$p = 0.049 < 0.05$，均值差 = −3.869 57）上，且参与全球志愿服务的大学生在两个阶段上的均值都高于"三下乡"志愿服务者。因此，将前测的数据作为协变量、后测数据作为因变量，进行 ANCOVA 协方差分析，以便排除参与服务前两组大学生在社会责任感方面的差异。协方差分析数据显示，志愿服务类型对社会责任感的变化并无显著影响，相关数据如下：尝试阶段：$F = 0.901$，$p = 0.344 > 0.05$；探索阶段：$F = 0.230$，$p = 0.632 > 0.05$；行动阶段：$F = 1.204$，$p = 0.275 > 0.05$。结合前文中志愿服务对大学生社会责任感影响的结果，可初步判断，两类志愿服务都有助于大学生社会责任感的提高，且志愿服务类型与社会责任感发展变化无显著相关。也就是说，在影响大学生社会责任感方面，志愿服务活动类型并非决定性因素，两组大学生在社会责任感变化上的差异主要由其服务前的差异决定。可能的原因在于，参与全球志愿服务的大学生志愿者有更加严格的筛选机制和完善的培训机制，在前往志愿目的地前有多次的经验交流会和动员会，对志愿服务目标有更明确的认知和预期，所以在社会责任感上会产生比"三下乡"志愿者有更明显的变化。

表 4 - 10　参加不同类型志愿服务的大学生社会责任感情况摘要（独立样本 *t* 检验）

	"三下乡"		AIESEC		均值差	*t*	F
	平均数	标准差	平均数	标准差			
尝试阶段	13. 228 6	3. 431 35	15. 217 4	4. 067 12	- 1. 988 82	- 2. 433 *	0. 564
探索阶段	35. 769 2	4. 455 24	34. 956 5	4. 995 25	0. 812 71	0. 774	1. 019
行动阶段	72. 000 0	8. 474 67	75. 869 6	8. 108 94	- 3. 869 57	- 1. 992 *	0. 655
数量	107	23					

* $p < 0.05$

3. 志愿服务时长对大学生社会责任感发展有显著影响

为分析志愿服务时长对大学生社会责任感发展的影响，先将社会责任感发展阶段作为因变量，服务时长作为自变量进行单因子多变量方差分析（MANOVA），数据显示（见表 4 - 11），BOX's M 值为 6. 904，转换成的 F 统计量为 0. 529 5，$p = 0.897 > 0.05$，未达到显著水平，表示自变量在因变量的多变量方差未违反同质性的假定。多变量显著性检验量（Hotelling Trace 值）为 0. 168，$p = 0.024 < 0.05$，达到显著水平，表示至少有一个因变量在自变量上的平均数差异达到显著，即志愿服务时长对社会责任感发展至少有一个因变量有显著不同，需分别进行单因子方差分析（ANOVA）及事后比较（见表 4 - 12）。三个维度同质性检验的 F 值分别为 1. 402、1. 160、0. 200，p 值分别为 0. 246、0. 328、0. 896，均未达到显著水平，符合方差同质性假定。"受试者间效应项的检验"（见表 4 - 12）显示，被试在因变量上的单变量方差分析检验的 F 值分别为 1. 465（$p = 0.228 > 0.05$），0. 280（$p = 0.840 > 0.05$），3. 302（$p = 0.023 < 0.05$），表示服务时长对大学生社会责任感变化有显著影响，多变量显著性检验达到显著是由第三个阶段的因变量所造成，前两个阶段无显著差异存在。事后 LSD 检验表明，"10 ~ 15 天"的得分低于"15 ~ 30 天"（均值差 = - 5. 358 1，$p = 0.032 < 0.05$），"15 ~ 30 天"的得分低于"30 天以上"（均值差 = - 5. 366 7，$p = 0.014 < 0.05$）。有被访者的回答也说明了这一点，"其实'三下乡'就短短 15 天，去了 15 天就回来，其实真正教给他们的知识根本就没有多少，他们也没有学到多少。有时候我觉得蛮残忍的，就是小孩子很想念老师，希望我们继续教他们，但我们也不会教他们啦。就短短 15 天，其实带不了多少东西给他们"。史迪威克（Richard A. Stevick）也认为，学生志愿服务行为的养成并不是立竿见影的，短期志愿服务并不能给学生的利

他行为带来积极的影响。❶ 因此，如何处理好在校学习与志愿服务的关系，解决志愿服务的时长和持续性问题是目前影响志愿服务活动有效开展的一个重要方面。

表 4 - 11　志愿服务时长对大学生社会责任感变化的多变量方差分析摘要表

变异来源	df	SSCP			多变量		单变量 F 值	
					Wilk's Λ	尝试阶段	探索阶段	行动阶段
组间	3	$\begin{bmatrix} 58.028 & -5.524 & 56.817 \\ -5.524 & 17.691 & -91.607 \\ 56.817 & -91.607 & 684.439 \end{bmatrix}$			0.853 *	1.465 n. s.	0.280 n. s.	3.302 *
组内	119	$\begin{bmatrix} 1\,570.964 & 644.516 & -494.549 \\ 644.516 & 2\,503.301 & 1\,004.875 \\ -494.549 & 1\,004.875 & 8\,221.708 \end{bmatrix}$						

n. s. $p > 0.05$, * $p < 0.05$

表 4 - 12　志愿服务时长对大学生社会责任感变化的单变量方差分析摘要表

变异来源	层面名称	SS	df	MS	F	事后比较
参与情况（组间）	尝试阶段	58.028	3	19.343	1.465 n. s.	—
	领会阶段	17.691	3	5.897	0.280 n. s.	—
	行动阶段	684.439	3	228.146	3.302 *	B < C < D
误差	尝试阶段	1\,570.964	119	13.201		
	领会阶段	2\,503.301	119	21.036		
	行动阶段	8\,221.708	119	69.090		

n. s. $p > 0.05$, * $p < 0.05$　　A. 5 ~ 10 天，B. 10 ~ 15 天，C. 15 ~ 30 天，D. 30 天以上

4. 志愿服务经历对大学生社会责任感发展有显著影响

志愿服务经历是否对大学生社会责任感发展有显著影响？将社会责任感发展阶段作为因变量，参与经历作为自变量进行单因子多变量方差分析（MANOVA）（见表 4 - 13），数据显示，BOX's M 值为 9.359，转换成的 F 统计量为 0.725，$p = 0.728 > 0.05$，未达到显著水平，表示自变量在因变量的多变量方差未违反同质性的假定。多变量显著性检验量（Hotelling Trace 值）等于 0.168，$p = 0.024 < 0.05$，达到显著水平，表示至少有一个因变量在自

❶ Richard A. Stevick, John A. Addleman. Effects of Short-Term Volunteer Experience on Self-Perceptions and Prosocial Behavior [J]. *The Journal of Social Psychology*, 1995, 135 (5)：663 - 665.

变量上的平均数差异达到显著，即志愿服务经历对社会责任感发展至少有一个因变量存在显著不同，需要进一步分别进行单因子方差分析（ANOVA）及事后比较（见表 4 – 14）。通过受试者间效应项的检验（见表 4 – 13），志愿服务经历不同的大学生在社会责任感三个阶段上差异检验的 F 值分别为 0.845（$p = 0.472 > 0.05$），2.450（$p = 0.067 > 0.05$），3.601（$p = 0.016 < 0.05$），表示志愿服务经历不同的大学生在社会责任感变化上有显著差异，多变量显著性检验达到显著主要是由第三个阶段的因变量所造成，而前两个阶段则无显著差异存在。事后 LSD 检验表明，"偶尔参加"的得分低于"热衷参加"（均值差 = – 6.349 90，$p = 0.001 < 0.01$），"定期参加"的得分低于"热衷参加"（均值差 = – 6.111 80，$p = 0.031 < 0.01$）。

表 4 – 13　志愿服务经历对大学生社会责任感变化的多变量方差分析摘要表

变异来源	df	SSCP			多变量		单变量 F 值	
					Wilk's Λ	尝试阶段	探索阶段	行动阶段
组间	3	33.981　23.137　– 87.157	23.137　146.654　59.581	– 87.157　59.581　741.262	0.85 *	0.845n.s.	2.45n.s.	3.601 *
组内	119	1 595.011　615.855　– 350.575	615.855　2 374.338　853.687	– 350.575　853.687　8 164.884				

n. s. $p > 0.05$, * $p < 0.05$

在同次志愿服务活动中，不同大学生的社会责任感变化是否存在差异？将前测分数作为协变量进行协方差分析（ANCOVA）以排除不同志愿服务经历的学生参与本活动前在社会责任感上的差异，结果显示（见表 4 – 14），只有"行动阶段"达到了显著性水平，志愿服务经历对社会责任感影响效果检验的 F 值为 3.267（$p = 0.024 < 0.05$），才达到显著性水平，表示大学生社会责任感发展的"行动阶段"会因志愿服务经历的不同而有差异。成对比较的结果显示，"偶尔参加"的得分低于"热衷参加"（均值差 = – 4.940，$p = 0.007 < 0.05$）。这说明，在本次活动中热衷参与志愿服务的大学生的社会责任感发展变化最大，且热衷参加志愿服务的大学生比偶尔参加的提升大。因此，提升大学生参与志愿服务的内在动机对于其社会责任感的提升大有裨益。有被访者谈道："第一次下乡主要是为了积累教学经验。第二次下乡一个原因是与当地学生有了感情，另外就是想发展出自己独特的教学方法。第三次主要就是一种责

任感，因为需要一个人来带领队伍下乡，让我更多地关怀弱势群体，并且更多地关注这方面的事情"；也有被访者提到，"因为刚开始的时候参加，可能是因为好奇说我参加会怎么样。后来的话，做多了以后就会觉得，每次做完都会有更大的满足感，想要让我去做下一个"。因此，鼓励大学生多参与志愿服务活动有助于其社会责任感的提升。

表 4-14   志愿服务经历对大学生社会责任感变化的单变量方差分析、协方差分析摘要表

变异来源	层面名称	SS	df	MS	F	事后比较
参与情况 （组间）	尝试阶段	33.981	3	11.327	0.845 n. s.	—
	领会阶段	146.654	3	48.885	2.450 n. s.	—
	行动阶段	741.262	3	247.087	3.601 *	D＞B、D＞C
误差	尝试阶段	1 595.011	119	13.403		
	领会阶段	2 374.338	119	19.952		
	行动阶段	8 164.884	119	68.612		
协变量（前测分数）	行动阶段	3 252.547	1	3 252.547	72.332	
参与情况（组间）		440.658	3	146.886	3.267 *	D＞B
误差		5 261.1	117	44.967		

n. s. $p > 0.05$，$^*p < 0.05$ A. 从未参加 B. 偶尔参加 C. 定期参加 D. 热衷于参加

此外，未发现性别、父母受教育程度对大学生社会责任感发展变化的显著影响。

综上所述，本部分调查的主要结论为：①参与志愿服务有助于大学生社会责任感水平的提高，尤其在帮助大学生提高自我认知，并将社会服务融入其生活或职业生涯方面效果明显。参加"三下乡"志愿服务的大学生在社会责任感的行动阶段发生了显著变化，参加海外志愿服务的大学生在社会责任感的尝试阶段和行动阶段均发生了显著变化。②排除两组大学生在参加本活动前的社会责任感差异后，服务类型与社会责任感发展变化无显著相关。③志愿服务时长对大学生社会责任感发展变化有显著影响，主要表现在社会责任感发展的行动阶段，且服务时间越长变化越大。④志愿服务经历对大学生社会责任感的发展变化有显著影响。热衷于参与志愿服务的大学生的社会责任感变化最大，且突出表现为，热衷于参加志愿服务的大学生比偶尔参加的提升大。⑤性别、父母受教育程度对大学生社会责任感的发展变化无显著影响。

第5章 大学生社会责任感养成机制：
模型构建与验证

　　大学生的社会责任感状况直接影响着大学生自身的成才和社会的发展。如何培养和提高大学生的社会责任感并将之转化为社会责任行为是高校责任教育和道德教育的重要任务。要达成此目标，首先需要明了大学生社会责任感的养成机制和社会责任行为的转化机制。也就是，需要探究大学生社会责任感是如何形成的以及社会责任行为是如何产生的。

5.1　大学生社会责任感发展的理论基础

　　社会责任感是个体亲社会行为，特别是利他行为的主要动机之一，可以通过增强责任心来培养个体的亲社会行为。● 围绕人类亲社会行为的形成和发展，道德心理学界开展了一系列的研究。综观相关的研究结果可以发现，虽然影响亲社会行为的因素有很多，但道德认知中的道德判断和道德情感中的移情是公认的两个重要因素。道德判断是个体运用惯有的道德概念和认知对道德现象进行分析、鉴别、评价和选择的心理过程，主要通过道德判断力来表示。按照科尔伯格的界定，道德判断力（Moral Judgment Competence）是"一种对什么是合乎道德的判断并据此判断采取相应行动的能力"●。移情是个体面对他人所处的情绪状态时，产生与他人相同的情绪体验，是一种替代性的情绪、情感反应能力，即个体设身处地地为他人着想、识别并体验他人的情绪和情感的过程。● 亲社会

● 章志光. 社会心理学［M］. 北京：人民教育出版社，2003：346 - 371.

● Kohlberg L. *Development of Moral Character and Moral Ideology*［M］. New York：Russel Sage Foundation，1964：425.

● Mussen，P.，Eisenberg，N. Roots of Caring，Sharing and Helping［J］. *Child Development*，1997（48）：1503 - 1511. 转引自余洪波，刘桂珍. 移情、道德推理、观点采择与亲社会行为关系的研究进展［J］. 心理发展与教育，2006（1）：113 - 116.

行为是个体做出的有利于他人、集体和社会的行为。按照社会心理学家巴塔尔对亲社会行为的分类，主要表现为两种形式：一是利他主义行为，是指不带有任何其他的目的，把帮助别人作为唯一的目的；二是偿还行为，指那种为了回报他人，或补偿自己使他人蒙受损失而产生的助人行为❶。因此，社会责任行为和志愿服务行为都是亲社会行为的一种。

5.1.1 道德责任起源的理性与非理性争辩

责任在整个道德规范体系中居于重要地位。长期以来，有关"道德是如何产生的"一直是哲学家和道德心理学家探究的问题。围绕该问题产生了一系列对道德判断过程的假说和理论解释。归结起来，诸多争论聚焦为一个问题：人的道德到底是被理性的认知还是感性的情绪决定着？在哲学领域里，以康德（Immanuel Kant）和休谟（David Hume）为代表的学派争论最具有代表性。康德认为理性是影响道德判断的首要因素，有意识的推理决定着道德判断，非理性不能影响道德判断。❷ 他还指出："在这世界内或世界外，除了善良意志之外，没有什么是绝对好的。"❸休谟则在其著作《人性论》中通过对理性和情感在道德行为中作用的分析，得出情感驱动道德判断的结论，认为理性可以对道德判断发挥作用，但它必须依靠情感。

与哲学界有关道德的理性与非理性之争相对应，现代心理学里有关道德判断的研究也大致遵循着上述两种模式来进行：一种是道德判断的理性模式，强调认知因素在道德判断中的重要作用，认为道德行为主要取决于道德认知，道德认知和道德判断都是一个推理和反省的过程❹（见图 5 - 1），当事者通过对道德实践的理性推理而形成判断。在该流派的理论观点中，以皮亚杰的道德发展理论和科尔伯格的道德发展阶段理论为主要代表。皮亚杰认为，道德发展与认知能力发展密切相关，个体道德的发展主要是从非常自我中心的道德推理阶段发展到以合作互利为基础的公平系统阶段，即从他律到自律阶段。❺ 在皮亚

---

❶ 孙时进. 社会心理学 [M]. 上海：复旦大学出版社，2008：140－141.

❷ 吴鹏、刘华山. 道德推理与道德行为关系的元分析 [J]. 心理学报，2014，46（8）：1192－1207.

❸ [德] 康德. 道德形而上学探本 [M]. 唐钺，译. 北京：商务印书馆，1957：8.

❹ Piaget, J. *The Moral Judgment of the Child* [M]. New York：Free Press, 1965；Kohlberg, L. *Stage and Sequence：The Cognitive-developmental Approach to Socialization* [G] //D. A. Goslin (Ed.), *Handbook of Socialization Theory and Research.* New York：Academic Press, 1969：151－235.

❺ Piaget, J. *The Moral Judgment of the Child* [M]. New York：Free Press, 1965.

杰的理论基础上，科尔伯格则提出了道德发展的"三水平六阶段"理论。具体来讲，"三水平六阶段"主要包括：前习俗水平，包括服从与惩罚定向阶段、朴素的自我主义定义阶段，道德主要基于权利和外部的强制；习俗水平，包括好孩子定向阶段、维持权威和社会秩序定向阶段，道德主要源自对法律和规则的维护；后习俗水平，社会契约定向阶段、原则和良心定向阶段，道德主要源自理想的或一般的社会组织的逻辑原则。❶ 与道德判断的理性模式相对应的是道德判断的非理性模式。依据休谟的哲学思想，许多道德心理学家开始反思已有研究中对理性认知在道德判断中作用的夸大，开始将研究焦点转移到非认知因素上，包括道德直觉、道德情感等。❷ 该流派的理论观点中影响较大的如 Haidt 的社会直觉模式（Social Institutionist Model，SIM）（见图 5 - 2），认为个体的道德判断首先是由快速的道德直觉引起的，之后才是慢速的事后的道德推理，具体过程为：①道德判断有两个过程，即推理和直觉，以往的研究过分强调推理；②推理经常受到动机的驱动；③推理的过程经常只是提供了事后的解释；④道德行为和道德情感的共变关系强于道德行为与道德推理之间的关系。❸ 在社会直觉模型中，个体主观的推理被弱化，而社会和文化的影响则被加强。当个体面对具体的道德情景时，首先产生的是直觉，然后是道德判断，道德推理只是对道德判断之后的一个事后解释。其中，道德判断更多地受到个体所处文化、社会环境、自身情感状态等因素的影响，而非仅仅是理性的个体推理。该理论观点能够很好地解释现实生活中常出现的见义勇为行为。比如徒手接住坠楼女童的"最美妈妈"吴菊萍，面对记者采访时就曾说道："我当时接妞妞的一瞬间，没想过要做什么道德模范，唯一想的就是怎么去救这个孩子。"❹

❶ Kohlberg, L.. *Stage and Sequence：The Cognitive-developmental Approach to Socialization* [G] // D. A. Goslin (Ed.), *Handbook of Socialization Theory and Research.* New York：Academic Press，1969：151 - 235.

❷ Hauser, M., Cushmen, F., Young, L., Jin, K. - X & Mikhail, J. A Dissociation Between Moral Judgments and Justifications [J]. *Mind & Language*，2007，22 (1)：1 - 21. 转引自吴鹏、刘华山. 道德推理与道德行为关系的元分析 [J]. 心理学报，2014，46 (8)：1192 - 1207.

❸ Haidt, J.. The Emotional Dog and Its Rational Tail：A Social Intuitionist Approach to Moral Judgment [J]. *Psychological Review*，2001，108 (4)：814 - 834. 转引自李鹏. 社会责任感的认知神经机制研究 [D]. 重庆：西南大学，2012：12 - 13.

❹ 2011 十大感动中国人物揭晓 最美妈妈吴菊萍当选 [EB/OL]. http：//news. sohu. com/ 20120204/n333710640. shtml. [2014-10-12].

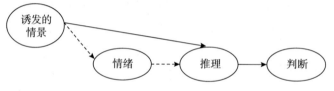

图 5 - 1　道德判断的理性模式

（资料来源：Haidt, J. The emotional Dog and Its Rrational Tail: A Social Intuitionist Approach to Moral Judgment [J]. *Psychological Review*, 2001, 108 (4): 814 - 834. 其中：诱发的情景, Eliciting Situation; 情绪, Affect; 推理, Reasoning; 判断, Judgment）

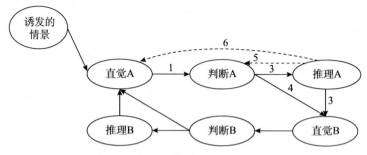

图 5 - 2　道德判断的直觉主义模型

（资料来源：Haidt, J. The Emotional Dog and Its Rational Tail: A Social Intuitionist Approach to Moral Judgment [J]. *Psychological Review*, 2001, 108 (4): 814 - 834. 其中：1 表示直觉道德判断, 2 表示时候推理解释, 3 表示推理说服, 4 表示社会说服, 5 表示推理判断, 6 表示个体自我反省）

　　上述两派观点都有一定的合理性，但也都面临着无法解释的现实问题。例如，理性认知模式无法解释现实中常见的"言行不一""知行脱节"等现实问题。当然，依靠直觉情绪反应预测道德判断的观点同样饱受诟病。例如，Pizarro 等的研究发现，当要求被试对道德判断开展有意识推理时，他们会改变原有的一些道德判断。❶鉴于上述两派观点各自的弊端，Greene 等开展了一系列的研究，提出了道德的双过程加工模型（Dual-process Model），将道德判断解释为是抽象推理和情绪直觉并存的信息加工过程。该理论认为：道德判断是通过两个不同的系统完成的，一个是慢速的、有意识的、需要意志努力的认知推理过程，一个是快速的、内隐的情绪动机过程，两个过程呈现出相互竞争、

---

　　❶ Pizarro, D. A. , Uhlmann, E. , Bloom, P. Causal Deviance and the Attribution of Moral Responsibility [J]. *Journal of Experimental Social Psychology*, 2003 (39): 653 - 660.

协同作用的关系。❶ 之后该研究小组还运用先进的脑成像技术进一步验证认知和情绪共同参与了人的道德判断过程，即认知和情绪是道德判断中难以分离的两个重要过程，并不是非此即彼的一种关系。基于以上分析，笔者认为，道德判断过程是个体在特定的道德情境中，针对具体道德问题所产生的涉及道德认知和道德情感交互作用的复杂心理过程，该道德判断过程对道德行为的产生有很大的影响。

5.1.2　道德判断的测量

在道德心理学研究领域，有一系列的道德判断测量工具。这些工具主要可分为两大类：开放式测量和标准的结构性测量。开放式测量工具主要通过向被试提供一些道德两难故事，通过访谈的方式让被试对故事中的行为进行判断并指出其理由。研究者则主要根据被试的回答将道德判断归为不同的类型，如皮亚杰的对偶故事法、科尔伯格的两难故事法。前者通过给儿童讲两个相似的故事，然后要求他们对故事主人公做道德判断并对判断进行解释，然后根据儿童的回答来对他们的道德判断进行评估；后者则围绕编制的 9 个两难故事进行道德判断访谈，然后将所研究的内容分为 30 个维度，每个维度包括 6 个发展阶段，共有 180 个计分项，根据被试的判断推理水平的反应进行阶段的归档和评分，然后计算出总分。这类测量工具的弊端是显而易见的，因其故事情境的多样性、计分工具的主观性和复杂性，使得测量较难开展，测量结果的可验证性和有效性亦很弱。

第二类工具则是按照心理测量学标准编制的标准化工具，目前影响较大的有詹姆斯·莱斯特（James Rest）教授领导的"明尼苏达道德研究小组"［后改为道德发展研究中心，目前该中心设于美国阿拉巴马大学，主要由托马（Stephen J. Thoma）、纳瓦茨（Darcia Narvaez）和比伯（Muriel Bebeau）领导］开发的确定问题测验（the Defining Issues Test，DIT）和林德（Georg Linda）教授等编制的道德能力测验（Moral Competence Test，MCT）❷，这类工具的使

---

❶ Greene, J. D., & Haidt, J. How (and Where) Does Moral Judgment Work? [J] *TRENDS in Cognitive Sciences*, 2002 (6): 517–523; Greene, J. D. From Neural "is" to Moral "Ought": What are the Moral Implications of Neuroscientific Moral Psychology? [J] *Nature Reviews Neuroscience*, 2003, 4 (10): 846–849; Greene, J. D., Nystrom, L. E., Engell, A. D., Darley, J. M., & Cohen1, J. D. The Neural Bases of Cognitive Conflict and Control in Moral Judgment [J]. *Neuron*, 2004 (44): 389–400; Greene, J. D. Why are VMPFC Patients More Utilitarian? A Dual-process Theory of Moral Judgment Explains [J]. *TRENDS in Cognitive Sciences*, 2007 (11): 322–323.

❷ 最初的道德判断量表为道德判断测验（the Moral Judgment Test，MJT），后更名为道德能力测验（MCT）。

用有严格的操作要求和培训机制，其理论基础都是科尔伯格的道德发展阶段理论。在测量过程中，主要通过向被试呈现一定数量的道德两难故事，然后让被试围绕所提供的故事做出态度选择和行为选择，并对行为选择的理由进行评定。此类测量工具突破了道德判断研究只能限于"谈话法"的界限，通过测量个体的道德认知发展水平，更加方便准确地评价青少年和成人对道德问题的理解和价值判断背后的理由，从而使得人们对个体道德发展的评定更加客观、便利，而且其信效度、稳定性都较之开放式测量有了很大的进步。DIT 问卷以科尔伯格的道德发展阶段理论为基础，借鉴皮亚杰的对偶故事法和科尔伯格的道德判断访谈方法进行编制。最初的 DIT 问卷是纸笔测验，包含 6 个道德两难故事，主要反映的是科尔伯格的"三水平六阶段"道德发展理论中的第二到第六阶段的项目，被试需要对项目进行分级和排序。该方法较科尔伯格的道德判断访谈法更加客观、更加简便，自诞生之后就被广泛采用，利用该问卷开展了大量的相关研究，在 20 年内产生了 400 多项公开发表和大量未公开发表的研究成果，在全世界拥有超过 50 多万人的样本量，而且这个数量还在不断增长。到 20 世纪 90 年代，"明尼苏达大学道德研究小组"针对 DIT 的实证研究结果以及借鉴认知心理学的理论新成果，开始重构道德认知发展理论，明确提出了"新科尔伯格理论"，出版了专著《后习俗思维——新科尔伯格理论》。新科尔伯格理论的一个重要工作就是对 DIT-1 进行改进，推出新版本 DIT-2。与 DIT-1 相对比，DIT-2 对原有的两难故事内容进行了调整，删除或替换了与现实不相符的故事，并将原来的 6 个两难故事调整为 5 个，共 60 个标准选项，而且无论是对被试的筛选还是道德判断能力的测量都发生了一些变化。具体表现为：采用了新的被试筛选机制，提高了保留样本分布的合理性和效度；制定了新的道德判断能力指标 N2 来取代 P 分数，N2 分数更加重视被试分辨 P 项目与较低阶段项目的能力，更能说明被试使用原则判断的频率以及利己判断的频率，比 P 分数更能全面地反映出被试道德判断的情况，对被试道德发展水平的描述也更为合理。❶

林德教授的道德能力测验（MCT）采用实验性问卷法，被试首先围绕两个道德两难问题做出"赞同"或"反对"的选择，然后分别对每种观点下的 6

❶ Rest, J., Darcia Narvaez, Muriel J. Bebear, Stephen J. Thoma. *Postconventional Moral Thinking—A Neo-Kohlbergian Approach* [M]. Mahwah, N. J.: Lawrence Erlbaum, 1999: 80; Rest, J., Narvaez, D., Thoma, S. J., Bebeau, M. J. DIT2: Devising and Testing A New Instrument of Moral Judgment [J]. *Journal of Educational Psychology*, 1999, 91 (4): 644–659.

个因子进行评价。通过该测验可以同时获得道德判断能力分数和道德倾向分数。MCT 问卷不同于常见的态度调查量表（Attitude Survey），是一种基于实验法的能力测量（Experimental Questionnaires，EQ），用来尝试评估道德的动态结构，将心理实验设计与心理测量相结合。该测验问卷由德国心理学家林德根据科尔伯格道德发展的"三水平六阶段"理论进行编制，整个测验采用单个被试内的多变量 6×2×2 设计，三方面的自变量进行正交旋转，把与道德任务相关的所有因素都在测验中呈现出来，且保证这些因素之间的彼此独立性，6 代表科尔伯格道德发展理论的六阶段，2 分别代表被试的态度和道德两难问题的数量。该测验共包括"工厂风波"和"医生困境"两个道德两难故事，每个问题包含 13 个题目，共计 26 个题目。被试在阅读故事后，首先需要对故事中主人公的行为进行对错判断，然后对主人公行为背后可能的原因进行接受程度的判断。每个故事在六个阶段上都有正反两个论据，整个测验中每个阶段都有 4 个论据，即每个故事有 12 个论据支撑，合计 24 个论据，采用 9 点计分方式，"-4"表示"绝对不同意"，"0"表示不确定，"+4"表示"绝对同意"。通过测量公式，将被试的所有观点加以计算，最终获得被试道德判断力 Competent 分，简称 C 分数，以此衡量被试的道德判断力水平，主要反映被试对道德论点本身质量（而非他本人是否赞成它或其他因素）进行判断的能力。C 分数的范围是 1~100，按照 C 分数的高低将个体的道德判断力划分为 4 个等级：较低（1~9 分），中等（10~29 分），较高（30~49 分），非常高（50 分以上）。该问卷自 1976 年编制出来开始，经过了一系列的修正，被翻译成多国语言并在多个国家展开测试，越来越多的实证数据证明了林德的理论构想和其评价工具的有效性，我国已经有研究者对该测验进行了必要的跨文化效度验证，效度指标均符合修订标准。❶ 此外，除了测量道德能力之外，Linda 与康斯坦茨大学的心理学研究团队开发出 KMDD（Kontanz Method of Dilemma Discussion）道德两难故事讨论法，旨在通过对被试开展道德教育干预，以提高被试的道德判断能力。

　　由于 DIT 和 MCT 问卷都需要被试认真思考后才能作答，因此，如何保证被试认真答题非常重要，是保证调查结果是否有效的关键环节之一。DIT 问卷所收数据的分析需要提交阿拉巴马大学道德发展研究中心进行数据解析和评

---

❶ 吴慧红. 道德研究新视角：道德判断测验的理论和实证研究 ［D］. 南京：南京师范大学，2005.

估，由该中心计算出关键性指标，如 P 分数、N2 等。该中心在进行数据分析时会对所收数据的有效性进行筛选以剔除出不良问卷，从而保证整体数据的有效性。鉴于此，本研究将选择詹姆斯·莱斯特团队编制的 DIT - 2 作为测量被试道德判断力的问卷，以确保所收集的数据的有效性。

5.1.3 道德判断、移情与道德行为的关系研究

1. 道德判断与道德行为的关系

社会责任行为是道德行为的一部分，因而道德判断推理发展水平对社会责任行为会产生重要影响。道德判断研究提出的第一个问题是道德判断和道德行为的关系问题。[1] 如何将道德判断转化为道德行为是道德心理学家一直关注的问题。概述已有的相关研究可以发现，道德判断与道德行为之间的关系呈现出不稳定性的状态。

众多研究表明，道德判断能力对道德行为有预示作用，道德判断能力发展的阶段越高，道德行为就越成熟，道德判断能力与道德行为也就越具有一致性。[2] Eisenberg 研究团队通过研究青少年阶段及成年早期的亲社会行为发展状况，也发现了道德判断推理与其亲社会行为相关，而且道德判断推理相对成熟的儿童和青少年更倾向于助人和慷慨，内化的道德推理与亲社会行为也呈正相关。[3] 林德（Georg Linda）也认为只有当个体具备一定的道德判断能力以后，道德态度和道德观念才会转化为道德行为，道德判断力与道德行为的相关程度大于道德态度。[4] 詹姆斯莱·莱斯特等人开展的一项始自 20 世纪 70 年代、时间跨越为 10 年的跟踪研究显示：道德判断能力与亲社会行为具有较高的相关性；被试的道德判断能力与促进、参与社会活动的参与度和积极性之间具有显著相关性，其中道德判断力与促进社会活动的"社会参与度"的相关系数 r = 0.31，与为社会福利仗义执言的"公民责任"的相关系数 r = 0.44。[5] 吴鹏

---

❶ ［美］科尔伯格. 道德发展心理学：道德阶段的本质与确证 ［M］. 郭本禹，译. 上海：华东师范大学出版社，2004：480.

❷ 郭本禹. 道德认知发展与道德教育 ［M］. 福州：福建教育出版社，1999，32.

❸ Eisenberg, N., Cumberland, A., Guthrie, I. K., Murphy, B. C., & Shepard, S. A. Age Changes in Prosocial Responding and Moral Reasoning in Adolescence and Early Adulthood ［J］. *Journal of Research on Adolescence*, 2005, 15（3）：235 - 260. .

❹ 杨韶刚. 西方道德心理学的新发展 ［M］. 上海：上海教育出版社，2007：116 - 161.

❺ Rest, J., Deemer, D., Barnett, R., Spickelmier, J., & Volker, J. *Life Experiences and Developmental Pathways* ［M］//J. Rest. *Moral Development：Advances in Research and Theory*. New York：Praeger, 1986：28 - 58.

等对道德推理与道德行为关系进行元分析之后得出，道德推理与道德行为有显著的正相关，与不道德的行为有显著的负相关。❶

　　与此同时，也有不少研究并未发现道德判断能力与道德行为之间的一致性关系。如在道德认知与道德行为之间关系上，Weber 对德克萨斯大学的女生与德克萨斯女子监狱女囚的比较研究、Hart 和 May 对儿童欺骗行为的研究都没有发现道德认知对道德行为的预测功能。❷ 例如，在 Weber 的研究中，研究组首先假设德克萨斯大学的女生在道德上是"正直的"人，德克萨斯监狱女囚是不道德的人；然后要求两组被试根据不道德程度给 25 种不道德行为进行排序。研究发现，在道德实践中完全不同的两组女性对不道德行为排列的顺序却几乎完全相同，她们都认为"性反常"是最不道德的行为，偷窃和撒谎都被排在靠近最坏的地方。该研究结果表明，尽管这两组女性在道德行为上差别很大，但是她们在对"什么是正确的"认识上，即道德认知上却没有显著差别。在 Hart 和 May 的研究中，他们佯说对儿童做智力和成就测验，事实上是对儿童的欺骗行为进行测试，参与调查的对象有一万多名。研究假定，诚实与其他美德存在内在的认知与态度成分，试图把个体特有的道德价值（如诚实）的强度与道德行为的表现联系起来。具体的研究假设如下：①青少年可以划分为诚实正直与不诚实正直两种类型；②在某些场合有欺骗行为的青少年很可能在其他场合也有欺骗行为；③个体的道德行为可以从他/她对诚实的评价而作的言语报告以及对诚实的习俗规范的认知中预测。在实验环节，他们设计了许多家庭、学校和社区情景的实验任务，使儿童在其中有欺骗的机会。尽管研究设计非常严密，但是上述假设并未得到证实，道德认知在预测道德行为方面的效力非常有限。此外，即便是在道德发展研究上影响最大的科尔伯格，其研究也仅为道德认知与道德行为之间微弱的关系提供了不断积累的证据，但是它通常只能解释大约 10% 的变量，这种微弱的关系被称为"判断行为缺口"。❸ 科尔伯格在 1987 年的一个研究中发现，激进的、自由主义的神学院学生们理解道德判断、道德认知的概念层次比他们用作道德决定时的概念层次更高。明尼苏

---

❶ 吴鹏，刘华山. 道德推理与道德行为关系的元分析 [J]. 心理学报，2014，46（8）：1192 - 1207.

❷ 余达淮，刘静. 道德判断与道德行为关系研究的进展分析 [J]. 外国教育研究，2011（6）：91 - 96.

❸ 同上。

达道德小组的专家将这一现象称为道德概念的"低度使用"。[1] 刘志军对 286 名上海中学生（初一、初三、高一）进行道德判断推理测量后发现，中学生的道德判断推理能力与亲社会行为之间不存在显著相关[2]；朱丹等对 217 名初中学生的调查也发现，初中生的道德判断推理能力与亲社会行为之间没有显著关系[3]；Lai 等对中国青少年的研究也未发现道德推理与道德行为之间的关系[4]。上述研究说明，个体的道德判断能力与道德行为之间并非直接对应，可能还有一些其他因素参与了两者之间的转化过程。

鉴于道德判断与道德行为之间的复杂关系，研究者们开始推测，在道德判断和道德行为之间可能存在其他变量影响着二者的关系。基于这一判断，研究者们展开了一系列的相关研究，试图发现存在于两者之间可能发挥作用的中间变量，研究涉及的变量主要有：①道德态度，如科尔伯格通过测量个体违背道德禁律时表现出的内疚或自我谴责的强度来测量道德态度，从而得出道德态度与道德行为的相关程度[5]；②道德情感，Mclnerney 等人测量了 221 名七年级女生的道德推理水平、课堂行为表现及其对羞愧和内疚的敏感度，发现羞愧和内疚的情感在道德推理向亲社会行为的转化过程中起着明显的中介作用[6]，Greene 等用 fMRI 手段比较被试在不同的道德情境下大脑的活动情况，发现在涉及个人情感的道德情景下，被试与情感加工有关的大脑区域活跃，而在与个人情感、道德无关的情景下，则主要集中在与工作记忆有关的大脑区域，即道德情感和道德判断都对道德行为发挥作用，且受环境影响大[7]；③道德人格，如 Walker 将人格变量作为控制变量，考察了人格变量如何影响道德推理能力与道德行为之间的关系情况，发现人格变量能够显著提高道德推理能力对道德

---

[1] 孙秀娟. 确定问题测验 Ⅱ 的心理学研究 [D]. 南京：南京师范大学，2007：51.

[2] 刘志军. 中学生的道德判断推理水平、同伴关系和亲为为行为关系的研究 [J]. 心理科学，2001，24（5）：6-8.

[3] 朱丹，李丹. 初中学生道德推理、移情反应、亲社会行为及其相互关系的比较研究 [J]. 心理科学，2005，28（5）：1231-1234.

[4] Frank H. Y. Lai, Andrew M. H. Siu, Chewtyn C. H. Chan, and Daniel T. L. Shek. Measurement of Prosocial Reasoning among Chinese Adolescents [J]. *The Scientific World Journal*，2012：1-8.

[5] [美] 科尔伯格. 道德发展心理学：道德阶段的本质与确证 [M]. 郭本禹，译. 上海：华东师范大学出版社，2004：485-486.

[6] 余宏波，刘桂珍. 移情、道德推理、观点采择与亲社会行为关系的研究进展 [J]. 心理发展与教育，2006（1）：113-116.

[7] Greene, J. D. An fMRI Investigation of Emotional Engagement in Moral Judgment [J]. *Science*，2001（293）：2105-2108.

行为的预测❶；④智商，如 Blasi 在综述相关研究的基础上提出，道德认知与道德行为之间的显著关系离不开智商的作用❷；⑤意志力，如 Metcalfe 和 Mischel 指出，面对诱惑时，控制人行为的是两个相互独立而又相互作用的系统：热系统和冷系统，前者主要用于快速的情感加工，后者主要用于空间、情节性表征、思维，道德行为的改善主要是通过冷系统中的自我管理能力提高实现的❸；此外，还有一些研究发现角色采择与亲社会行为之间存在显著正相关❹。因此，本研究将进一步验证大学生的道德判断能力、社会责任感和社会责任行为之间是否存在一定的相关性，以及是否还存在影响两者关系的中介变量和调节变量。

2. 移情与道德行为的关系研究

从目前的研究情况看，道德情感因素对道德行为的预测功能要强于道德认知和道德判断能力。尤其是脑神经科学研究方法介入道德心理学研究之后，更是为道德情感对道德行为的影响提供了生理基础。例如，达马西奥（Damasio）的研究发现，人脑的前额皮层腹内侧（VMPFC）是影响人类情感的重要区域，该区域受损的患者的情感反应会受影响，很难感受到别人的痛苦，较容易产生不道德的行为。❺ Moll 等人的研究发现，不同类型的道德判断会激活大脑中不同的情绪代表区，比如在进行与亲社会情绪相关的道德判断时，VMPFC 和颞上回的激活更明显，而在进行与负性情绪相关的道德判断时，杏仁核、海马旁回和梭状回的激活更强烈。❻ 综观已有研究文献，有关道德情感与道德行为关系的研究主要围绕移情与亲社会行为、利他行为、道德行为、社会责任行为、志愿行为等主题来展开。移情是道德行为的重要动机源和中介因素的论点得到了许多研究成果的支持。但已有的有关移情与道德行为或亲社会行为关系的研

❶　Walker, L. J. , Frimer, J. A. Moral Personality of Brave and Caring Exemplars [J]. *Journal of Personality and Social Psychology*, 2007, 93 (5)：845 – 860.

❷　Blasi, A. Bridging Moral Cognition and Moral Action：A Critical Review of the Literature [J]. *Psychological Bulletin*, 198 (88)：1 – 45.

❸　Metcalfe, J. , Mischel, W. A Hot/Cool System Analysis of Delay of Gratification：Dynamics of Willpower [J]. *Psychological Review*, 1999 (106)：3 – 19.

❹　丁芳. 儿童的道德判断、移情与亲社会行为的关系研究 [J]. 山东师范大学学报, 2000 (5)：77 – 80.

❺　Damasio A. R. Individuals with Sociopathic Behavior Caused by Frontal Damage Fail to Respond Autonomically to Social Stimuli [J]. *Behavioral Brain Research*, 1990 (41)：81 – 94.

❻　Moll, J. , de Oliveira – Souza, R. , Garrido, G. J. , et al. The Self as A Moral Agent：Linking the Neural Bases of Social Agency and Moral Sensitivity [J] . *Social Neuroscience*, 2007, 2 (3/4)：336 – 352.

究结论并未达成一致。一部分研究支持移情对上述诸类道德行为有正向影响，也就是个体移情能力越强，就越有可能实施利他行为或道德行为。例如，德斯蒙德（Desmond）等人以 174 名大学生为研究对象，着重考察了他们和宠物相处关系质量与其亲社会行为之间的关系。研究显示，被试与宠物关系的质量不能有效地预测亲社会行为水平，但其移情分数与亲社会行为之间呈显著相关。❶ 何安明对大学生的调查也显示，大学生的移情能力与利他行为的相关性极其显著；大多数大学生是具有利他观念的，愿意为他人和社会服务，愿意与他人分享、合作和谦让，但由于他们普遍缺乏对人际关系、社会状况的准确判断，缺乏对他人情绪思想和情感的正确理解，所以他们往往因为不能把握他人的感受和情感而不能及时地做出利他的行为。❷ 宋琳婷以 296 名大学生为研究对象，重点研究了大学生移情、社会责任心和利他行为的关系，研究发现，大学生的移情、社会责任心与利他行为存在显著的相关关系；大学生的移情通过社会责任心的中介作用对利他行为产生影响，并且性别及是否学生干部群组在"移情—社会责任心—利他行为"的中介作用模型上具有组间一致性。❸ 章滢对大学生移情能力和利他行为的研究发现，利他行为与移情能力的相关性极其显著。❹ 詹姆斯（James）等人以大学一年级学生为研究对象，发现那些热心于志愿服务活动的学生的移情测验平均得分显著高于对照组的平均得分，可以通过移情水平来预测大学生是否愿意及在多大程度上愿意参与志愿服务活动❺。巴利奥（Barrio）对青少年的研究发现，移情和大五人格中的宜人性（friendliness）的正相关最高，其次是责任感（conscientiousness）❻。施皮茨（Spitz）和麦金农（MacKinnon）针对一个志愿服务机构的志愿者被试研究发现，有亲社会人格特质（移情）的个体比没有的个体会参与更多的志愿服务

❶ Desmond, F. F.. Associations between Human-animal Relationship Quality, Dispositional Empathy, and Prosocial Behavior [D]. *Dissertation Abstracts International*, 2002, 63 (1 - B): 510.

❷ 何安明. 大学生移情能力与利他行为的相关研究 [J]. 黑龙江教育研究, 2007 (2): 154 - 156.

❸ 宋琳婷. 大学生移情、社会责任心与内隐、外显利他行为的关系 [D]. 哈尔滨: 哈尔滨师范大学, 2012.

❹ 章滢. 大学生利他行为、移情能力及其相关研究 [D]. 南京: 南京师范大学, 2005.

❺ James, B. L. *New York University, Inducing Volunteer Community Service in Undergraduates: The Relative Contributions of Prior Experience, Coursework, and the Dispositions of Empathy and Moral Development* [M]. New York: New York University, 2002: 877 - 1002.

❻ 黄敏, 郭德俊. 外倾和神经质对情绪的影响 [J]. 心理科学. 2003, 26 (6): 1047 - 1051.

活动，哪怕需要克服很多障碍和困难❶。

此外，还有一部分研究并未发现移情与道德行为的相关关系。如张嘉玮和崔广成对中小学生（小学五年级、初一和初二）的调查显示，学生移情能力的高低与其亲社会行为之间并无显著相关❷。蒋达、王歆睿等对"移情能力对利他行为完全具有促进作用"亦提出了质疑❸；付琪琳对 315 名大学生的利他行为及移情能力状况进行调查后发现，移情能力对利他行为的影响是一个复杂的过程，移情能力受到认知因素和情绪性因素的双重作用，并且移情能力对利他行为的影响具有局限性❹。寇彧、徐华女认为移情能力对利他行为的促进作用是有条件的并具有一定的局限性❺。鉴于以上研究观点上的冲突，本研究将重新测量大学生的移情状况以及移情与对大学生社会责任感的关系状况。

3. 道德判断、移情与道德行为之间关系

从道德的心理结构角度看，道德认知和道德情感是影响道德行为的两个重要因素。相应地，道德判断和移情也在一定程度上与道德行为相关。目前学界对个体的道德判断能力、移情和道德行为三者之间的关系亦有研究。如丁芳选择初中二年级的 40 名学生作为被试，考察了他们的道德判断推理能力、移情和亲社会行为的关系，得出：儿童的道德推理与移情对其亲社会行为影响有明显的交互作用，高道德推理水平儿童的亲社会行为受移情水平的影响比低道德推理水平的儿童明显，移情水平较高儿童的亲社会行为受道德推理水平的影响比移情水平较低的儿童明显，道德推理与移情之间的联系是以角色采择作为中介因素的。❻ 朱丹、李丹以 217 名初中学生为被试，考察了他们的道德判断推理能力、移情和亲社会行为之间的关系，发现道德判断推理与亲社会行为、移情能力之间并不存在显著相关；移情能力中的个别指标与亲社会行为之间相关显著。❼ 鉴于目

---

❶ 王天骄. 大学生志愿动机——道德情绪与志愿行为的关系研究 [D]. 北京：中国地质大学，2013：22 – 23.

❷ 张嘉玮，崔光成. 12 – 16 岁被助儿童的自助能力、移情能力与亲社会行为关系的研究 [J]. 心理发展与教育，1993（1）：14 – 18.

❸ 蒋达，王歆睿，傅丽，等. 内隐利他行为的实验研究 [J]. 心理科学，2008（1）：79 – 82.

❹ 付琪琳. 大学生移情能力、利他行为及其相关研究 [J]. 河北青年管理干部学院学报，2014（1）：10 – 15.

❺ 寇彧，徐华女. 移情对亲社会行为决策的两种功能 [J]. 心理学探新，2005（3）：73 – 77.

❻ 丁芳. 儿童的道德判断、移情与亲社会行为的关系研究 [J]. 山东师范大学学报，2000（5）：77 – 80.

❼ 朱丹，李丹. 初中学生道德推理、移情反应、亲社会行为及其相互关系的比较研究 [J]. 心理科学，2005，28（5）：1231 – 1234.

前对道德判断能力、移情与道德行为之间关系研究结论的不一致，本研究将以大学生为研究对象，探究其道德判断能力、移情与社会责任行为之间的可能关系和作用方式，从而进一步分析大学生社会责任行为生成的心理机制。

5.2　大学生社会责任感养成的研究假设

本研究力图在一定程度上探究影响大学生社会责任行为的内外部影响因素和内部机制问题，并进一步考察大学生的道德认知、道德情感与社会责任行为之间的关系，以便能够为学校有效地开展大学生社会责任教育提供心理学依据。在前述研究综述的基础上，本研究初步构建的"大学生社会责任感生成机制模型图"如图5－3所示。在模型图中，社会责任认知由道德判断力、社会责任心来表达，移情代表社会责任情感，社会责任发展阶段表示社会责任行为的情况。

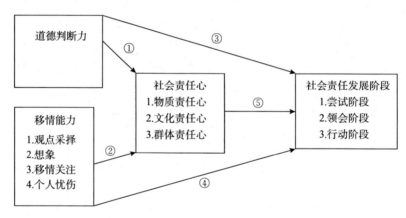

图5－3　大学生社会责任生成机制模型示意图

围绕"大学生社会责任感生成机制模型图"，本研究的基本假设主要如下：当个体面对特定社会责任情景时，责任行为的产生经历了一个涉及道德认知、道德情感的心理过程。该心理过程具体表现为：面对特定的社会情景或道德情景，个体在理性道德判断和移情的共同作用下，不仅感知到他人需要帮助，而且会设身处地地感受到所处情境中对象的遭遇和感受，并在社会责任心的驱使下实施社会责任行为。因此，从道德判断到社会责任行为的产生涉及的变量主要包含：道德判断力、移情、社会责任心、社会责任行为（倾向）。其中道德判断力和移情是社会责任行为的动机源，社会责任心是个体社会责任行为的基本出发点，起到内在动力作用。本部分将围绕以上变量，探讨大学生道德判断力、移情、社会责任心、社会责任行为（倾向）之间的相互作用关系，从而理清影响个体社会责任行为的养成机制。

基于上述判断，研究的具体假设如下。

（1）大学生道德判断能力受到性别、专业、年级、家庭所在地、是否独生子女、是否单亲、是否学生干部以及与家庭的关系的影响；

（2）大学生移情及其各维度受到性别、专业、年级、家庭所在地、是否独生子女、是否单亲、是否学生干部以及与家庭的关系的影响；

（3）大学生社会责任心受到性别、专业、年级、家庭所在地、是否独生子女、是否单亲、是否学生干部以及与家庭的关系的影响；

（4）大学生的道德判断力、移情、社会责任心与社会责任行为（倾向）间存在相关关系；

（5）大学生道德判断力、移情与社会责任心之间存在相关关系，同时社会责任心起到连接道德判断力、移情与社会责任行为（倾向）的中介作用。

5.3　大学生社会责任发展理论模型验证与建构

5.3.1　研究对象

本研究选取广东某大学一年级至四年级学生为研究对象，采取随机抽样的方法发放问卷，共发放问卷 250 份，回收有效问卷 185 份，回收有效率为 74.0%。其中大一 49 人，大二 41 人，大三 27 人，大四 68 人；男生 36 人，女生 139 人；文科 135 人，理工科 50 人；来自农村的 48 人，城镇的 37 人，中等城市的 61 人，大城市的 39 人。

5.3.2　测量工具

1. 确定问题测验量表（the Defining Issues Test，DIT-2）

DIT-2 于 20 世纪 90 年代由以 Rest 为代表的 "明尼苏达大学道德研究小组" 推出，是对原有的 DIT-1 版本的更新版。较之 DIT-1 版本，DIT-2 无论在被试筛选机制还是道德判断能力测量上都进行了修正，所测的结果更能够有效地反映被试的道德判断能力。DIT-2 包含五个道德两难故事，分别是 "饥荒" "记者风波" "学校董事会" "安乐死" 和 "游行示威"，每个故事配有 12 个论据，分别代表科尔伯格道德发展阶段理论中的二至六阶段。被试在阅读完两难故事之后，需要首先对故事主角的行为进行"应该""不确定""不应该"的价值判断；然后根据论据在被试心中的重要性程度对 12 个论据按照从高到低 (1~5) 的顺序进行评分选择 (1 非常重要，2 很重要，3 比较重要，4 不太重要，5 完全不重要)；最后再从 12 个论据中选择自己心目中最重要的 4 个问题并进行排序。被试完成整个问卷后，就可以计算得出被试在各道德发展阶段的得分、后习俗阶段道德思维对判断的影响性以及道德判断力的得分。

DIT-1 和 DIT-2 在美国施测时都具有良好的可信度以及结构效度。国内学者陈欣银和项宇❶、孙秀娟❷、张倩❸等将其翻译成中文，并证明了版本具有可用的信度和效度。DIT-1 中文版的初测—再测相关及内在一致性相关均达 0.60 左右，接近原量表信度；DIT-2 的 Cronbach α 系数为 0.723，接近英语国家被试所做测验的信度 Cronbach α 系数 0.70~0.80。

2. 移情测量量表

目前测量移情的工具有很多，在诸多测量工具中应用最广泛的是戴维斯 (Davis) 于 1980 年编制的《人际反应指标量表》(The Interpersonal Reactivity Index, IRI)，该量表共包含 28 个题项，采用 Likert 5 点计分，共包含 4 个维度，分别为：观点采择、想象、移情关注与个人忧伤，各维度的内部一致性在 0.71~0.77，重测信度为 0.62~0.80，❹ 并具有较理想的区分效度与聚合效度。❺ 具体来讲，"观点采择"(Perspective Taking, PT)，即个体能理解与采纳他人观点；"想象"(Fantasy Scale, FS) 指通过想象去体验创造性作品中人物的情感和行为，测量的是个体对虚构出的人物的情感和行为的移入程度；"移情关注"(Empathetic Concern, EC) 是个体站在他人立场而产生的对他人感情的关心和同情的状况；"个人忧伤"(Personal Distress, PD) 评估共情的自我倾向，是由他人状况引起的个体自我反应，主要是面对他人状况时从自身角度

---

❶ 陈欣银、项宇. 我国青少年道德判断的发展及其相关因素研究 [J]. 心理学科学通讯，1990 (1)：23-28.

❷ 孙秀娟. 确定问题测验Ⅱ的心理学研究 [D]. 南京：南京师范大学，2007.

❸ 张倩. 道德判断与道德行为：中外道德文化的理性反思和实践探索 [D]. 广州：广东外语外贸大学，2015.

❹ Davis, M. H. A Multidimensional Approach to Individual Differences in Empathy [J]. *JSAS Catalog of Selected Documents in Psychology*, 1980 (1)：85.

❺ Davis, M. H. The Effects of Dispositional Empathy on Emotional Reactions and Helping: A Multidimensional Approach [J]. *J Personal*, 1983 (51)：67-184.

考虑所产生的焦虑感，以及在紧张人际关系中产生的内心不快感，类似于一种带有消极情感色彩和自我中心式的思维过程。❶ 其中，"观点采择"与"想象"属于认知成分，"个人忧伤"和"移情关注"属于情感成分。

在测量大学生移情状况方面，本研究以吴静吉等人修订后的《人际反应指针量表》（IRI）作为主要的测量工具。修订后的人际反应指针问卷（IRI-C）共包含 22 个项目，分为 4 个维度，即观点取替（Perspective Taking，PT）、同情关怀（Empathetic Concern，EC）、幻想力（Fantasy Scale，FS）、身心忧急（Personal Distress，PD）等。量表整体的内部一致性信度 Cronbach $\alpha = 0.84$，4 个因素的内部一致性分别为 0.80、0.78、0.85 和 0.74，量表相隔 1 周的重测信度 4 个因素分别为 0.77、0.80、0.82 和 0.70。❷ 问卷采用 Likert 5 点计分，"完全不符合"计 1 分，"不太符合"计 2 分，"不确定"计 3 分，"比较符合"计 4 分，"完全符合"计 5 分。经信度检验，人际反应指标问卷的内部一致性信度为 0.733，四个分维度观点采择、想象、移情关注、个人忧伤的内部一致性信度分别为 0.519、0.687、0.729 和 0.539。四因素模型的各项拟合指数为：$x2/df = 1.846$，$CFI = 0.856$，$TLI = 0.836$，$RMSEA = 0.051$，四因素模型的各项拟合指数的各项拟合指标可以被接受。

3. 社会责任心测量问卷

本研究采用赵兴奎编制的《大学生责任心结构问卷》作为测量工具来测量被试的社会责任心状况❸，该问卷将大学生社会责任心划分为 3 个维度，分别为：物质责任心、文化责任心和群体责任心。问卷采用 Likert 5 点计分，"完全不符合"计 1 分，"不太符合"计 2 分，"不确定"计 3 分，"比较符合"计 4 分，"完全符合"计 5 分。该问卷具有较好的结构效度：各个分问卷及因素与分问卷总分的相关在 0.25 ~ 0.87，绝大多数相关均在 0.60 以上，有较高的相关；物质、文化、群体三个维度内部因素的相关绝大多数高于三个维度之间的题项的相关；三个维度之间的相关在 0.55 ~ 0.65，相关偏高。此外，问卷的信度系数也较为理想，各分问卷和总问卷的同质性信度均在 0.70 以上。

4. 社会责任发展阶段测量问卷

本研究采用修正后的《社会责任阶段测量量表（SSRD）》作为测量大学

---

❶　Davis, M. H. Empathy: *A Social Psychological Approach* [M]. Boulder: West View Press, 1996.

❷　吴静吉，詹志禹. 年级、性别角色、人情取向与同理心的关系 [D]. 台北：台湾政治大学教育研究所, 1987. 转引自魏源. 浙江某高校大学生共情特点分析 [J]. 中国学校卫生, 2007, 28（2）：135 – 137.

❸　赵兴奎. 大学生社会责任心结构及发展特点 [D]. 重庆：西南大学, 2007.

生社会责任发展阶段的工具。问卷将大学生社会责任发展划分为三个阶段，分别为：尝试阶段、领会阶段和行动阶段。该问卷的信度和效度都达到了统计学的要求。具体见 4.2 中有关该问卷的详细介绍。

5. 志愿行为的测量问卷

对志愿行为的测量，主要采用 Carlo 等人编制的志愿行为（倾向）测量问卷。❶ 该问卷能够有效地测量个体发生志愿行为的可能性。❷ 问卷由四个基本问题组成：①在过去，你参加过志愿活动吗？②你现在是否正在参加志愿活动？③在未来的一年内，你打算参加志愿活动吗？④在未来的一年内，如果有参加志愿活动的机会，你会报名参加该志愿活动的可能性有多少？四个条目得分越高，代表个体越有可能产生志愿行为。

5.3.3 研究程序及数据处理

本研究由笔者和同事担任主试，采用集体施测，通过在课堂上统一发放问卷并宣读指导语及注意事项来收集数据。问卷均匿名作答，完成后当场收回。剔除无效问卷，运用 SPSS18.0 统计软件包对有效问卷进行数据处理，方法包括描述统计、单因素方差分析、多因素方差分析、相关分析、回归分析等；利用 Mplus6 和 Amos17.0 进行验证性因素分析、中介效应分析和跨组比较等。

5.3.4 结果分析

1. 大学生道德判断能力的总体状况及差异分析

通过对调查数据的分析获知：大学生的道德判断能力 N2 分数的平均分为 37.08，标准差为 12.10。与美国大学生的 N2 平均分 42.30 相比，我国大学生的道德判断能力得分略低。此外，与 20 世纪 80 年代末陈欣银等调查的中国大学生道德判断能力平均分数 37.06 相比，相差不多。❸ 个人利益阶段（Personal

---

❶ Carlo, G., Okun, M. A., Knight, G. P., & de Guzman, M. R. T. The Interplay of Traits and Motives on Volunteering, Agreeableness, Extraversion and Prosocial Value Motivation [J]. *Personality and Individual Differences*, 2005 (38): 1293–1305.

❷ Erez, A., Mario, M., Ijzendoorn, M. H., & Kroonenberg, P. M. Attachment, Personality, and Volunteering, Placing Volunteerism in An Attachment–Theoretical Framework [J]. *Personality and Individual Differences*, 2008 (44): 64–74.

❸ 陈欣银、项宇. 我国青少年道德判断的发展及其相关因素研究 [J]. 心理学科学通讯, 1990 (1): 23–28.

Interest，PI）的平均分为 27.94，标准差为 12.10；维持规则阶段（Maintain Norms，MN）的平均分为 24.43，标准差为 11.25；后习俗阶段（Post Conventional，Pscore）的平均分为 38.88，标准差为 12.51。

（1）性别差异。

道德判断能力的性别差异情况如表 5－1 所示。

表 5－1　道德判断能力的性别差异情况

	个人利益（PI）		维持规则（MN）		后习俗（P Score）		N2			p
	平均数	标准差	平均数	标准差	平均数	标准差	平均数	标准差		
男	30.556	13.272	31.722	10.132	30.278	11.356	28.612	11.572	24.740**	0.000
女	27.309	11.765	22.664	10.815	40.963	11.898	39.127	11.338		

** $p < 0.01$

从表 5－1 可知，男女在道德判断能力上存在显著性差异（df = 1，F = 24.74，$p = 0.00$），女生的 N2 平均分为 39.13，显著高于男生的 N2 平均分 28.61，即女生的道德判断力高于男生。关于道德判断的性别差异问题一直以来都存有争论。如吉利根等人认为男、女生是使用不同的道德判断方式[1]，男性是较"公正"倾向的，而女性则是"关怀"倾向的，分别代表了不同的道德取向，该道德取向表现于人的一生，也表现于各种道德情境。[2] 而莱斯特则表示"回顾 22 项评估性别差异的研究……只有两项研究表明 P 分数上存在显著的性别差异……在这些研究中，女性都具有较高的分数"[3]。因此，从目前的研究情况看，通过道德两难故事得出道德判断能力存在性别差异的结论仍存在不稳定性，对不同性别对象的道德判断能力的研究尚需要进一步深化。

（2）年级差异。

道德判断能力的年级差异情况如表 5－2 所示。

[1] Gilligan C. *In A Different Voice：Psychological Theory And Women's Development* ［M］. Cambridge，MA：Harvard University Press，1982.

[2] 李伯黍、燕国材. 教育心理学 ［M］. 上海：华东师范大学出版社，1995：44.

[3] Rest, J. *Development in Judging Moral Issues* ［M］. Minneapolis：University of Minnesota Press，1979：120.

表 5 - 2   道德判断能力的年级差异情况

	个人利益		维持规则		后习俗		N2			事后检验
	平均数	标准差	平均数	标准差	平均数	标准差	平均数	标准差		
大一	30.122	12.044	28.816	10.916	33.837	11.596	31.616	11.729		大一 < 大二 > 大四 > 大三; 大一 < 大四
大二	24.049	10.986	20.781	11.840	46.5854	12.209	44.528	11.963	11.280 **	
大三	31.259	12.230	25.926	7.049	35.630	11.649	33.088	10.813		
大四	27.397	12.280	22.868	11.558	39.169	11.498	38.114	10.447		

** $p < 0.01$

年级差异的事后检验情况如表 5 - 3 所示。

表 5 - 3   年级差异的事后检验情况

年级 (I)	年级 (J)	均值差 (I - J)	显著性
大一	大二	-12.912 **	0.000
	大三	-1.472	0.584
	大四	-6.498 **	0.002
大二	大一	12.912 **	0.000
	大三	11.441 **	0.000
	大四	6.414 **	0.004
大三	大一	1.472	0.584
	大二	-11.441 **	0.000
	大四	-5.026 *	0.050

* $p < 0.05$, ** $p < 0.01$

从表 5 - 2 和表 5 - 3 中的数据可知，大学生道德判断力存在显著的年级差异，表现出随年级增长而增长的趋势，其中大二学生的道德判断力得分最高，这说明被试的道德认知过程是发展的，是随着年龄与教育程度的提高而逐步提高。该结论与明尼苏达道德研究小组的假设相一致，即后习俗思维、道德的成长是随着年龄以及教育程度的增长而上升的，呈现向上发展的趋势。也就是说，大学的学习经历对于个体道德判断能力的发展具有较显著的促进作用。可能的原因在于，较之中学生，大学生的思维更为自由和成熟，这促使他们在进行道德判断时更倾向于从后习俗角度思考而不限于教条的道德准则。

（3）专业差异。

道德判断能力的专业差异情况如表 5 - 4 所示。

表 5 - 4　道德判断能力的专业差异情况

	个人利益		维持规则		后习俗		N2		F	事后检验
	平均数	标准差	平均数	标准差	平均数	标准差	平均数	标准差		
理科	30.133	11.500	29.111	10.545	33.778	10.420	31.652	10.219	7.449 **	文科 > 理科
工科	31.200	17.123	24.400	14.170	34.400	20.465	31.422	22.405		
文科	27.089	12.093	22.867	11.020	40.752	12.392	39.100	11.680		

$^*p < 0.05$，$^{**}p < 0.01$

专业差异的事后检验如表 5 - 5 所示。

表 5 - 5　专业差异的事后检验

学科（I）	学科（J）	均值差（I - J）	显著性
理科	工科	0.230	0.967
	文科	- 7.448 **	0.000
工科	理科	- 0.230	0.967
	文科	- 7.678	0.151

$^*p < 0.05$，$^{**}p < 0.01$

由表 5 - 4 和表 5 - 5 的数据可知，道德判断力存在专业差异，具体表现为：文科学生的道德判断力显著高于理科。可能的原因是，所调查的文科学生主要来自中国语言文化学院和外国语言文化学院，他们接触中西方道德文化方面的知识和机会都可能多于理科学生。

（4）对大学生的道德判断能力与其是否学生干部、家庭所在地、是否独生子女、是否单亲及与家庭的关系进行测量，均未发现其间的显著相关性。这在一定程度上说明家庭对大学生道德判断能力发展的影响已非常有限。

2. 大学生移情的总体状况及差异分析

（1）移情的总体状况。

大学生移情情况的描述性统计结果如表 5 - 6 所示。

表 5 - 6　大学生移情情况的描述性统计结果

	均值	标准差	题项	均值/题项	最小值	最大值
观点采择	18.750	3.040	5	3.740	7	60
想象	23.550	3.420	6	3.900	13	30
移情关注	22.680	3.180	6	3.760	10	30
个人忧伤	14.540	3.480	5	2.970	5	25
总分	79.520	8.130	22	3.610	54	100

由表 5 - 6 可知，大学生移情的总平均分为 3.610，超过中间值 3，这说明所调查的大学生的移情水平处于中等偏上的水平，能够设身处地地站在他人的立场去思考和解决问题，这与王高洁[1]、卢永兰[2]的研究结果一致。移情各维度的题项均分从高到低分别为：想象（3.900）、移情关注（3.760）、观点采择（3.740）、个人忧伤（2.970），仅个人忧伤角度的得分低于中间值。这在一定程度上说明，大学生在思考各类问题时能够比较理性地站在他人立场上去思考，而较少从自我角度出发，能够有效地处理紧张的人际关系，产生较少的焦虑感。

（2）性别差异。

性别在移情总分及各维度上的得分情况如表 5 - 7 所示。

表 5 - 7　性别在移情总分及各维度上的得分情况

	男		女		t	p
	平均数	标准差	平均数	标准差		
观点采择	18.560	3.121	18.79	3.030	- 0.418	0.677
想象	23.920	3.065	23.46	3.500	0.719	0.473
移情关注	22.830	3.075	22.64	3.209	0.320	0.705
个人忧伤	12.750	3.573	14.97	3.324	- 3.547 **	0.000
总分	78.056	6.374	79.878	8.486	- 1.207	0.229

** $p < 0.01$

从表 5 - 7 可知，不同性别的大学生在移情总分上并不存在显著性差异，但在个人忧伤维度上存在显著性差异（$p = 0.000 < 0.01$），女生的个人忧伤得分显著高于男生。这与目前很多研究的结果是一致的，丁芳[3]、田喜生[4]、卢永兰[5]等的研究都有类似的结论。该结果的出现可能与男女性的生理特点以及性别社会化有一定关系。女性普遍具有心思较为细腻、情绪亦较为敏感的性格

---

[1]　王高洁. 大学生的移情、自我和谐及其关系研究 [D]. 广州：华南师范大学，2008.

[2]　卢永兰. 大学生道德推脱、移情和亲社会行为的特点及其关系研究 [D]. 福州：福建师范大学，2013：32.

[3]　丁芳. 儿童的道德判断、移情与亲社会行为的关系研究 [J]. 山东师范大学学报，2000（5）：77 - 80.

[4]　田喜生. 大学生感戴倾向及其与移情能力、助人倾向间的关系研究 [D]. 石家庄：河北师范大学，2007.

[5]　卢永兰. 大学生道德推脱、移情和亲社会行为的特点及其关系研究 [D]. 福州：福建师范大学，2013：32.

特质，其情感比男性更容易受到外界的影响，在面对紧张的人际关系时会产生更多的焦虑感，个人忧伤水平高于男生。

（3）年级差异。

年级在移情总分及各维度上的得分情况如表5-8所示。

表5-8　年级在移情总分及各维度上的得分情况

	大一		大二		大三		大四		F	p
	平均数	标准差	平均数	标准差	平均数	标准差	平均数	标准差		
观点采择	18.490	3.336	18.340	3.183	18.960	2.638	19.090	2.895	0.687	0.561
想象	24.080	3.155	23.250	3.622	23.260	3.289	23.460	3.551	0.577	0.631
移情关注	22.900	3.137	21.950	3.542	23.040	2.667	22.820	3.157	0.956	0.415
个人忧伤	13.760	3.550	14.980	3.683	15.260	3.426	14.560	3.284	1.436	0.234
总分	79.225	7.848	78.487	8.332	80.519	7.051	79.923	8.691	0.420	0.739

$^*p < 0.05$

由表5-8可知，不同年级的大学生在移情总分及移情各维度上均不存在显著性差异。之所以会出现这一结果，可能是由于大学生的心智发展已经趋于成熟，移情能力也已经日趋稳定，虽然仍存在发展的空间但非常有限。作为素质水平较高的群体，大学生普遍能够在维护自身利益的同时，考虑他人的感受和利益，能够站在他人立场上考虑问题。

（4）是否独生子女的差异。

是否独生子女在移情总分及各维度上的得分情况如表5-9所示。

表5-9　是否独生子女在移情总分及各维度上的得分情况

	独生子女		非独生子女		F	p
	平均数	标准差	平均数	标准差		
观点采择	18.680	3.119	18.780	3.012	0.047	0.828
想象	24.020	3.466	23.310	3.380	1.756	0.187
移情关注	21.870	3.509	23.090	2.925	6.239*	0.013
个人忧伤	14.440	3.936	14.590	3.237	0.081	0.776
总分	79.000	8.665	79.785	7.867	0.381	0.538

$^*p < 0.05$

由表5-9可知，是否独生子女在移情关注得分上显著差异（$p = 0.013 < 0.05$），独生子女的得分显著低于非独生子女，而在其他维度上未发现显著差异。该结

果的出现可能与家庭生活和家庭教育模式有一定的关系。在核心家庭模式中，独生子女处于家庭人际结构的核心，容易产生以自我为中心的倾向，与非独生子女相比更难站在他人的立场上去思考问题，较难顾忌到他人的情绪和感受。而非独生子女在与兄弟姐妹的家庭交往过程中，能够学会站在他人角度上体会他人的感受，移情能力也相应得到锻炼。

（5）与家庭关系状况。

与家庭关系状况在移情总分及各维度上的得分情况如表 5 – 10 所示。

表 5 – 10　与家庭关系状况在移情总分及各维度上的得分情况

	关系亲密		关系一般		F	p
	平均数	标准差	平均数	标准差		
观点采择	18.96	3.068	17.57	2.631	5.031 *	0.026
想象	23.63	3.442	23.07	3.288	0.644	0.423
移情关注	22.68	3.138	22.68	3.443	0.000	0.996
个人忧伤	14.33	3.494	15.71	3.196	3.836	0.052
总分	79.607	7.996	79.036	8.979	0.116	0.733

* $p < 0.05$

由表 5 – 10 可知，大学生与家庭的关系状况在观点采择维度上存在显著差异（$p = 0.026 < 0.05$），与家庭关系密切的学生得分显著高于与家庭关系一般的学生，在其他维度上未发现显著差异。一般来讲，父母与子女关系融洽的家庭，父母在教育子女方面都秉承平等、自由的原则，在教养方式上更多地采用情感温暖、相互体谅的养育方式。父母教养方式是父母在教育、抚养子女的日常活动中表现出的一种行为倾向，是其教育态度和教育行为的综合体现，父母教养方式在子女发展过程中的作用是深刻而长远的。❶ 这种融洽的父母与子女关系会一步迁移到处理与社会他人的关系上，有助于个体站在他人的立场上思考问题。

（6）是否为学生干部的差异。

是否为学生干部在移情总分及各维度上的得分情况如表 5 – 11 所示。

---

❶ Darling N. Steinberg L. Parenting Style as Context an Integrative Model [J]. *Psychological Bulletin*, 1993, 14 (113): 487.

表 5 – 11　是否为学生干部在移情总分及各维度上的得分情况

	学生干部		非学生干部		F	p
	平均数	标准差	平均数	标准差		
观点采择	18.830	3.008	18.42	3.193	0.523	0.471
想象	23.430	3.407	24.06	3.455	0.984	0.322
移情关注	22.830	3.202	22.08	3.037	1.588	0.209
个人忧伤	14.190	3.508	16.00	2.970	7.925 **	0.005
总分	79.257	7.963	80.629	8.842	0.805	0.371

** $p < 0.01$

　　由表 5 – 11 可知，是否为学生干部在个人忧伤得分上存在显著差异（$p = 0.005 < 0.01$），非学生干部的得分显著高于学生干部，而在其他维度上均不存在显著差异。出现该结果的一种可能是担任学生干部的大学生在大学生活中比非学生干部学生有更多的机会接触各类情景，锻炼机会更多，其应对和处理各类情况的能力也会更强，相应地会产生更少的焦虑感，在应对紧张的人际关系时也会更加坦然，因此在面对特殊情境时具有更少的内心不快感。

　　此外，在专业、家庭所在地、是否单亲等维度上均未发现显著性差异。专业上不存在显著差异，可能的原因在于大学阶段的个体的世界观和人生观已经形成，各种能力亦趋于成熟，移情能力虽然仍在发展，但提升空间有限，处于相对稳定的状态，尤其是专业学习所带来的移情能力的发展变化非常有限。不同家庭所在地大学生的移情能力不存在显著性差异，可能与我国大学生的学习经历有关。大部分国内中学和大学都采用寄宿制，在学生世界观和人生观形成的关键时期，学生受到同辈群体的影响要远远大于家庭的影响。因此，对大部分大学生而言，家庭所在地的影响普遍较小。

　　3. 大学生社会责任心的总体状况及差异分析

　　（1）大学生社会责任心的总体状况及各因子的描述性统计。

　　根据描述性统计的结果（见表 5 – 12），大学生社会责任心总体均分为4.301，大于 4 分，说明大学生的社会责任心整体发展水平很高。各因子得分从高到低排列依次为：文化责任心最高，均分为 4.67；其次为群体责任心，均分为 4.28；最低的为物质责任心，均分为 4.08，说明大学生社会责任心水平不均衡。此外，通过对大学生社会责任心问卷各分问卷两两配对进行配对组均值差异量的显著性检验（见表 5 – 13），可以发现，各分问卷之间的差异非常显著，进一步验证了我国大学生社会责任心发展的不平衡性，大学生对文

的责任心高于群体责任心，群体责任心又高于物质责任心。该结果也与赵兴奎对大学生社会责任心的调查结果一致。❶

表5－12　大学生社会责任心情况的描述性统计结果

	均值	标准差	题项	最小值	最大值
物质责任心	4.08	0.43	9	2.22	4.89
文化责任心	4.67	0.37	6	3.17	5.00
群体责任心	4.28	0.41	11	2.91	5.00
总体责任心	4.34	0.31	26	3.08	4.96

表5－13　大学生社会责任心各分问卷水平的比较

	均值	标准差	t	df	p
物质—文化责任心	－0.586	0.446	－17.870	184	0.000
文化—群体责任心	0.385	0.457	11.442	184	0.000
物质—群体责任心	－0.202	0.436	－6.282	184	0.000

*$p < 0.05$，$p < 0.01$

（2）与家庭关系状况。

与家庭关系状况在社会责任心总分及各维度上的得分情况如表5－14所示。

表5－14　与家庭关系状况在社会责任心总分及各维度上的得分情况

	关系亲密		关系一般		F	p
	平均数	标准差	平均数	标准差		
物质责任心	4.09	0.44	4.05	0.41	0.15	0.70
文化责任心	4.67	0.36	4.63	0.40	0.42	0.52
群体责任心	4.31	0.41	4.14	0.36	4.33*	0.04
总体责任心	4.36	0.31	4.27	0.29	1.78	0.18

*$p < 0.05$

从表5－14数据可知，家庭关系状况对个体的"群体责任心"有显著影响（$p < 0.05$），与家庭关系亲密的大学生的责任心要高于与家庭关系一般的学生。

---

❶ 赵兴奎. 大学生社会责任心结构及发展特点 [D]. 重庆：西南大学，2007：31.

（3）是否为学生干部的差异。

是否为学生干部在社会责任心总分及各维度上的得分情况如表 5 - 15 所示。

表 5 - 15　是否为学生干部在社会责任心总分及各维度上的得分情况

	学生干部		非学生干部		F	p
	平均数	标准差	平均数	标准差		
物质责任心	4.11	0.44	3.98	0.41	2.49	0.12
文化责任心	4.67	0.37	4.63	0.38	0.34	0.56
群体责任心	4.32	0.38	4.12	0.48	7.75**	0.01
总体责任心	4.37	0.31	4.24	0.28	4.73*	0.03

*$p < 0.05$, **$p < 0.01$

由表 5 - 15 中的数据可知，是否担任学生干部对大学生社会责任心有显著影响（$p < 0.05$），而且在"群体责任心"维度上表现明显（$p < 0.01$），学生干部的得分显著高于非学生干部。出现该结果的一种可能是担任学生干部的大学生在大学生活中比非学生干部学生有更多的机会参与组织集体活动，也有更多的机会在群体中承担责任，相应地提高了其群体责任心水平。

（4）大学生社会责任心的性别差异分析。

大学生社会责任心的性别差异如表 5 - 16 所示。

表 5 - 16　大学生社会责任心的性别差异

变量	男		女		F	p
	M	SD	M	SD		
物质责任心	4.12	0.55	4.07	0.40	0.38	0.54
文化责任心	4.57	0.43	4.69	0.35	2.84	0.09
群体责任心	4.20	0.49	4.30	0.38	2.84	0.17

从表 5 - 16 可以看出，男女大学生在社会责任心各维度上均不存在显著性差异。此外，亦未发现年级、专业、家庭所在地、是否单亲、是否独生子女等维度在大学生社会责任心方面的显著影响。

4. 大学生参与志愿服务活动的基本情况

本研究还对大学生参与志愿服务活动的情况进行了调查。调查数据显示，从未参加过志愿服务活动的比例为 5.5%，偶尔参加的比例为 71.0%，定期参加的比例为 9.8%，而经常参加志愿服务活动的比例为 13.7%，这说明绝大部分大学生曾经参与过志愿服务活动。在对"现在是否正在参加志愿活动？"的回答中，表示正在参加志愿服务活动的比例为17.4%，这说明大学生在学期中参与志愿服务活动的比例并不高，大部分学生主要是利用假期时间参与，这从一个侧面表明，大学生志愿服务行为并未成为其大学生活动的一个常态行为，周期性比较明显。对"在未来一年中，你打算参加志愿活动？"问题的回答情况为：绝对不会的占1.1%，可能不会的占6.5%，也许会的占31.9%，很可能会的占42.2%，绝对会的占18.4%。考虑到有些大学生可能是因为客观原因的限制不能参与志愿服务，因此在问题上增加了"在未来一年中，如果有机会参加志愿活动，你去参加的可能性"题项，对于该题项的选择情况如下：绝对不会的占0.5%，可能不会的占3.2%，也许会的占23.2%，很可能会的占48.6%，绝对会的占24.3%，持肯定态度的大学生比例明显上升。因此，从上述数据可以看出，对参与志愿服务持肯定态度的大学生占绝大多数，如果可以提供必要的机会，绝大多数大学生愿意参与到社会服务活动中。

5.4 大学生社会责任发展理论模型验证

5.4.1 移情对道德行为（社会责任发展阶段）的影响及其机制

表5-17列出了社会责任心在移情与道德行为（社会责任发展阶段）关系中的中介作用效应。模型二中道德行为（社会责任发展阶段）对移情的回归是显著的（$\beta = 0.283$，$p < 0.001$）。根据巴伦（Baron）和肯尼（Kenny）(1986)❶三步检验中介效应的建议：①自变量水平的变异可以显著地解释中介变量的变异；②自变量可以显著影响因变量；③做因变量对自变量和中介变量的回归方程，如果自变量的系数是不显著的，那么该中介效应是完全中介；如果自变量的系数是显著的，则中介效应属于部分中介。

模型五列出了社会责任心对移情的回归系数（$\beta = 0.327$，$p < 0.001$），结果显著。模型二已经证实自变量显著影响因变量。同时加入自变量和中介变量后，对应的移情对道德行为（社会责任发展阶段）影响的回归系数变小但依

❶ Baron, R. M., & Kenny, D. A. The Moderator-mediator Variable distinction in Social Psychological Research: Conceptual, Strategic, and Statistical Considerations [J]. *Journal of Personality and Social Psychology*, 1986, 51 (6): 1173-1182.

然显著（加入中介变量前，$\beta = 0.283$，$p < 0.001$；加入社会责任心为中介后：$\beta = 0.230$，$p < 0.01$。见模型二、模型三），说明社会责任心的中介作用为部分中介。

表 5 – 17　层级回归分析：社会责任心对移情与社会责任发展阶段关系的中介效应

变量	社会责任发展阶段				社会责任心
	模型一	模型二	模型三	模型四	模型五
性别	0.049	0.038	0.033	0.069	0.035
年级	− 0.172 *	− 0.187 *	− 0.189 *	0.004	0.013
是否独生	0.032	0.032	0.036	− 0.011	− 0.027
是否单亲	0.084	0.057	0.051	0.074	0.038
是否学生干部	0.012	0.016	0.049	− 0.179 *	− 0.203 **
F	1.186	1.186	1.186	1.555	1.555
R^2	0.032	0.032	0.032	0.042	0.042
移情		0.283 ***	0.230 **		0.327 ***
社会责任心			0.162 *		
F		3.822 ***	3.994 ***		5.045 ***
$\triangle R^2$		0.078 ***	0.101 ***		0.104 ***

5.4.2　道德判断的调节作用分析

在此模型中，道德判断调节自变量移情与中介变量社会责任心之间的关系，即调节效应是通过中介变量起作用的。

根据温忠麟、张雷和侯杰泰等❶总结的检验"被中介的调节"（mediated moderation）程序来检验道德判断的作用，即：①做 Y 对 X、U 和 UX 的回归，UX 的系数显著；②做 W 对 X、U 和 UX 的回归，UX 的系数显著；③做 Y 对 X、U、UX 和 W 的回归，W 的系数显著。第三步中如果 UX 的系数不显著，则 U 的调节调节效应完全通过中介变量 W 而起作用。其中 X 为自变量，Y 为因变量，U 为调节变量，W 为中介变量，UX 为交互作用项。

考虑到要分析调节效应，先将各变量做中心化处理，然后使用分层回归进行分析。从表 5 – 18 中可以看出中介变量对移情、道德判断及交互作用项的回

---

❶ 温忠麟，张雷，侯杰泰. 有中介的调节变量和有调节的中介变量 [J]. 心理学报，2006，38（3）：448 – 452.

归，其中交互作用项对社会责任心的影响显著（$\beta = 0.126$，$p < 0.05$，见模型二），说明道德判断调节着移情与中介变量社会责任心之间的关系。模型四显示了交互作用项对主效应的调节作用是显著的（$\beta = 0.129$，$p < 0.05$）。至此，"有中介的调节效应"检验步骤完成第二步。加入中介变量社会责任心后，中介变量的系数显著（$\beta = 0.179$，$p < 0.05$），对应的交互作用项系数仍为显著（$\beta = 0.118$，$p < 0.05$，见模型五），这说明道德判断对移情与道德行为（社会责任发展阶段）的调节作用是部分地通过社会责任心发生的。

表 5 – 18　道德判断通过社会责任心为中介对移情与社会责任发展阶段关系

变量	社会责任心				社会责任发展阶段
	模型一	模型二	模型三	模型四	模型五
性别	0.069	0.030	0.049	0.033	0.029
年级	0.004	0.000	− 0.172 *	− 0.199 *	− 0.199 *
是否独生	− 0.011	− 0.013	0.032	0.053	0.055
是否单亲	0.074	0.034	0.084	0.051	0.046
是否学生干部	− 0.179 *	− 0.217 **	0.012	− 0.008	0.022
F	1.555	1.555	1.186	1.186	1.186
R^2	0.042	0.042	0.032	0.032	0.032
移情		0.331 ***		0.276 ***	0.216 **
道德判断		0.015		0.136	0.151 *
交互作用项		0.126 *		0.129 *	0.118 *
社会责任心					0.179 *
F		7.274 ***		6.431 **	5.551 **
$\triangle R^2$		0.114 ***		0.096 ***	0127 ***

　　为了进一步解释调节效应的关系，采用艾肯（Aiken）和韦思特（West）❶的简单坡度分析（Simple Slope Analysis）程序，将高于均值一个标准差和低于均值一个标准差的调节变量分组，然后依次在高低水平上做因变量对自变量的回归分析，将结果绘制成图。图 5 – 4 是道德判断对移情与社会责任心关系的调节效应图。结果表明，在道德判断力较低的时候，随着移情的升高，社会责任心表现出上升的趋势（$\beta = 0.26$，$p < 0.05$）。在道德判断力较高的时候，随着移

　　❶ Aiken, L. S., & West, S. G. *Multiple Regression*：*Testing and Interpreting interactions*［M］. Newbury Park, CA：Sage, 1991.

情的升高，社会责任心表现出的上升趋势更加明显（$\beta = 0.37$，$p < 0.01$），然而，高道德判断力对这种关系的影响是比较大的。因此，道德判断力对移情与社会责任心之间关系的调节是显著的。

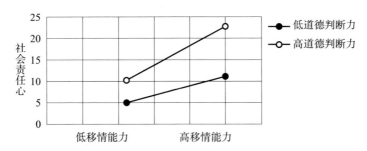

图 5 - 4　道德判断对移情和社会责任心的关系调节效应图

第6章 大学生社会责任感的培养：
反思与建构

社会责任感不是与生俱来的道德情感，要进一步促进大学生更高层次社会责任感的养成，需要改革高校社会责任教育，将社会责任教育有效地整合于大学的育人体系。

6.1 文化基础：寻找中国传统责任观与现代责任诉求的契合点

道德是文化的组成部分，文化的发展具有历史性。就像列宁在谈论无产阶级文化时所说的："应当明确地认识到，只有确切地了解人类全部发展过程所创造的文化，只有对这种文化加以改造，才能建设无产阶级的文化，没有这样的认识，我们就不能完成这项任务。……无产阶级文化应当是人类在资本主义社会、地主社会和官僚社会压迫下创造出来的全部知识呵护规律的发展。"❶同样的道理，对道德和责任的认识和判断也具有历史继承性，我们在构建今天的社会责任体系时不能脱离我们所处的文化，要找到中国传统责任文化与现代责任诉求之间的契合点。这需要我们对我国传统社会责任文化进行客观反思，摒弃以往的错误责任思想，批判地继承那些对中华民族的精神发展产生过重大影响的责任思想。这样，现代社会的责任要求才能真正地在中国文化土壤中生根发芽。

6.1.1 对中国传统社会责任观的反思

如前面章节所述，中国传统文化中蕴含着丰富的责任思想，每个社会成员都身处错综复杂的各类责任关系之中，尤其在传统儒家文化中，儒家伦理所规

---

❶ 青年团的任务．列宁选集（第4卷）［M］．北京：人民出版社，1972：348．

定的"君臣、父子、兄弟、朋友、夫妇"关系，全面规定了个体在人伦网络系统中的具体责任。甚至可以说，中国传统文化中个体的价值就是由其所要承担的责任规定的。身处社会责任网络中的个体担负着各种各样的责任，从自身责任、家庭责任、家族责任到社会责任，不一而足。然而，在个体所承担的一系列责任中，实际担负的各类责任之间是不平衡的，其中家庭责任尤为突出，而社会责任则相对薄弱。在漫长的传统文化发展历史中，我国并没有形成完善的公共服务意识和公共服务文化。就像梁启超在《新民说》中所说的："我国民所最缺者，公德其一端也。……（公德为）人群之所以为群，国家之所以为国（之道德）。"❶ 因此，在高度强调社会责任的今天，有必要对中国传统责任观进行反思，以便寻找到中国传统责任观与现代责任诉求的契合点，建立植根于我国文化的社会责任培育体系。从社会责任培养的角度看，传统责任观主要呈现以下几个特点。

1. 基于亲缘关系的责任对象选择

经过二千多年的社会文化发展，中国形成了以己为核心逐层向外扩张的传统人际关系，汪凤炎、郑红将传统文化中的"我"划分为个体、小我和大我，三者的关系犹如一组同心圆，且三者的分界线是可进可退的❷。这种"差序格局"的人际关系影响着传统责任文化的形成和发展，责任的有无和强度需要通过个人与他人的关系体现出来，且因个体与他人关系的亲疏远近而发生变化。由于中国传统文化中的"我"是隐匿的，"我"的价值需要通过伦理规范得以体现，因此，个体的责任关系也随之由距"我"的距离演变为距"家"的距离，在现实中形成以"家"为核心、以血统为轴线的关系文化。有学者将其称为"家天下"文化。所谓"家天下"就是指国家是一族一家甚至是一个人的国家，天下也成为一族一家之天下，"家是最小国，国是最大家"，家国同构。家庭或家族在个体责任关系中占据着极为重要的责任，个体负责的程度也以距离"家"的远近而相应调整。离"家"越近，个体对其的责任越强。这种家国同构的社会文化模式对于社会的发展有其有利的方面，尤其在维护传统社会稳定方面作用巨大，但同时也使得个体的道德责任只面向与自己"家"有关的个体或群体，只对与自己有某种具体对应关系的人承担道德责任。也就是，传统文化中的中国人的责任对象多数是和自己同处一个群体内的"自己

❶　梁启超. 新民说 [M]. 沈阳：辽宁人民出版社，1994：16.
❷　汪凤炎，郑红. 中国文化心理学 [M]. 广州：暨南大学出版社，2004：40 – 45.

人"。在这种以血亲家族为社会单元结构的社会中，人情关系情况成为个体选择是否担负责任以及担负何种责任的一个量度。人情关系状况是以亲人或者熟人为基础的，亲人和熟人是自己人，是个体需要承担责任的对象，其他人是陌生人，个体对陌生人无责任要求，也较难对陌生的他人产生关怀、帮助之情，"非我族类，其心必异"。这种以亲疏关系为基础形成的传统责任关系，使得受中国传统文化影响的国人在承担责任时往往考虑私人关系和利益，责任的承担也主要指向与自己有关的对象或群体，而缺乏对于超越血缘的公共事务的关注。在这种淡漠公共道德责任的文化模式下，人们普遍缺乏公共意识，鲜少关注公共服务，致使我国在社会公益事业、志愿服务事业上的发展严重滞后，远未形成一个良好的社会服务文化环境。

2. 悬空的责任落实

在中国传统文化中，群体或集体的利益是高于个体自身利益的，"对群体的责任感和义务感是整个中华民族从天子到庶人的共通的一般的社会心理结构"[1]，个体作为群体的组成部分依附于群体并且需要无条件地服从群体，常常表现出一种降低或牺牲自我价值或自身利益来提高或满足他人或群体利益的倾向。按照梁漱溟的说法："中国文化最大之偏失，就在于个人永不被发现这一点上。"[2] 王登峰、崔红通过研究中西方人格结构的差异，也提出"淡泊知足——功利虚荣"是中国人独有的人格维度之一。[3] 中国传统文化中的这种集体主义倾向的责任观利弊兼具。利处在于个体会倾向于对更多的人和事承担责任，也更能够理解并愿意承担对国家、集体等的责任，"天下兴亡，匹夫有责"，名垂青史、光宗耀祖、尽忠尽孝成为中国式的责任的动力。当个体面对与群体或集体利益冲突时，主张牺牲前者而保全后者，集体的利益高于一切，强调服从社会规范而取消个人的意志自由，呈现出"情境中心的处世态度"。集体主义责任倾向的个人，尤其是知识分子在道德上通过克己修身履行其社会责任——"兼济天下"。徐复观说："传统的、很严正的中国知识分子，在人生上总是采取'忧以天下，乐以天下'的态度。齐家、治国、平天下，在中国知识分子的人生观中，认为这是修身所要达到的目的，亦即是认为家、国、天

---

❶ 戴茂堂. 中西道德责任观比较研究 [J]. 学习与实践, 2007 (6): 152－156.

❷ 梁漱溟. 中国文化要义 [M]. 上海: 上海世纪出版集团, 2005.

❸ 王登峰, 崔红. 文化、语言、人格结构 [J]. 北京大学学报 (哲学社会科学版), 2000 (4): 38－46.

下与自己之一身，有不可分的关系，因而对之负有连带的责任感。"❶ 集体主义倾向的责任观的弊端在于，因为强调个体对集体、国家或者社会中所有需要帮助的人负责任，往往会使得个体难以承受所担负责任之重，或者难以明确应对何种情形担负责任，从而导致个体责任的弱化或泛化。对群体或集体负责会产生如下逻辑：个体是某特定群体或集体的一分子，个体的责任对象是集体或群体，因此，当出现责任承担的问题时，群体或集体中的每个个体都负有责任，但责任难以具体到明确的个体时，往往会演变为谁都不负责。按照这种责任转移的逻辑，个体所需要承担的责任在一定程度上得到了减缓。梁启超深有感触地说："责望于贤君相者深，则自责望者必浅。而此责人责己、望人不望己之恶习，即中国人所以不能维新大原。我责人，人亦责我，我望人，人亦望我，是四万万人遂互消于相责、相望之中，而国将谁与立也?"❷ 梁漱溟先生也说，"尤可注意者，在小团体中，每一分子可觉知他的责任。团体愈大，则团体中每一分子的责任感觉愈轻微；……一个大家庭的人，易于懒散；一个大家庭的事，易于荒废，就是为此"❸。这在一定程度上使得理应负责的个体实现了责任的逃脱。按照克尔凯耶尔的说法，"群众就其概念本身来说是虚幻的，因为它使个人完全死不悔悟和不负责任，或者至少是削弱了他的责任感，把个人降为零"❹。责任的弱化和泛化不仅使得人们丧失对社会整体的责任，甚至还会殃及人们对自己力所能及的、身边的责任的承担，不仅难以对国家和社会负责，甚至也难以尽到对家人和朋友的责任。此外，在个体道德责任来源上，由于传统文化强调"天道"，一切都是命中注定，包括道德的善或恶也是上天赋予的，宿命论下的道德责任观使得人们失去了道德选择的自由和主动性，因此也就不必承担相应的道德责任。天赋责任假设下的个体的道德责任感也就随之淡化，个体在心理上能够坦然地逃脱自身责任。因此，"为使责任有效，就必须对责任予以严格的限定，使个人能够在确定各不相同的事项的重要性的时候依凭其自身的具体知识，使他能够把自己的道德原则适用于他所知道的情形，并能够有助于他自愿地做出努力，以消除种种弊害"❺。

---

❶ 徐复观. 中国知识分子精神［M］. 上海：上海东亚图书馆，1921.

❷ 梁启超. 新民说［M］. 郑州：中州古籍出版社，1998.

❸ 梁漱溟. 中国文化要义［M］. 上海：上海世纪出版集团，2005.

❹ 万俊人. 现代西方伦理学史（下卷）［M］. 北京：北京大学出版社，1992.

❺［英］哈耶克. 自由秩序原理［M］. 北京：生活·读书·新知三联书店，1998：101.

6.1.2 挖掘传统责任文化的现代意蕴，重塑责任主体

在中国传统文化中，仁爱占据着重要的地位。"孔子贵仁，墨子贵兼"（《吕氏春秋·不二》），无论是孔子的"仁"还是墨子的兼爱，都强调对他人的爱。在孔墨之后，惠施宣称："泛爱万物，天地一体也。"将爱的对象从人扩展到世间万物。汉代以后，儒学家们继续发扬仁的道德追求，韩愈宣称"博爱之谓仁"，张载提出"民吾同胞，物吾与也"，肯定了人与他人之间的责任关系。因此，在强调社会责任的今天，我们需要做的不是全盘引进西方文化的责任观点，而是要挖掘我们传统道德文化中已经有的社会责任观，发挥传统责任文化的现代价值。在宣扬仁爱文化时，一方面要注意对个体要求的层次性；另一方面要逐步将泛化的仁爱尽可能地具体化，明确责任主体，强调权责的一致性。

1. 挖掘仁爱、兼爱文化的现代价值

"仁"是儒家文化中最重要的道德原则，也是处理个体与他人关系的准则。《论语》中有诸多孔子弟子问仁的记述，但孔子的回答却因人而异。关于问仁的记载，主要有以下几条。❶

（1）"子贡曰：如有博施于民而能济众，何如？可谓仁乎？子曰：何事于仁，必也圣乎！尧舜其犹病诸！夫仁者，己预立而立人，己欲达而达人。能近取譬，可谓仁之方也已。"（《论语·雍也》）

（2）"颜渊问仁，子曰：克己复礼为仁。一日克己复礼，天下归仁焉。为仁由己，而由人乎哉？颜渊曰：请问其目。子曰：非礼勿视，非礼勿听，非礼勿言，非礼勿动。"（《论语·颜渊》）

（3）"仲弓问仁，子曰：出门如见大宾，使民如承大祭。己所不欲，勿施于人。在邦无怨，在家无怨。"（《论语·雍也》）

（4）"司马牛问仁，子曰：仁者其言也讱。曰：其言也讱，斯谓之仁已乎？子曰：为之难，言之得无讱乎？"（《论语·雍也》）

（5）"樊迟问仁，子曰：爱人。"（《论语·雍也》）

（6）"樊迟……问仁，曰：仁者先难而后获，可谓仁矣。"（《论语·雍也》）

上述条文中，不同的回答实际上表达的是不同层次的"仁"的要求，如"仁者其言也讱""仁者先难而后获"就是较为浅层的仁的要求，"博施于民而

---

❶ 张岱年. 中国伦理思想研究［M］. 北京：中国人民大学出版社，2011：92-93.

能济众"则是出于很高层次的仁，"己欲立而立人，己欲达而达人"较之前两者则处于中层要求。在处理自我与他人关系方面，孔子强调的是"能近取譬，可谓仁之方也已"，即推己及人。孟子也说："老吾老，以及人之老；幼吾幼，以及人之幼。"（《孟子·梁惠王上》）此外，在儒家文化里，对待"他人"并非完全等同，而是存在差别对待，如孔子批评晋铸刑鼎说："贵贱不愆，所谓度也。……贵贱无序，何以为国？"在孟子那里，人也是存在等级性的，"或劳心，或劳力。劳心者治人，劳力者治于人；治于人者食人，治人者食于人，天下之通义也"（《孟子·滕文公上》）。在对待他人态度上，墨家的兼爱观较之儒家的仁爱观更符合现代社会责任需求。墨子宣扬兼爱，提出"爱无差等"。（《孟子·滕文公上》）其兼爱原则是："视人之国，若视其国；视人之家，若视其家；视人之身，若是其身。"（《墨子·兼爱中》）在具体实施上，墨子说："凡言凡动，利于天鬼百姓者为之；凡言凡动，害于天鬼百姓者舍之。"（《墨子·贵义》）其理想境界是达到"天下之人皆相爱，强不执弱，众不劫寡，富不侮贫，贵不敖贱，诈不欺愚"（《墨子·兼爱中》）。由此可见，在我国传统责任文化中，对于责任的要求和表达是有层次区别的。这种对责任的分层分类对于我们思考和提高当前社会责任教育的实效性大有裨益。我们应该承认人与人之间在道德责任承担上存有差异。对于个体而言，太低或太高的社会责任要求都难以激发其责任担当的需要。如果要求"人皆可以为尧舜"，只会造就一批逃避责任的伪君子或承载过多责任的苦行僧，在实际责任承担上不是推诿就是逃避。"居庙堂之高则忧其民，处江湖之远则忧其君。是进亦忧，退亦忧"所体现的就是中国传统知识分子有限的责任担当能力与无限的社会责任要求之间不协调而造成的忧患。甚至有学者认为，"如果我们把真正的责任视为一个义务和权利的统一体，那么似乎可以说，在中国传统中从来不存在严格意义上的个人责任心和罪恶，而只有对义务的片面的、奴隶似的服从，和对权利的不负责任的滥用"。[1] 只有适合个体需求和实际的责任要求，才能真正有效地被落实，才具有实际意义而非仅仅是形式主义，因为"对大多数老百姓来说，他律的、互惠主义的利害原则比对自律性的强调更有强制性、更切实际、更为有效；利的奖赏与害的惩罚，实际上才是维系道德的内在的、真正的手段"[2]。因此，当开展社会责任教育时，一方面需要对不同人提出不同层次的责任要

---

[1]　邓晓芒. 灵之舞 [M]. 北京：东方出版社，1995：131.
[2]　肖群忠. 论"道德功利主义"：中国主导性传统伦理的内在运行机制 [J]. 哲学研究，1998（1）：13-17.

求，另一方面要将责任承担具体化，建立一套有效的责任与权利统一机制，即个体拥有什么样的权利就对应什么样的责任，承担什么样的责任就享有什么样的权利。在实现基本的权责统一的基础上，倡导更为崇高的责任。

2. 重塑责任主体

责任是一定主体的实践活动。责任的承担需要具体到具体的主体，缺乏具体主体的责任是不存在的。关于主体性，学术界一直存有争议，未有定论。尤其是进入现代以来，面对主客二分背景下无限张扬的人的主体性给自然、社会和人的精神世界所带来了无穷的危机，有关人的主体性的反思和争论不绝于耳，呈现出主体性困境。"康德不能解决这一问题，所以其普遍而必然的先验知识不过仍然是主体关于自我而非关于客体的知识；胡塞尔不能解决这一问题，因而其声嘶力竭地呼喊'返回到对象，返回到现象，返回到本质'最终不过是无可奈何的'返回主体'，其'先验自我'如果不是被设定为一个超验本体，那么在认识论范围内它就仍是一个主体；萨特不能解决这一问题，以至于在《禁闭》中恐惧地尖叫'他人即地狱'。"❶ 在马克思主义人学思想中，"人的主体性是人作为活动主体的质的规定性，是在与客体相互作用中得到发展的人的自觉、自主、能动和创造的特性"❷。面对过分张扬人的主体性所带来的各类问题，后现代主义者直接喊出"主体与客体均被消解""事实上真正的主体性并不存在"等，直接否认主体与客体的存在和可能存有的统一。反思各种有关主体性的观点，笔者认为，主体性是不能完全忽视的，但亦不能过于强调主体对客体的征服或超越，主体与客体之间更多地体现为一种责任关系。相对于客体，主体应承担起对客体的责任。具有主体性的人需要承担责任，而担负责任的人也必须具有主体性。就主体所承担的责任来讲，主要分为自我责任和对他者的责任。"作为自我存在的两重关系，自我对自身的责任与自我对他人的责任具体展开为为己与为他两个向度。"❸ 具体到我们所论及的社会责任，实际上就是一种为他向度的责任。一个真正具有主体性的个体应该不仅能够理解自身作为主体的意义，也能够理解他人作为主体的意义。就像康德曾经说过的，"我们是'自己的目的'，而不是仅用来实现他人目的的工具。我们中的每个人都被看作为一个'你'，而不仅仅是一个'它'，因为我们每

---

❶ 谢军. 责任论［M］. 上海：上海世纪出版集团，2007：61.

❷ 郭湛. 主体性哲学［M］. 昆明：云南人民出版社，2002：229.

❸ 杨国荣. 伦理与存在［M］. 上海：上海人民出版社，2002：116.

个人都是主体，而不仅仅是客体"❶。然而，在我国的传统责任文化中，长期缺乏对人的主体的关照，主张"天人合一""天人合德"，将主客合一。这种主客合一的观点有其存在的价值，但在个体承担责任方面却存有问题。"中国人的责任感无论看起来多么自觉、多么坚定、度么坦荡，只要追溯到它的最终根源，我们总可以得出某种并非自己自由选择的前提。"❷ 主体我在传统文化中的隐匿，不仅不能形成个体的自我责任，也消解了个体对他者责任的承担。因此，要提高个体的社会责任，需要首先承认人的主体性存在，重建责任主体，"那些尚未把自己与别人、与群体区别开来的人，那些还在群体的襁褓中昏睡不醒的人，不可能建立起真正的责任心"❸。正如马克思曾经说过的："只有当对象对人来说成为属人的对象，或者说成为对象化了的人，人才不致在其中丧失自身。"❹ 当然，在强调人的主体性的时候我们还需要时刻警醒对个体利益和个体自由的强调所可能产生的利己主义问题，防止另一种方式的社会责任丧失。因此，在唤醒人的主体性的同时，还应该帮助主体梳理理性的自由观，正确地把握主体性所包含的责任要求。在社会责任问题上，既要在不断反思我国传统责任思想的基础上寻找适应于现代社会生活的责任契合点，又要面向世界寻求可供借鉴的责任资源；既要承认个体的个性和自由，又要明确个体的社会责任；既要继承我国传统文化中的责任美德，又要吸收西方国家责任制度的优点，最后实现各类关系的平衡。

6.2 责任教育模式创新：将责任教育融入教学和社会实践中

6.2.1 责任教育理念创新：从认知导向走向"认知—情感—实践"导向

　　道德发展涉及认知和情感的发展。同样，作为道德发展重要组成部分的社会责任感的发展也需要通过个体在责任实践中不断感知和总结而获得。仅凭一腔热情和想当然的责任说教，只会让大学生对各类责任教育产生麻木和厌恶之

---

❶　[美] 格里芬. 后现代精神 [M]. 北京：中央编译出版社，1998：218.
❷　邓晓芒. 灵之舞 [M]. 北京：东方出版社，1995：120.
❸　同上书，1995：113.
❹　马克思. 1844 年经济学——哲学手稿 [M]. 北京：人民出版社，1985：78.

感，于大学生社会责任感的形成和提高无益。对社会责任的认知是提高大学生社会责任感的心理基础，而对社会责任认知的实践则是提高大学生社会责任感的现实保障。目前我国高校社会责任教育主要蕴含在思想政治教育的体系中，以思想政治教育理论课程为中心开展公民责任教育。在社会责任教育内容和方法选择上相对单一，以知识性的责任概念和责任规范的讲授为主。这种脱离了学生个体的经历、需要、感受和体验，凭靠一腔热情和想当然的责任说教，致使大学生对各类责任教育产生麻木和厌恶之感，于大学生社会责任水平的提高无益。

要提高大学生的社会责任感，需要创新高校社会责任教育体系，将责任认知、责任情感与责任实践有机结合，实现知行统一。在社会责任实践活动中，社区或社会服务是一种常用的方法。社区或社会服务主要是指个体通过参与社区或社会生活来改善社区，实现个体在道德知识、技能、价值和动机等方面的协调发展。当学生处理所面对的真实社会问题时，学生可以学会从他人立场思考问题，并且其同情心也会增强，这有助于其道德敏感度和道德判断/推理能力的提高。社区或社会服务的过程不仅拓展了个体的视野，帮助个体从自我中心决策转向对陌生他人的关注，还可以帮助学生不断思考道德问题，不断挑战其所处的道德发展水平。此外，社区或社会服务还可以帮助提高学生的移情能力，从而提高学生的道德行为动机。❶ 当然，参与社区或社会服务活动本身就是道德责任行为，经常参与此类活动有助于增强学生的道德动机，而社区或社会参与又能为学生的道德责任行为提供支持环境，从而培养学生的道德责任品质。

具体来讲，在有关大学生社会责任的课程教学过程中，要将对社会责任认知的教育与大学生的生活世界结合起来，在教学过程中引入实践环节、反思环节，经由实践和反思来内化大学生的社会责任感。"只有关注大学生的生活世界，社会生活中的价值冲突和学生的内心的价值冲突在其成长发展中的作用才能进入教育者的视野，才能去发掘其中的教育价值。学生主体性人格的形成和责任感的确立的现实基础只能是其生活世界，舍此，任何教育都只是外在化的装饰"❷，"回归生活世界是德育改革创新的重要价值取向，是高校德育走出困

---

❶ Foubert, J. D., Newberry, J. T. Effects of Two Versions of an Empathy – Based Rape Prevention Program on Fraternity Men's Survivor Empathy, Attitudes, and Behavioral Intent to Commit Rape or Sexual Assault [J]. *Journal of College Student Development*, 2006 (47): 133 – 148.

❷ 肖川. 教育必须关注学生的生活世界 [J]. 教师博览, 2005 (5): 6 – 7.

境的根本途径"❶。此过程中，可充分发挥社区机构和公共服务机构的作用，以社区现实社会问题和公共服务问题为中心，为大学生创造责任机会，让他们参与其中，促使其不断产生对他人、社区和社会承担职责和履行义务的需要，从而推动个体社会责任感的产生和发展。

6.2.2 将责任教育融入专业教学，实现"服务—学习"有机结合

美国教育家科佐尔（Jonathan Kozol）曾指出："从未有如此一件事让我牵挂，即让道德责任能够渗透进所有的大学学习过程中……与唯利是图的个体私利相对的社会责任应该成为课程的一部分，甚至超越课程，应成为学术教育的一部分。"❷ 近代德国教育家赫尔巴特也曾提出过"教育性教学"的著名论题。他说，"教学如果没有进行道德教育，只是一种没有目的的手段，道德教育如果没有教学，就是一种失去了手段的目的。"❸ 大学生社会责任的培养和提高同样也不能脱离教学过程。在专业教学中开展责任教育不是显性地开设责任教育课程，而主要是以一种隐蔽式、间接性的方式将社会责任价值观渗透进专业知识教育之中。这种隐蔽性、间接性和渗透性的社会责任教育方式，有助于打破目前社会责任教育课程教学的专门化、知识化和灌输化，实现显性社会责任教育与隐性社会责任教育的有机结合。

在具体实施形式上，主要可以通过两条途径来进行：一是将责任要素融入专业教学之中，挖掘专业教学过程中的责任意义；二是开设服务学习课程，将服务与教学直接结合，发挥专业知识学习与社会实践服务在培养学生社会责任感方面的优势，实现"服务 + 学习"双赢。就第一条途径而言，将责任要素融入专业教学中离不开专业教师的配合。要实现此目的，首先，需要在学校范围内树立责任教育是课程教学的责任、是教师的职责的观念，赋予不同的课程不同的责任教育职责，充分调动教师的积极性。根据社会学习理论的观点，教师的榜样作用对于学生的发展有着巨大的影响。在大学生的道德发展方面，专业教师所起的作用尤为重要。在专业课程学习中，教师的责任意识和责任行为

❶ 刘桂梅，彭忠益. 回归生活世界：高校德育改革创新的重要价值取向 [J]. 现代大学教育，2009（4）：39 - 43.

❷ Caryn McTighe Musil. *Overview of the Core Commitments Initiative* [M] //Reason, R. D. *Developing and Assessing Personal and Social Responsibility in College*. San Francisco：Jossey - Bass, 2013：5.

❸ [德] 赫尔巴特. 普通教育学·教育学讲授纲要 [M]. 李其龙，译. 北京：人民教育出版社，1989：221.

会对学生的责任发展起到潜移默化的作用。教师的治学态度、教学态度本身就能起到责任教育的作用，一位对教学认真负责、对专业不断探索的教师，会让学生体悟到应有的职业责任；在教学中重视学生的观点、能够聆听不同声音的教师，会让学生学会从他人立场思考问题；教师对社会事务的参与和热情，会让学生理解个体所承担的社会责任。通过教学活动，教师以其良好的道德品质和责任态度对学生进行着潜移默化的影响和教育。这种潜移默化的教育在效果上要远远好于显性的责任教育。其次，挖掘各门课程的责任教育资源，发挥各门课程在大学生责任教育中的作用。高校的各门课程都蕴含着丰富的责任资源。如教育学课程中对于教育公平的讨论本身就是很好的责任教育素材；管理类课程中有关公司社会责任的讨论也蕴含着丰富的社会责任教育内容；工科类课程中有关工程设计和实施的责任要求同样可以成为开展大学生社会责任教育的良好素材。因此，在大学生专业教学中，不仅要让学生掌握专业知识，而且要挖掘专业知识本身所蕴含的责任价值，让学生在开展专业课学习的同时，接受责任教育的影响和熏陶，明确责任意识，逐步内化为自身的责任品质。

就服务学习而言，服务学习有助于大学生社会责任感发展的关键在于其反思环节。很多研究者认为，书面的或口头的反思需要激发某种感觉、思维的斗争，继而促进道德推理和道德的发展。❶ 服务学习通过不断的反思和对话，将知识学习与社区服务相结合，有助于为学生提供真实的道德冲突问题，从而促进学生道德责任水平的提升。莱斯特（Rest）提出的道德发展模型可以很好地解释服务学习中的反思与个体道德成熟之间的关系。❷ 在莱斯特的道德发展模型中，道德成熟被划分为四个方面，分别是：道德敏感度、道德判断、道德动机和道德品格。四个维度的划分并非完全固定，其间的关系是动态变化的。依据该模型，学生在服务实践活动中通过服务建立与服务对象的关系，受实践的触动对社会问题进行思考，通过系统的反思最终达到自我主导（Self-authorship）。在服务学习活动中，老师所承担的角色不再是知识的传播者，而更多地表现为问题的提出者和活动的安排者，将学习的主动权和责任交给学生。❸

---

❶ Kohlberg, L.. *Philosophy of Moral Education* ［M］. New York：Harper & Row, 1971；Rest, J. *Manual for the Defining Issues Test* ［M］. Minneapolis：University of Minnesota Center for the Study of Ethical Development, 1986.

❷ Rest, J.. *Manual for the Defining Issues Test* ［M］. Minneapolis：University of Minnesota Center for the Study of Ethical Development, 1986.

❸ Freire, P.. *The Pedagogy of the Oppressed* ［M］. New York：Continuum, 2000.

表 6－1 是有关道德发展维度、服务学习实践、反思和服务学习阶段的关系。

表 6－1　道德发展维度、服务学习实践、反思、服务学习阶段关系

Rest 的道德 发展维度	服务学习实践和 道德发展之间的关系	反思问题示例	服务学习发展阶段
道德敏感度	服务环境观察，移情，同情，首次揭露（不安全、害怕），意识到社会经济、种族或宗教等的差异	你觉得参与社区服务对你有何影响？	早期阶段：建立关系，理解服务环境
道德判断	对组织体制、多元化、社会问题、世界观差异有建构性思考和认知	在你参与的社区服务活动中，你如何看待组织结构对人们的影响	早期到中期：对人际关系的关注提高
道德动机	处理冲突或有争议的价值；识别并发展信仰、激情、信念和行动	关于正义和公平，你认为哪个更重要？	中期到末期：对人际关系和承诺更为重视
道德品格	提升自我理解和评价；协同价值和行动	在社区服务过程中，你如何展现你的价值观？	中期到末期：更为关注人际关系和对个体和自我成长的承诺

（资料来源：Scott, J. H. *The Intersection of Service-learning and Moral Growth* ［G］//Liddell, D. L. & Cooper, D. L. （Ed.） *Facilitating the Moral Growth of College Students.* San Francisco：Jossey – Bass, 2012：31.）

（1）服务学习中的道德敏感度。

学生参与社会实践服务时，经常会遇到与自己原有道德观或价值观不同的行为或情况，从而产生道德认知上的冲突感，这就是莱斯特所说的道德敏感度。这种认知冲突可能会导致个体对其所服务环境的不安全感。如参加 AIESEC 跨国志愿服务的一名同学说，"文化之间的差异是很大的，思维方式和生活方式大相径庭。期间的冲击，没有亲自去体会，是任何文字都不能表达的。在坦桑尼亚我体验到当地的文化差异，食物卫生差异还有非洲男女不平等的各种现状，这就是坦桑尼亚，它和中国有很多不同之处，正因为文化差异太大，才会有彻彻底底受到不同文化冲击和体验而前往的价值"。这位志愿者同学所说的"文化差异"实际上就是道德敏感度问题。作为活动的组织者，如果能够帮助学生在其参与社会服务或志愿服务前就让其知晓如何进行反思，将会极大地促进学生道德责任的发展。因此，教育应该好好地把握学生首次产生道德冲突感这一难得的教育机会。除了在社会服务实践中会产生这种冲突感外，指导教师还可以通过角色扮演的方式在课堂上创设一种让学生产生与道德敏感度有关的冲突场景，如移情、同情、效能感和文化差异敏感度等。学生的反思可以通过多种途径来实施：日志，小组讨论和辩论，课堂一分钟反馈和自我认知评估报告等。传统的日志方式是比较常见又易行的途径，在具体操作过程中需要提高反思的批判性。关于如何撰写有助于批判性思维发展的反思日志，斯科特（Scott，J. H.）给出了一个可行的提纲，具体如下：①描述你进入社区服务的新环境时的感受或想法。什么让您感到惊讶，为什么？你期望看到（或看不到）什么？②在服务实践中，哪些方面让你感觉舒服？又有哪些方面让你感觉不舒服？③描述服务过程中你新发现的个体或群体的新的行为。④在你开展服务的环境里，资源（如领导、时间、金钱、权力）是怎么分配的？❶

（2）服务学习中的道德判断。

当学生进入服务环境，接触服务对象或项目时，他们会快速地对其所观察或体验到的问题做出判断。如有的曾到非洲参加志愿服务项目的志愿者说道："只有在这些地方工作，一个被国家、家庭宠着的中国孩子，才会知道饭菜多么贵重，才知道不把饭菜吃完，全部倒掉是多么丢脸，才会知道这个世界上并不是所有地方都有很多水资源，才会知道真的有人长途跋涉挑水回家，而且装水的袋子还破了一个洞，一直有水从那里漏出来……一切都让人如此心酸。"另一位参加海外志愿服务的志愿者说道："因为他们（指来自埃及的志愿者）我才知道原来埃及革命在 2011 年爆发的时候两个埃及男生的生活过得如此惊恐和不安，原来和平是那么的美好，然而我们却像忽视珍贵的空气一样对之习以为常，跟我们同样年龄的人们却要经历我们无法体验的惊心动魄，以至于我变得更加珍惜自己、家人和身边的一切。"这些经历使他们在将来会更为关注他们曾反思过的某些同类社会问题。学生发展理论也有助于我们理解大学生在面对服务学习各类挑战时的所思和所感。例如，那些在服务中碰到过不公平问题的学生可能会更倾向于将两难困境描述为"黑和白"或"对或错"而不是紧张和矛盾。❷ 学生们渴望能够矫正他们在公立教育或其他体系中看到的诸多错误，这种渴望为促进道德发展提供了机会。反思能够激发学生道德判断的冲

---

❶ Liddell, D. L. and Cooper, D. L. *Facilitating the Moral Growth of College Students* ［M］. San Francisco：Jossey-Bass, 2012：32.

❷ Chickering, A. W., Reisser, L. *Education and Identity* ［M］. San Francisco：Jossey-Bass, 1993.

突，而非仅仅是一些非对即错的简单问题。道德判断问题应当包括伦理冲突、认知多元化、社会公正等。学生不仅能从社区需要和课程活动中有所收获，而且能够通过识别道德判断的复杂性而获益。以下问题有助于帮助学生反思其世界观和价值观：①他们所致力于消除的不公平缘何始终存在？②你如何将课堂上所学到的概念和理论运用到服务实践活动中？理论和现实间存在何等差距？③你在参与服务的过程中，是否存在颠覆你世界观的现象或经历？④你如何理解公平？在你所服务的社区，公平情况如何？

（3）服务学习中的道德动机。

个体的道德动机越强，其越有可能采取道德行为。[1] 高质量的服务学习经历可以让学生体验价值冲突。服务学习中的合作任务安排强调关注社区的需要，这通常会让学生不断地思考其道德动机。以下这些问题有助于提高学生的道德动机：①请描述一下你所认为的绝对真理或价值。这些所谓的真理或价值是如何影响你并使你变得正直和负责任？②你如何区分待人"正确"或"更正确"？③你如何回应你不认同或让你不舒服的那些观点？④课堂中所介绍的相关理论哪些与你的价值观一致或冲突？若冲突，为何冲突？

（4）服务学习中的道德品格。

在该阶段，学生们认为勇气、正直和毅力影响着其道德行动。品格发展是高等教育一直关注的问题。积极学习（如服务学习）能够促使学生反思其价值、信念和行为以促进其品格的发展。[2] 有关道德品质的讨论主要出现在服务学习课程后期，围绕着认同和融合，学生需要思考以下几个问题：①在这一年里你的认识是否发生了变化？若有变化，是怎样发生变化的？请举例详细说明。②你觉得你的信念和行为是一致的吗？哪些方面需要调整？哪些方面需要进一步加强？③请对自己在服务学习实践中的的感受打分，1~10（1 代表非常沮丧，10 代表非常欣慰），请举例说明你什么时候感觉最欣慰，什么时候感觉最沮丧。④一个道德上所谓的"坏人"是否可能为社区做"好事"？为什么？

上述莱斯特（Rest）的道德发展模型很好地解释了在高校开展服务学习项

---

[1]　Rest, J., Narvaez, D., Bebeau, M., Thoma, S. *Post-Conventional Moral Thinking*：*A Neo-Kohlbergian Approach* ［M］. Mahwah, N. J.：Lawrence Erlbaum, 1999.

[2]　Strain, C. R. Pedagogy and Practice：Service-Learning and Students' Moral Development ［J］// N. S. Leff（ed.）. *Identity*，*Learning*，*and the liberal Arts.* New Directions for Teaching and Learning, San Francisco：Jossey-Bass, 2005.

目对于提高大学生的道德成熟度和社会责任水平的作用。在"服务—学习"中，社区服务和知识的学习是相互依存、不可分割的，学生要对服务实践进行有计划的思考，并将所学知识运用到现实生活中去，同时要针对服务活动中的所见所闻，进行思考、讨论与撰写心得体会，实现服务提供者和学习者的有机结合。在专业教学中融入社会责任教育，将志愿服务与专业学习相结合，可以帮助学生将知识与其情境联系起来，探索对于社会问题根源的不同解释、发现意义的多层次性。同时，学生通过对服务本身和服务过程中出现的诸类问题的反思，能够将道德责任概念进一步内化，进而获得学习与成长，这不仅有助于促进大学生专业知识与技能的提高，而且有利于其情感、态度和价值观向好的方向发展，对其社会责任感的发展大有裨益。

6.2.3　丰富大学生社会实践类型，完善社会实践管理体系

社会实践对于增强大学生社会责任感具有举足轻重的作用。社会实践是大学生主动了解社会、了解国情的重要渠道，通过社会实践，大学生对自身应承担的社会责任有更直观的认知；同时，通过社会实践，大学生能够获得直接经验，有助于他们进一步明确自己的社会角色，并在角色承担中体验社会责任感，继而为转化成责任行为提供条件。然而，反观目前高校开展的社会服务实践活动，无论在活动形式还是管理体系上都存在欠缺。在社会服务实践形式上，主要包括：暑期"三下乡"、青年志愿者活动、扶贫帮困等。尽管这些服务活动取得了可喜的成绩，但也有部分沦为形式，不仅不利于大学生社会责任感的培养，反而会增加大学生对社会的不信任情绪，弱化其社会责任感。在志愿活动方式上，主要是集中利用暑假或者是"雷锋月"来开展活动，模式与时间相对单一，缺乏弹性。加之大学生在参加社会服务活动时，往往立足于慈善和爱心，将社会服务当作一种单向度的爱心施舍和奉献，普遍缺乏对社会服务之于个体生命价值塑造方面的认识和体悟。甚至有些高校和大学生还将此作为一种强制性任务来完成，没有意识到社会服务实践在提升大学生社会责任方面的价值，服务成效存在很多问题，曾出现过被支教学生发出"叔叔阿姨，你们别来支教了"的呼声❶。在社会实践活动管理上，高校与政府、社会诸单位间尚未形成完善的社会实践管理体系，常出现社会实践活动组织管理不规

---

❶ 殷航，潘芝珍．山里娃娃盼支教老师留久一点［EB/OL］．新闻．新快网，2012-11-04. http：//news. xkb. com. cn/gongyi/2012/1104/233805. html.［2013-10-7］.

范、沟通不畅的情况，如出现"学雷锋月"独居老人被献爱心学生五次剃头的尴尬。因此，要充分发挥社会实践在提高大学生社会责任感方面的作用，需要进一步探索社会服务实践的有效形式，完善社会实践管理体系。

首先，明确社会服务的社会责任目标。将社会责任融入社会服务活动设计之中，不仅重视对大学生参与积极性的调动，而且帮助他们明确社会服务的社会责任目标及其双向性。同时开展相关社会服务技能培训，避免社会服务的盲目性和随意性，从而提高大学生社会服务活动的品质以及大学生的责任意识、责任践行能力。

其次，丰富社会实践类型，推广"菜单式"社会服务实践活动方案。具体来讲，在社会服务活动方案规划阶段，由活动各方提供社会服务供给和需求计划，高校社会服务管理部门根据活动各方的定制情况，将社会服务类型和方式有机组合。通过学生"下菜单"的方式制定实践活动方案，既可以增加学生的选择权，又可以提高学生参与活动的主动性，同时有助于活动组织者合理规划、组织活动。在活动类型选择上，可以根据学生的定制情况，实现各类社会实践类型的有机组合，如社会调研、社会公益活动、各类志愿服务活动等。这种"菜单式"社会服务活动组织方式可以有效地匹配各方需求、增加活动各方的选择权和主动权；同时，该方式还有助于将社会服务与个体需求有机地结合起来，让学生在各种实践活动的体验中感受生活、感悟责任，形成强大的社会责任感，最终实现个人价值和社会价值的统一。

最后，搭建高校、政府和社会多方主体协调互动的社会服务平台，统筹协调各方需求，整合各类社会资源，为大学生提供多种形式的社会服务机会。大学生社会责任感的培育是一项由社会多方主体共同参与、共同作用的育人系统工程，因此，在社会实践管理方面，不能仅靠高校一个维度，还需要充分发挥政府、企业等其他相关主体的积极性，统筹规划、制定弹性化的社会服务管理制度，实现大学生社会服务常规规划与例外管理相结合、服务者与被服务者需求相匹配，从而保障大学生社会服务的有效性和可持续性。为了有效地推进这种社会服务平台的运作，可以尝试在高校建立专门的社会服务管理机构。美国91% 以上的高校都设立了社区服务办公室和专职的工作人员，为全校师生提供相关的帮助。例如，加州大学伯克利校区志愿服务项目的组织管理和实施主要由伯克利公共服务中心（UC Berkeley Public Service Center）负责，该中心建立于 1967 年，有完整的组织建构，其使命是组织学者、学校—社区合作伙伴、学生来开展社会服务活动，每年有超过 4000 名的学生通过该中心成为志愿者，

通过志愿服务、工作、实习、服务学习、培训等形式为社区服务。❶

6.3 责任教育的组织保障：营造校园责任气氛

有研究者指出，学生和其所处大学的关系是影响个体与环境互动的一个重要方面（学生与大学关系 $=f$（［个体 × 环境］）❷，两者的关系状况或校园气氛影响着学生的学习和行为表现。伯耶（Boyer）曾将学生与学校的关系界定为具有关系质量的共同体。❸ 因此，大学生社会责任感的培养和提高离不开校园责任气氛的营造。

6.3.1 何为组织气氛

1935 年，勒温（Kurt Lewin）在研究场论（Field Theory）时第一次提出了心理气氛（Psychological Atmosphere）的概念，他指出，要了解人类的行为，需要考虑行为发生的情境，人类行为是个体与环境的函数。同时，他在团体动力学方面开展了有关组织气氛的实证研究，将心理气氛的概念从个体拓展到组织，提出组织气氛（Organizational Climate）的概念，并认为组织气氛是组织中的个体共享的知觉和体验，是个体间认知图式的相似程度，这种知觉决定着个体的动机和行为，并随着环境刺激的不同而发生变化。根据组织气氛的差异，大致可将组织气氛划分为权威型、民主型和自由放任型三种。❹ 此后，有关组织气氛的研究逐步成为西方组织研究中的热点课题，如在组织气氛的结构维度问题研究上，学者们给出了不同的划分标准，从 4 个维度、5 个维度、6 个维度到 8 个维度，不一而足。在教育领域里研究学校组织气氛最早的当属 Halpin 等开展的研究，他们认为学校之所以会给人不同的感觉，其实质是学校气氛的差异，学校气氛之于学校，就如人格之于个人一样。在借鉴一般组织气氛理论

❶ UC Berkeley Public Service Center［EB/OL］. http：//publicservice. berkeley. edu/about.［2014-8-1］.

❷ Banning, J.（ed.）. *Campus Ecology：A Perspective for Student Affairs：A NASPA Monograph*［C］. Cineinnati：National Student Personnel Association, 1978；Miller, T. E., Bender, B. E., Schuh, J. H., et al. *Promoting Reasonable Expectations：Aligning Student and Institutional Views of the College Experience*［M］. San Francisco：Jossey-Bass, 2005.

❸ Carnegie Foundation for the Advancement of Teaching. *Campus Life：In Search of Community*［M］. Princeton, N J.：Carnegie Foundation for the Advancement of Teaching, 1990.

❹ 范丽群等. 国外组织气氛研究综述［J］. 华东经济管理, 2006（1）：100.

基础上，他们归纳出了6种学校组织气氛类型，依次为开放型气氛、自主型气氛、控制型气氛、亲密型气氛、管教型气氛和封闭型气氛，且认为从开放到封闭的上述六种学校组织气氛类型具有连续性。Hoy 和 Clover 在其研究的基础上进一步将学校组织气氛简化为4种类型：开放型气氛、投入型气氛、疏离型气氛和封闭型气氛。❶ 虽然，在学校组织气氛划分维度上仍存在差异，但基本都认同组织气氛对于学校组织变革和学生发展有着重要的影响。至20世纪晚期，组织气氛评估开始引起很多西方高校的关注。❷ 当学校面临重大决策问题时，评估校园气氛成为很多高校的主动选择。❸ 时至今日，越来越多的高校将学校组织气氛评估纳入其学校管理之中，并将之作为组织变革的基础。比如大学要提高学校的社会责任教育成效，培养和提高大学生的社会责任感，就会首先开展学校责任气氛的评估工作，通过组织气氛评估来把握学校在促进学生社会责任感发展等方面的实施情况，继而制定相应的责任教育改革方案。

就组织气氛的概念而言，人们经常会将组织环境、组织文化和组织气氛混用，在论述过程中鲜少对三者进行严格地区分。事实上，三个概念之间存在着一些细微的差异。瑞彻斯（Reichers）和施奈德（Schneider）认为组织气氛是组织成员对政策、实践和程序的共享知觉，由正式和非正式的组织气氛组成；赫伊（Hoy）和克劳沃（Clover）认为学校组织气氛是组织中内部环境具有更稳定和持久的特点，通过双方的交互作用形成，对内部成员的态度和行为具有很大影响，且能够加以描述。❹ 与组织环境和组织文化相比，组织气氛包含的维度更多，涉及认知、态度、经验、行为、期待、标准和满意度等。并不是所有的有关组织气氛的研究都涉及上述要素，但绝大多数研究都会依据上述要素

❶ 邓硕宁，张进辅. 组织气氛的结构维度与类型 [J]. 中国组织工程研究与临床康复，2007（17）：3401 - 3403.

❷ Hart, J., & Fellabaum, J. Analyzing Campus Climate Studies: Seeking to Define and Understand [J]. *Journal of Diversity in Higher Education*, 2008 (1): 222 - 234; Shenkle, C. W., Snyder, R. S. & Bauer, K. W. *Measures of Campus Climate* [G] //K. W. Bauer (Ed.). *Campus Climate: Understanding the Critical Components of Today's Colleges and Universities.* San Francisco, CA: Jossey - Bass, 1998: 83 - 92; Tierney, *W. G. Editor's Note* [G] //W. G. Tierney (Ed.). *Assessing Academic Climates and Cultures.* San Francisco, CA: Jossey - Bass, 1991: 1 - 2.

❸ Hurtado, S., Griffin, K. A., Arellano, L., & Cuellar, M. Assessing the Value of Climate Assessments: Progress and Future Directions [J]. *Journal of Diversity in Higher Education*, 2008, 1 (4): 204 - 221.

❹ 李儒林. 大学生学校组织气氛与心理健康水平的关系研究 [J]. 职业与健康，2015（19）：2694 - 2696.

来测量或解释组织气氛状况。与组织文化相比，组织气氛主要用来表征人们对特定环境的态度、认知和体验，组织气氛可以通过测量认知、态度来获得；而文化是"做事的方式"，即一种固有的行为模式、共享价值、假设、信念或意识形态、期待。❶ "与组织文化相比，组织气氛更关注当前的感知和态度，而非更深层次的意义、信念和价值。"❷ 也就是说，组织气氛是组织文化的结果之一，比如处于高责任文化高校中的大学生理论上讲对责任的认知和态度也会更高。克若斯（Cress）和萨克斯（Sax）说道："我们知道学生的认知和态度都受到其大学体验的影响……很多价值和态度的变化并非仅是因为学生变成熟了，而是其大学体验影响使然。"❸ 瑞德（Ryder）和米歇尔（Mitchell）等也认为校园气氛是大学生所处的校园环境以及在校园环境下学生所获得的各类经历和经验。❹ 综合以往对校园气氛的研究成果，本书中的大学组织气氛是指大学生所处的校园环境及能够被全体学生所认知且影响学生情感、行为的组织特性。

6.3.2　开展大学责任气氛评估，营造校园责任气氛

组织气氛评估是组织变革的基础。作为一个多维的概念，组织气氛虽然较难通过直接测量来获得结果，但我们可以通过测量校内成员对校园环境的态度、感知和体验等来间接获得。具体到数据收集的方法，常用的方法既有定量研究也有质性研究的方法，如焦点团体、面对面访谈、网络调查、问卷调查等。校园气氛的调查一方面可以帮助学校管理者和研究者把握目前学校的主流态度和认知，另一方面可以进一步明确自身与其他学校的差距，从而帮助高校制定相关措施以促进学校改革。

为了划分高校的责任气氛，卡罗尔·特罗塞特（Carol Trosset）查阅了新

---

❶ Peterson, M. W., & Spencer, M. G. *Understanding Academicculture and Climate* ［G］//W. G. Tierney (Ed.). *Assessing Academic Climates and Cultures.* San Francisco, CA: Jossey‑Bass, 1990: 3‑34.

❷ Ibid, 1990: 7.

❸ Cress, C. M. & Sax, L. J. *Campus Climate Issues to Consider for the Next Decade* ［G］//K. W. Bauer (Ed.). *Campus Climate: Understanding the Critical Components of Today's Colleges and Universities.* San Francisco, CA: Jossey‑Bass, 1998: 70.

❹ Andrew J. Ryder, Joshua J. Mitchell. *Measuring Campus Climate for Personal and Social Responsibility* ［G］//Reason, R. D. (ed.). *Developing and Assessing Personal and Social Responsibility in College: New direction for Higher Education.* Wiley & Sons Ltd, 2014 (164): 34.

生调查❶（Cooperative Institutional Research Program，CIRP）和全国学生参与情况调查（National Survey of Students Engagement，NSSE）中 123 所私立机构自 2006 年 7 月到 2010 年 11 月五年的数据，并结合沃巴什全国调查（Wabash National Study）❷中有关其中四所机构的数据，包括 2006 年秋季的新生数据以及 2007 年春季和 2010 年春季对这些学生的经历和特性的跟踪数据，对于大学生责任有关的价值观和行为进行了调查和归纳。❸在责任价值方面，通过因素分析的方法，得出与责任有关的学生价值观的两个维度：社会责任和个体责任。并根据个体对两个维度的认同程度将学校的责任文化类型划分为以下几种：类型 I，高社会责任低个体责任；类型 II，低社会责任高个体责任；类型 III，社会责任和个体责任得分适中；类型 IV，社会责任和个体责任得分都低或都高。与个体社会责任和个体责任相关的问题如表 6 - 2 所示。对被试高校的进一步深入调查发现，学校的主导责任价值体系是绝大多数学校成员能够清晰感知到的，并且认为学校所有成员也肯定认同的某些东西。在学生的责任行为调查中，同样通过因素分析的方法归纳出三类与责任有关的学生行为：学术型（将大量的时间投入到课堂、撰写各种论文、努力达到教师的期待、按时完成作业）、校外兼职型（多数时间用于校外兼职、上课）、课外活动型（活跃于课外、校外活动和锻炼）。校外兼职型的学生很少参与校园活动，也不太会去担任志愿者或参与社区服务；在责任文化类型 I 高校的学生，社会责任得分高的学生中 80% 的表示参与过社区服务；而认为个体责任更重要的学生中，仅有 40% 的参与过社区服务。当然，个体价值观与行为之间也并非一一对应，有时甚至存在巨大的差异，如责任文化类型 II 高校中的大四学生，无论个体具有什么样的价值观，都表现出更高的学术忠诚。因此，在开展学校责任文化评估时，不仅要开展对大学责任价值的评估，还需要包括对大学责任行为的评估。当然，在评估责任时，还需要平衡社会责任、个体责任和学术责任。在不削弱社会责任的同时，也需要鼓励学生追求学术卓越，鼓励学生承担起学术责

---

❶　是美国最大且仍在进行中的一项针对高等教育新生每年所做的调查，包括新生特征、性别、种族、教育机构等。

❷　沃巴什全国调查是一项对通识教育实践和产出优良通识教育结果及学生发展成"自我管理"风格所需条件的研究。这项研究持续了四年，每年平均 900 场一对一的追踪访谈，共访谈了来自 6 所大学的 315 名学生。

❸　Carol Trosset. *Broading Our Understanding and Assessment of Personal and Social Responsibility：A Challenge to Researchers and Practitions*［G］//Reason，R. D. *Developing and Assessing Personal and Social Responsibility in College：New Direction for Higher Education*. Wiley & Sons Ltd，2014（164）：23.

任和个体责任。在具体评估过程中，可以按照制定目标、明确评估问题、确定评估对象、选择开发本土评估工具、开展评估的程序来进行。

表6-2　与社会责任和个体责任相关问题

	社会责任	个体责任
重要目标	● 参与社区活动	● 成为所属领域的权威
	● 帮助促进种族和谐	● 获得事业的成功
	● 提高自身对于其他国家文化的理解	● 成为行政主管
	● 成为社区领袖	● 养家
	● 了解时事	
	● 影响社会价值	
	● 帮助遭遇困难的人	
	● 参与美化环境的活动	
	● 接受绿色行动以保护环境	
可能的行为	● 参与志愿服务或社区服务	
	● 参与学生俱乐部或组织	

　　为营造校园责任气氛，在具体实施过程中，首先，可以尝试创建校园文化共同体、开设道德责任论坛、挖掘校内责任教育资源等方式进行。正如很多研究大学与学生关系的研究者所指出的，若大学想促进学生产生自我责任和社会责任的行为，大学应该具有意志、开放、公正、纪律、关爱、赞美等品质；如果学生能够感受到他与环境的连通性、归属感以及自己与大学的关系，那么他更有可能参与到环境中去。● 其次，开设道德责任论坛也有助于帮助学生具有不同的看问题的视角和经历头脑风暴，这对提高学生的道德思维力大有裨益，同时这也是博雅教育的一个方面。❷ 此外，大学还可以通过开设一些与学生自身和其所处社区相关的道德、社会和经济主题论坛来培养学生的道德思维能

　　● Strange, C. C., and Banning, J. H. *Educating by Design*: *Creating Campus Learning Environments That Work* ［M］. San Francisco: Jossey-Bass, 2001; Libbey, H. P. Measuring Student Relationships to School: Attachment, Binding, Connectedness, and Engagement ［J］. *Journal of School Health*, 2004 (74): 274-283; Loukas, A., Suzuki, R., and Horton, K. D. Examining School Connectedness as A Mediator of School Climate Effects ［J］. *Journal of Research on Adolescence*, 2006 (16): 491-502.

　　❷ Carnegie Foundation for the Advancement of Teaching and the Center for Information and Research on Civic Learning and Engagement. *Higher Education*: *Civic Mission & Civic Effects* ［M/OL］. Stanford, Calif.: Carnegie Foundation for the Advancement of Teaching, 2006. http: //www. carnegiefoundation. org/sites/default/files/publications/elibrary_pdf_633. pdf.

力，类似于 Kohlberg 的公正共同体。❶ 道德责任论坛有助于学生推理、关注多元观点和视角、形成合乎逻辑的观点及参与道德讨论。最后，在学校管理上，可以通过提高大学生参与管理的方式来提供学生的社会责任感，例如，大学生参与新生接待、校园导游、学生治理、同辈咨询等活动都能够激发学生承担社会责任的热情。有研究表明，承担校内社会角色对提供服务的学生和被服务的学生都有利，因为提供服务的学生传达着学校的诸类信息，而接受服务的学生则更信任同辈群体。❷ 社会角色承担的效度依赖于是否关注道德和公民发展，是否获得学生的积极反馈。因此，若想通过社会角色承担来提高学生的责任，需要对活动加以设计，将责任要素融入其中。

---

❶ Kohlberg, L. *The Philosophy of Moral Development*：*Essays on Moral Development* ［M］. San Francisco：Harper & Row, 1981 (1)；Kohlberg, L. *The Psychology of Moral Development*：*Essays on Moral Development* ［M］. San Francisco：Harper & Row, 1984 (2).

❷ Sprinthall, N. A. , Scott, D. . Promoting Psychological Development, Math Achievement, and Success Attribution of Female Students Through Deliberative Psychological Education ［J］. *Journal of Counseling Psychology*, 1989, 36 (4)：440 – 446.

附录1 对志愿工作态度的调查
(适合于大规模调查)

亲爱的同学，您好！

我们是全国教育科学"十二五"规划项目课题组。正在调查研究大学生对志愿工作的态度。您的反馈对本研究的开展意义重大，希望您能花费5~10分钟时间填写此表。本问卷采用匿名方式，您所提供的资料仅用于统计分析，绝不外泄。多谢您的支持。

全国教育科学规划项目组

填写指南

无论是参与规模较大的志愿服务（如运动赛事、爱心扶贫、义教、公益宣讲等），还是参与规模较小的志愿服务（如善款筹集、献血、捐书、捐款等）都属于志愿工作。在以下题项中，如有提及团队合作，请尽可能想到与您关系最紧密的团队或组织，如学校、社团、学生会、班级、寝室等。请根据您的情况，在最符合您的情况的选项上打"√"。

1 = 完全不符合我对志愿工作的态度

2 = 基本不符合我对志愿工作的态度

3 = 我实在不清楚我的态度

4 = 比较符合我对志愿工作的态度

5 = 完全符合我对志愿工作的态度

题号	题　项	与我对志愿工作态度的符合程度				
		完全不符合	基本不符合	不清楚	比较符合	完全符合
1	无论有无朋友做伴，我都会参与志愿工作	1	2	3	4	5
2	我参加最近一次志愿工作的最重要原因是想体验一下	1	2	3	4	5

168

题号	题　项	与我对志愿工作态度的符合程度				
		完全 不符合	基本 不符合	不清楚	比较 符合	完全 符合
3	志愿工作改变了我对金钱的看法	1	2	3	4	5
4	同伴的选择会影响我选择参加何种志愿工作	1	2	3	4	5
5	有太多人、太多组织需要我的帮助，我并不确定自己是否有精力去做所有该做的事	1	2	3	4	5
6	我更喜欢参与短期的志愿工作	1	2	3	4	5
7	我开始认识到对于一些社会问题，很多志愿者组织只能做到暂时缓解，却无法改变	1	2	3	4	5
8	跟家人或者朋友谈论我的志愿工作时，我常觉得不自在，因为我不确定他们是否能理解我的这种奉献行为	1	2	3	4	5
9	最近一次我参加志愿工作主要是因为可以得到一些有意义的纪念品，如一件文化衫、吉祥物、证书等	1	2	3	4	5
10	我从受助者那里获得的与我给予他们的一样多甚至更多	1	2	3	4	5
11	我参与志愿工作主要是因为我跟那个志愿活动组织者关系很好	1	2	3	4	5
12	对于弱势群体，我志愿工作的主要责任是改变导致他们弱势的社会体系	1	2	3	4	5
13	我在我加入的志愿者组织里只做过一次志愿工作	1	2	3	4	5
14	我开始意识到我可以在志愿工作中学到东西	1	2	3	4	5
15	我惊讶地发现我居然能从我所认为的"弱势"群体身上学到不少东西	1	2	3	4	5
16	我觉得志愿工作有助于我以后的职业发展	1	2	3	4	5
17	如果我的志愿工作是为我所属的单位或组织服务，我会更加愿意参与	1	2	3	4	5
18	我是否会继续参与某个组织的志愿工作取决于组织的其他成员是否继续参加	1	2	3	4	5
19	我很认同某一志愿者组织，我参与的志愿工作几乎都是该组织发动的	1	2	3	4	5

续表

题号	题 项	与我对志愿工作态度的符合程度				
		完全不符合	基本不符合	不清楚	比较符合	完全符合
20	我参加志愿工作的一个很重要的原因是可以和同学（或朋友）一起玩	1	2	3	4	5
21	志愿者经历让我更加清楚地意识到，生活对某些人来说很不公平	1	2	3	4	5
22	我经常向身边的朋友解释我为什么认为志愿工作很重要	1	2	3	4	5
23	我更愿意跟我的朋友一起参加志愿工作	1	2	3	4	5
24	我会经常阅读与我所从事的志愿工作相关的社会问题报道	1	2	3	4	5
25	参加志愿工作的经历改变了我的待人方式	1	2	3	4	5
26	需要志愿者的地方很多，我常常困惑该选择参加哪一类志愿工作	1	2	3	4	5
27	如果志愿工作能使我的家乡或我所在的社区获益，我将更愿意参加	1	2	3	4	5
28	我意识到大部分社会问题的成因都十分复杂	1	2	3	4	5
29	我认为仅凭时间、金钱和社区努力并不足以改善社会问题，我们需要从国家甚至全球的层面来努力	1	2	3	4	5
30	我参加志愿工作的原因之一是能和一群志同道合的人在一起	1	2	3	4	5
31	我会努力为有需要的人筹款（如赈灾、帮助白血病患者），但不想与他们直接接触	1	2	3	4	5
32	即使我的父母或朋友反对，我依然会参加志愿工作	1	2	3	4	5
33	对于流浪汉，我的主要责任是不要对他们进行任何形式的伤害和打扰	1	2	3	4	5
34	我开始认识到地方性的志愿工作不能解决大部分社会问题	1	2	3	4	5
35	我常常审视我参加志愿工作的动机以确保我并非出于私心而参加	1	2	3	4	5

题号	题　项	与我对志愿工作态度的符合程度				
		完全不符合	基本不符合	不清楚	比较符合	完全符合
36	我定期投入时间和精力来帮助弱势群体	1	2	3	4	5
37	我不愿意对任何组织或社会公益事业做出长期承诺	1	2	3	4	5
38	我关注社会公平并想着怎样有所作为	1	2	3	4	5
39	最近一次我选择参加志愿工作是因为某个问题强烈地触动了我	1	2	3	4	5
40	我可以从接受我志愿服务的人身上学到东西	1	2	3	4	5
41	即便我很喜欢与其他志愿者共事，但如果需要独立而为，我也会坚持做下去	1	2	3	4	5
42	如果在活动中能遇到同龄人，我会更愿意参加该志愿工作	1	2	3	4	5
43	我常反思自己的固定思维模式	1	2	3	4	5
44	我更乐意参加一个不占用我太多时间的志愿工作	1	2	3	4	5
45	我参加志愿工作是因为意识到它对那些需要帮助的人的重要性	1	2	3	4	5
46	我相信我以后会一直参与有关社会正义的志愿活动	1	2	3	4	5
47	我更愿意参加轻松的而非严肃的志愿工作	1	2	3	4	5
48	在选择参加志愿工作时，我更关注志愿活动主题而非主办单位	1	2	3	4	5
49	如果我错过了一次志愿活动，我会感觉很糟，觉得让同伴们失望了	1	2	3	4	5
50	如果我能帮到我认识的人，我从事志愿工作的动力会更大	1	2	3	4	5
51	我会尽可能多的参与志愿工作以促进社会公平	1	2	3	4	5
52	我认为我们这些在生活中相对幸运的人应去帮助那些生活不幸的人	1	2	3	4	5
53	我能坦然面对志愿工作中所遭遇的挫折	1	2	3	4	5

54. 请在以下说法中选出最能表述您参加志愿工作情况的一项（　　）

A. 迄今为止，我从未参加过志愿工作

B. 我偶尔会参加某类志愿工作

C. 我定期（如每周、每月或每年）参加志愿工作

D. 我热衷于社会公益活动（例如环境保护、支教、关注留守儿童等），并为之付出行动

55. 请在以下说法中选出最能表述您参加最近一次志愿工作的原因的一项（　　）

A. 我选择参与志愿工作是迫于学校（学院或专业）的要求

B. 我选择参与志愿工作是为了获得奖学金

C. 我选择参与志愿工作是为了丰富简历（如为就业、申请出国增加筹码等）

D. 我选择参与志愿工作是为了丰富人生阅历

E. 我选择参与志愿活动是为了积累志愿时数

F. 我选择参与志愿活动是因为我对志愿工作感兴趣

G. 我选择参与志愿活动是因为身边很多人都参加了

H. 我从未参加过志愿工作

56. 对于大学生志愿者工作，您还有什么意见和建议？

1. 性别：男　　　　女

2. 就读的专业：_____

3. 所在的年级：大一　　大二　　大三　　大四

4. 您父亲的受教育程度：_____

A. 小学及以下　　　B. 初中　　　　C. 高中与中专　　　D. 高职高专

E. 本科　　　　　　F. 研究生

5. 您母亲的受教育程度：_____

A. 小学及以下　　　B. 初中　　　　C. 高中与中专　　　D. 高职高专

E. 本科　　　　　　F. 研究生

再次谢谢您的支持！祝您万事如意！

附录2 对志愿工作态度的调查
（适合于暑期"三下乡"志愿者）

亲爱的同学，您好！

我们是全国教育科学"十二五"规划国家级项目课题组，正在调查研究大学生对志愿工作的态度。您的填写对本研究的开展意义重大，有助于改善目前我国大学生志愿者工作管理现状，希望您能花费5～10分钟时间填写此表。本问卷采用匿名方式，您所提供的资料仅用于统计分析，绝不外泄。多谢您的支持。

全国教育科学规划项目组

一、基本资料

1. 您的手机号后4位＋学号后4位：＿＿＿＿＿＿＿（非常重要，请一定填写，仅供数据检索和整合使用，绝不会泄露您的隐私，多谢）

2. 请在以下说法中选出最能表述您参加志愿工作情况的一项（　　）

A. 迄今为止，我从未参加过志愿工作

B. 我偶尔会参加某类志愿工作

C. 我定期（如每周、每月或每年）参加志愿工作

D. 我热衷于社会公益活动（例如环境保护、支教、关注留守儿童等），并为之付出行动

3. 到目前为止，您共参加过几次"三下乡"志愿活动（　　）

A. 1次　　　　B. 2次　　　　C. 3次　　　　D. 大于3次

4. 您参加的"三下乡"志愿者主要属于哪一方向（　　）

A 义教　　　B. 义诊　　　C. 义修　　　D. 调研

E. 其他＿＿＿＿＿＿（请注明）

5. 您参加的"三下乡"志愿者活动时长是（　　）

A. 5天以下（包括5天）　　　B. 5～10天（包括10天）

173

C. 10 ~ 15 天（包括 15 天）　　　D. 15 天以上

6. 家庭所在地：＿＿＿＿＿＿

A. 农村　　　　B. 乡镇　　　　C. 中小城市　　D. 大城市

7. 大学期间是否担任过学生干部：＿＿＿＿＿＿

A. 是　　　　B. 否

8. 是否党员：＿＿＿＿＿＿

A. 是　　　　B. 否

二、填写指南

无论是参与规模较大的志愿服务（如运动赛事、爱心扶贫、义教、公益宣讲等），还是参与规模较小的志愿服务（如善款筹集、献血、捐书、捐款等）都属于志愿工作。在以下题项中，如有提及团队合作，请尽可能想到与您关系最紧密的团队或组织，如学校、社团、学生会等。如有陈述涉及对您"近期"感受的调查，请尽可能结合您近 6 个月内的感受作答。请根据您的情况，在最符合您的情况的选项上打"√"。

1＝完全不符合我对志愿工作的态度

2＝基本不符合我对志愿工作的态度

3＝我实在不清楚我的态度

4＝比较符合我对志愿工作的态度

5＝完全符合我对志愿工作的态度

题号	题　项	与我对志愿工作态度的符合程度				
		完全不符合	基本不符合	不清楚	比较符合	完全符合
1	无论有无朋友做伴，我都会参与志愿工作	1	2	3	4	5
2	最近一次我参加过的志愿工作改变了我对金钱的看法	1	2	3	4	5
3	我更喜欢参与短期的志愿工作	1	2	3	4	5
4	我开始认识到对于一些社会问题，很多志愿者组织只能做到暂时缓解，却无法改变	1	2	3	4	5
5	最近一次我参加志愿工作主要是因为可以得到一些有意义的纪念品，如一件文化衫、吉祥物、证书等	1	2	3	4	5

题号	题　　项	与我对志愿工作态度的符合程度				
		完全 不符合	基本 不符合	不清楚	比较 符合	完全 符合
6	我从受助者那里获得的与我给予他们的一样多甚至更多	1	2	3	4	5
7	我参与志愿工作主要是因为我跟那个志愿活动组织者关系很好	1	2	3	4	5
8	我开始意识到我可以在志愿工作中学到东西	1	2	3	4	5
9	我惊讶地发现我居然能从我所认为的"弱势"群体身上学到不少东西	1	2	3	4	5
10	我觉得志愿工作有助于我以后的职业发展	1	2	3	4	5
11	我是否会继续参与某个组织的志愿工作取决于组织的其他成员是否继续参加	1	2	3	4	5
12	我很认同某一志愿者组织，我参与的志愿工作几乎都是该组织发动的	1	2	3	4	5
13	我参加志愿工作的一个很重要的原因是可以和同学（或朋友）一起玩	1	2	3	4	5
14	我经常向身边的朋友解释我为什么认为志愿工作很重要	1	2	3	4	5
15	我更愿意跟我的朋友一起参加志愿工作	1	2	3	4	5
16	我会经常阅读与我所从事的志愿工作相关的社会问题报道	1	2	3	4	5
17	参加志愿工作的经历改变了我的待人方式	1	2	3	4	5
18	如果志愿工作能使我的家乡或我所在的社区获益，我将更愿意参加	1	2	3	4	5
19	我意识到大部分社会问题的成因都十分复杂	1	2	3	4	5
20	我认为仅凭时间、金钱和社区努力并不足以改善社会问题，我们需要从国家甚至全球的层面来努力	1	2	3	4	5
21	我参加志愿工作的原因之一是能和一群志同道合的人在一起	1	2	3	4	5
22	我会努力为有需要的人筹款（如赈灾、帮助白血病患者），但不想与他们直接接触	1	2	3	4	5

题号	题 项	与我对志愿工作态度的符合程度				
		完全不符合	基本不符合	不清楚	比较符合	完全符合
23	即使我的父母或朋友反对，我依然会参加志愿工作	1	2	3	4	5
24	我开始认识到地方性的志愿工作不能解决大部分社会问题	1	2	3	4	5
25	我常常审视我参加志愿工作的动机以确保我并非出于私心而参加	1	2	3	4	5
26	我定期投入时间和精力来帮助弱势群体	1	2	3	4	5
27	我关注社会公平并想着怎样有所作为	1	2	3	4	5
28	最近一次我选择参加志愿工作是因为某个问题强烈地触动了我	1	2	3	4	5
29	我可以从接受我志愿服务的人身上学到东西	1	2	3	4	5
30	即便我很喜欢与其他志愿者共事，但如果需要独立而为，我也会坚持做下去	1	2	3	4	5
31	如果在活动中能遇到同龄人，我会更愿意参加该志愿工作	1	2	3	4	5
32	我常反思自己的固定思维模式	1	2	3	4	5
33	我更乐意参加一个不占用我太多时间的志愿工作	1	2	3	4	5
34	我参加志愿工作是因为意识到它对那些需要帮助的人的重要性	1	2	3	4	5
35	我相信我以后会一直参与有关社会正义的志愿活动	1	2	3	4	5
36	我更愿意参加轻松的而非严肃的志愿工作	1	2	3	4	5
37	如果我能帮到我认识的人，我从事志愿工作的动力会更大	1	2	3	4	5
38	我会尽可能多的参与志愿工作以促进社会公平	1	2	3	4	5
39	我认为我们这些在生活中相对幸运的人应去帮助那些生活不幸的人	1	2	3	4	5
40	我能坦然面对志愿工作中所遭遇的挫折	1	2	3	4	5

41. 您觉得参加大学生"三下乡"志愿工作最大的收获是什么？

再次谢谢您的支持！祝您万事如意！

附录3 对志愿工作态度的调查
（适合于海外志愿者）

亲爱的同学，您好！

我们是全国教育科学"十二五"规划国家级项目课题组，正在调查研究大学生对志愿工作的态度。您的填写对本研究的开展意义重大，有助于改善目前我国大学生志愿者工作管理现状，希望您能花费5分钟时间填写此表。本问卷采用匿名方式，您所提供的资料仅用于统计分析，绝不外泄。多谢您的支持。

全国教育科学规划项目组

一、基本资料

1. 您的 ID 或昵称：＿＿＿＿＿＿＿＿（请尽量与上次问卷所填的内容一致，非常重要，请一定填写，供数据检索和整合使用，绝不会泄露您的隐私，多谢）

2. 您参加的志愿者项目是：＿＿＿＿＿＿＿＿（烦请具体到所去国家的哪类项目，如肯尼亚贫民窟支教，ROPIO Foundation 等）

3. 请问您总共参加过＿＿＿＿＿＿次海外志愿者项目。

4. 此次您参加的海外志愿者活动持续时间＿＿＿＿＿＿天。

5. 您的家庭所在地：＿＿＿＿＿＿

A. 农村　　　　B. 乡镇　　　　C. 中小城市　　　　D. 大城市

6. 请问您在大学期间是否担任过学生干部：＿＿＿＿＿＿

A. 是　　　　B. 否

二、填写指南

无论是参与规模较大的志愿服务（如运动赛事、爱心扶贫、义教、公益宣讲等），还是参与规模较小的志愿服务（如善款筹集、献血、捐书、捐款等）都属于志愿工作。在以下题项中，如有提及团队合作，请尽可能想到与您关系最紧密的团队或组织，如学校、社团、志愿者组织等。如有陈述涉及对您"近期"感受的调查，请尽可能结合您近 6 个月内的感受作答。请根据您的情况，在最符合您的情况的选项上打"√"。

1＝完全不符合我对志愿工作的态度

2＝基本不符合我对志愿工作的态度

3＝我实在不清楚我的态度

4＝比较符合我对志愿工作的态度

5＝完全符合我对志愿工作的态度

题号	题　项	与我对志愿工作态度的符合程度				
		完全不符合	基本不符合	不清楚	比较符合	完全符合
1	无论有无朋友做伴，我都会参与志愿工作	1	2	3	4	5
2	最近一次我参加过的志愿工作改变了我对金钱的看法	1	2	3	4	5
3	我更喜欢参与短期的志愿工作	1	2	3	4	5
4	我开始认识到对于一些社会问题，很多志愿者组织只能做到暂时缓解，却无法改变	1	2	3	4	5
5	最近一次我参加志愿工作主要是因为可以得到一些有意义的纪念品，如一件文化衫、吉祥物、证书等	1	2	3	4	5
6	我从受助者那里获得的与我给予他们的一样多甚至更多	1	2	3	4	5
7	我参与志愿工作主要是因为我跟那个志愿活动组织者关系很好	1	2	3	4	5
8	我开始意识到我可以在志愿工作中学到东西	1	2	3	4	5
9	我惊讶地发现我居然能从我所认为的"弱势"群体身上学到不少东西	1	2	3	4	5
10	我觉得志愿工作有助于我以后的职业发展	1	2	3	4	5
11	我是否会继续参与某个组织的志愿工作取决于组织的其他成员是否继续参加	1	2	3	4	5
12	我很认同某一志愿者组织，我参与的志愿工作几乎都是该组织发动的	1	2	3	4	5
13	我参加志愿工作的一个很重要的原因是可以和同学（或朋友）一起玩	1	2	3	4	5

题号	题　项	与我对志愿工作态度的符合程度				
		完全 不符合	基本 不符合	不清楚	比较 符合	完全 符合
14	我经常向身边的朋友解释我为什么认为志愿工作很重要	1	2	3	4	5
15	我更愿意跟我的朋友一起参加志愿工作	1	2	3	4	5
16	我会经常阅读与我所从事的志愿工作相关的社会问题报道	1	2	3	4	5
17	参加志愿工作的经历改变了我的待人方式	1	2	3	4	5
18	如果志愿工作能使我的家乡或我所在的社区获益，我将更愿意参加	1	2	3	4	5
19	我意识到大部分社会问题的成因都十分复杂	1	2	3	4	5
20	我认为仅凭时间、金钱和社区努力并不足以改善社会问题，我们需要从国家甚至全球的层面来努力	1	2	3	4	5
21	我参加志愿工作的原因之一是能和一群志同道合的人在一起	1	2	3	4	5
22	我会努力为有需要的人筹款（如赈灾、帮助白血病患者），但不想与他们直接接触	1	2	3	4	5
23	即使我的父母或朋友反对，我依然会参加志愿工作	1	2	3	4	5
24	我开始认识到地方性的志愿工作不能解决大部分社会问题	1	2	3	4	5
25	我常常审视我参加志愿工作的动机以确保我并非出于私心而参加	1	2	3	4	5
26	我定期投入时间和精力来帮助弱势群体	1	2	3	4	5
27	我关注社会公平并想着怎样有所作为	1	2	3	4	5
28	最近一次我选择参加志愿工作是因为某个问题强烈地触动了我	1	2	3	4	5
29	我可以从接受我志愿服务的人身上学到东西	1	2	3	4	5
30	即便我很喜欢与其他志愿者共事，但如果需要独立而为，我也会坚持做下去	1	2	3	4	5

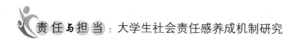

续表

题号	题 项	与我对志愿工作态度的符合程度				
		完全 不符合	基本 不符合	不清楚	比较 符合	完全 符合
31	如果在活动中能遇到同龄人，我会更愿意参加该志愿工作	1	2	3	4	5
32	我常反思自己的固定思维模式	1	2	3	4	5
33	我更乐意参加一个不占用我太多时间的志愿工作	1	2	3	4	5
34	我参加志愿工作是因为意识到它对那些需要帮助的人的重要性	1	2	3	4	5
35	我相信我以后会一直参与有关社会正义的志愿活动	1	2	3	4	5
36	我更愿意参加轻松的而非严肃的志愿工作	1	2	3	4	5
37	如果我能帮到我认识的人，我从事志愿工作的动力会更大	1	2	3	4	5
38	我会尽可能多的参与志愿工作以促进社会公平	1	2	3	4	5
39	我认为我们这些在生活中相对幸运的人应去帮助那些生活不幸的人	1	2	3	4	5
40	我能坦然面对志愿工作中所遭遇的挫折	1	2	3	4	5

41. 您觉得参加此次海外志愿者工作最大的收获是什么？

再次谢谢您的支持！祝您万事如意！

附录4 DIT-2确定问题测验 (3.0版本)

明尼苏达大学道德发展研究中心

版权：James Rest & Darcia Narvaez

翻译：张倩

一、请填写你的相关信息

1. 性别：男　　　　　女

2. 就读的专业：＿＿＿＿＿

3. 所在的年级：大一　　大二　　大三　　大四

4. 您父亲的受教育程度：＿＿＿＿＿

A. 小学及以下　　　B. 初中　　　C. 高中与中专　　　D. 高职高专

E. 本科　　　　　　F. 研究生

5. 您母亲的受教育程度：＿＿＿＿＿

A. 小学及以下　　　B. 初中　　　C. 高中与中专　　　D. 高职高专

E. 本科　　　　　　F. 研究生

二、确定问题测验

本问卷旨在调查你对待一些社会问题的态度。问卷中包括几个故事，在每个故事之后列出了可能影响你做决定的因素，请根据其影响程度排序。请根据你的实际情况作答。

举例：总统选举

假设你在为美国总统候选人投票。下面列出了几个问题，帮你决定选择哪一位候选人。在本例子中我们对这些问题按照重要性列出了1~5共五个等级（1表示非常重要，2表示很重要，3表示有点重要，4表示不太重要，5表示毫不重要）。请根据每个问题的重要性对这些选项（观点）进行排序，并用铅笔在相应的选项中涂黑。

假设你认为问题1对于你的决定非常重要，问题2比较重要，问题3毫不重要，问题 4 很重要，问题 5 很重要，那么请按照下面方式在答题纸上涂黑。

非常重要	很重要	比较重要	不太重要	毫不重要	请为以下 12 个项目的重要性进行等级评定（这里只列出 5 个）
●	②	③	④	⑤	1. 从经济收入来看，你的生活是否比四年前好？
①	②	●	④	⑤	2. 这个候选人道德品质更好？
①	②	③	④	●	3. 哪一位候选人长得最高？
①	●	③	④	⑤	4. 哪一位候选人会成为最优秀的世界领袖？
①	●	③	④	⑤	5. 哪一位候选人对国内问题，如医疗、犯罪问题等有最好的解决方案？

本问卷还要求你将这些问题按重要程度排序。在下面空白处，1 ~ 12 个数字代表了问题的序号。同时有四个选项依次为第一重要，第二重要，第三重要和第四重要。请将你认为最重要的前四道问题的序号涂黑在相应的选项中。

第一重要	①	第三重要	④
第二重要	⑤	第四重要	②

请注意有些题目可能与故事无关（如第 3 题），或者完全没有意义。在这种情况下，将该题目在重要程度上涂为"毫不重要"，不要将它排序。请务必将这 12 个问题全部考虑在内。

你还要表明对于故事中的行为，你更倾向于哪一种。这一选择是在三点量表上进行（1 表示非常赞同，2 表示无法决定，3 表示坚决反对）。

故事一：饥荒

印度北部一个小村庄出现了前所未有的饥荒。一些家庭甚至用树皮做汤喝。辛格一家人要饿死了。他听说本村一个富翁囤积了一些粮食，待粮食价格上涨后再出售以牟取暴利。辛格走投无路，想从富翁粮仓里偷一点粮食。他想自己只偷一点点，也许不会被发现。

（一）你认为辛格应该偷食物吗？（请选择一个答案）

1. 应该偷　　2. 无法决定　　3. 不应该偷

（二）请将以下 12 个问题，根据其在你心目中的重要性按从高到低（1 ~ 5）的顺序进行排序评分（1 非常重要　2 很重要　3 比较重要　4 不太重要　5 完全不重要）。

请为以下 12 个项目的 重要性进行等级评定	非常 重要	很重要	比较 重要	不太 重要	完全 不重要
1. 辛格冒着被捕的危险去偷粮食，这样是不是很勇敢？	①	②	③	④	⑤
2. 对于一个慈爱的父亲来说，为了自己的家庭不惜去偷窃，难道不是很自然的事情吗？	①	②	③	④	⑤
3. 人们难道不应该遵守社区法律吗？	①	②	③	④	⑤
4. 穆斯塔克 • 辛格知道用树皮做汤的一个好配方吗？	①	②	③	④	⑤
5. 当其他人都在挨饿时，富人有权囤积粮食吗？	①	②	③	④	⑤
6. 穆斯塔克 • 辛格偷东西是为了自己还是为了家庭？	①	②	③	④	⑤
7. 社会合作应建立在什么样的价值基础上？	①	②	③	④	⑤
8. 果腹的需要能抵过偷窃的罪恶吗？	①	②	③	④	⑤
9. 富人只是因为贪婪就应该被抢？	①	②	③	④	⑤
10. 财产私有制不就是为了保护富人对穷人剥削吗？	①	②	③	④	⑤
11. 偷窃能不能使所涉及人员的总体利益最大化？	①	②	③	④	⑤
12. 法律是不是阻碍了社会中的每一个成员获得最基本的权利？	①	②	③	④	⑤

（三）请在上述 12 个问题中选择您认为最重要的 4 个问题，并写出相应的序号（第一重要 > 第二重要 > 第三重要 > 第四重要）。

从以上 12 个问题中，选择 4 个最重要的问题			
第一重要		第三重要	
第二重要		第四重要	

故事二：记者风波

莫莉是一家报社的资深记者。一次偶然的机会她发现本州副州长候选人汤普森 20 年前曾因商店偷窃被捕，因情节轻微，商场未对他进行指控。此后，汤普森改邪归正，不仅帮助了很多人，还为社区开展了许多有意义的活动。莫莉认为汤普森是本地区最佳候选人，因此，她很犹豫，作为记者，她是否应该把汤普森早年不光彩的事情报道出来，因为她担心在随后激烈的竞选中，她的这一报道会毁掉汤普森的选举。

（一）你认为记者莫莉应该报道这件事吗？（请选择一个答案）

1. 应该报道　　2. 无法决定　　3. 不应该报道

（二）请将以下 12 个问题，根据其在你心目中的重要性按从高到低（1 ~

183

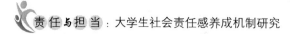

5）的顺序进行排序评分（1 非常重要 2 很重要 3 比较重要 4 不太重要 5 完全不重要）。

请为以下 12 个项目的 重要性进行等级评定	非常 重要	很重要	比较 重要	不太 重要	完全 不重要
1. 公众难道不应该有权知道所有州长候选人的全部的真实信息吗？	①	②	③	④	⑤
2. 报道这一故事有助于提高莫莉作为新闻调查记者的声誉吗？	①	②	③	④	⑤
3. 如果莫莉不报道这件事，难道别的记者不会报道并借此提高自己的声誉？	①	②	③	④	⑤
4. 既然投票制度不过是个笑话，对于莫莉的报道难道能对选举起任何作用吗？	①	②	③	④	⑤
5. 汤普森难道不是用了 20 年时间证明自己和早年的商店偷窃者相比，已经变得好多了吗？	①	②	③	④	⑤
6. 什么才是服务社会最好的方式？	①	②	③	④	⑤
7. 如果汤普森的故事属实，那么如实报道出来又有什么不对的呢？	①	②	③	④	⑤
8. 莫莉怎么能如此残忍无情把这件对候选人汤普森具有毁灭性的打击的事情报道出来？	①	②	③	④	⑤
9. 人身保护令适用于该情形吗？	①	②	③	④	⑤
10. 报道此事会使得竞选过程更公平？还是不报道此事更公平？	①	②	③	④	⑤
11. 记者莫莉是不是应该对所有的候选人一视同仁，将她所知道的有关他们的一切事情报道出来，包括好的和不好的？	①	②	③	④	⑤
12. 无论何种情形，如实报道新闻，这难道不是一名记者的职责所在吗？	①	②	③	④	⑤

（三）请在上述 12 个问题中选择您认为最重要的 4 个问题，并写出相应的序号（第一重要 > 第二重要 > 第三重要 > 第四重要）。

从以上 12 个问题中，选择 4 个最重要的问题

第一重要		第三重要	
第二重要		第四重要	

故事三：学校董事会

格兰特先生新当选为某学区董事会主席。由于财政原因，该学区必须关闭一所中学，但到底关闭哪一所，人们无法达成一致意见。在竞选校董事会期间，格兰特先生曾提出要召开一系列"公开会议"，让社区里所有成员都有机会提出自己的观点，以将决策过程透明化，从而使公众更能接受董事会最后的决定。但是，第一次公开会议简直就成了一场灾难，会议几乎是在拳脚大战中仓促结束的。会后那个星期里，校董事会成员收到了恐吓电话。格兰特先生不知道他是否应该取消下一次公开会议。

（一）你认为应该取消下一次的公开会议吗？（请选择一个答案）

1. 应该取消　　 2. 无法决定　　 3. 应该召开下一次的公开会

（二）请将以下 12 个问题，根据其在你心目中的重要性按从高到低（1～5）的顺序进行排序评分（1 非常重要　2 很重要　3 比较重要　4 不太重要　5 完全不重要）。

请为以下 12 个项目的 重要性进行等级评定	非常 重要	很重要	比较 重要	不太 重要	完全 不重要
1. 法律规定格兰特先生必须在校董事会做重要决定之前召开公开会议吗？	①	②	③	④	⑤
2. 如果取消了下一次的公开会议，格兰特先生是不是违背了自己竞选时对社区民众的承诺？	①	②	③	④	⑤
3. 如果格兰特取消了公开会议，会不会激起社区民众更大的愤怒？	①	②	③	④	⑤
4. 计划的改变会不会影响正确评估？	①	②	③	④	⑤
5. 如果校董事会遭到威胁，主席是否有权通过不公开会议做出决定以保护董事会？	①	②	③	④	⑤
6. 如果格兰特先生取消公开会议，社区民众会不会认为他是个懦夫？	①	②	③	④	⑤
7. 格兰特先生是不是已经有了其他的主意，能确保听取有分歧的意见？	①	②	③	④	⑤
8. 格兰特先生有权将肇事者从会场赶出去吗？或者不让他们做长时间的发言？	①	②	③	④	⑤
9. 是不是有些人在通过玩某种权力游戏，蓄意破坏校董事会的办事流程？	①	②	③	④	⑤

请为以下 12 个项目的 重要性进行等级评定	非常 重要	很重要	比较 重要	不太 重要	完全 不重要
10. 如果停止讨论，这会对将来社区处理有争议性的问题有什么影响？	①	②	③	④	⑤
11. 麻烦是不是只来自一小部分冲动鲁莽的人？社区大部分人实际上还是很公正民主的？	①	②	③	④	⑤
12. 不通过公开讨论而做出明智选择的可能性有多大？	①	②	③	④	⑤

（三）请在上述 12 个问题中选择您认为最重要的 4 个问题，并写出相应的序号（第一重要＞第二重要＞第三重要＞第四重要）。

从以上 12 个问题中，选择 4 个最重要的问题			
第一重要		第三重要	
第二重要		第四重要	

故事四：安乐死

班内特夫人 62 岁了，结肠癌晚期。她每天都要忍受剧烈的疼痛，于是她请求医生多给她一点止痛片。但医生不愿意再增加剂量，因为过多剂量会加快她的死亡。班内特夫人在神志非常清醒的状态下，告知医生她对后果完全知晓且非常希望减少痛苦，即使这意味着结束生命。医生应该给她加大剂量吗？

（一）你赞同多给一些药吗？（请选择一个答案）

1. 应该给班内特夫人过多的剂量　　2. 无法决定　　3. 不应该给她过多的剂量

（二）请将以下 12 个问题，根据其在你心目中的重要性按从高到低（1～5）的顺序进行排序评分（1 非常重要　2 很重要　3 比较重要　4 不太重要　5 完全不重要）。

请为以下 12 个项目的 重要性进行等级评定	非常 重要	很重要	比较 重要	不太 重要	完全 不重要
1. 过多剂量等同于谋杀，医生难道不应该和普通人一样，服从这一法律吗？	①	②	③	④	⑤
2. 如果没有这么多法律条文规定医生应该做什么、不该做什么的话，社会不就会变得更美好吗？	①	②	③	④	⑤

请为以下 12 个项目的 重要性进行等级评定	非常 重要	很重要	比较 重要	不太 重要	完全 不重要
3. 如果班内特夫人死了，那位医生应不应该为他的渎职而承担法律责任？	①	②	③	④	⑤
4. 班内特夫人的家里人同意给她超剂量的药吗？	①	②	③	④	⑤
5. 止痛片是一种药性很强的植物活性药物吗？	①	②	③	④	⑤
6. 国家有权强迫那些不想活下去的人继续活着吗？	①	②	③	④	⑤
7. 帮助结束另一个人的生命是不是一种负责任的合作行为？	①	②	③	④	⑤
8. 医生给班内特夫人药还是不给她药，才是更同情她呢？	①	②	③	④	⑤
9. 如果医生给了班内特夫人大剂量的药物导致其死亡，他难道不会感到内疚吗？	①	②	③	④	⑤
10. 是不是应该只有上帝才能决定何时终止一个人的生命？	①	②	③	④	⑤
11. 难道社会不应该保护每个人不被杀害吗？	①	②	③	④	⑤
12. 在保护生命和允许一个不想活下去的人结束其生命之间，社会究竟该如何划分界限？	①	②	③	④	⑤

（三）请在上述 12 个问题中选择您认为最重要的 4 个问题，并写出相应的序号（第一重要＞第二重要＞第三重要＞第四重要）。

从以上 12 个问题中，选择 4 个最重要的问题			
第一重要		第三重要	
第二重要		第四重要	

故事五：游行示威

为应对南美洲某国的动荡政治经济局势，美国总统决定派出军队进行维和。美国许多大学生抗议政府为了经济利益出兵。他们怀疑是石油跨国公司巨头们在给美国总统施加压力，以牺牲生命为代价来保护一条廉价的石油供给线。某大学的学生走上街头，游行示威，堵塞了交通，影响了日常秩序。该校校长命令学生立即停止非法游行。学生便占领了学校的行政大楼，使整个大学陷入瘫痪。学生这样做是正确的吗？

（一）你赞同故事中游行示威的方式吗？（请选择一个答案）

1. 应该继续以这种方式进行游行示威　　2. 无法决定　　3. 不应该继续以这种方式进行游行示威

（二）请将以下 12 个问题，根据其在你心目中的重要性按从高到低（1~5）的顺序进行排序评分（1 非常重要　2 很重要　3 比较重要　4 不太重要　5 完全不重要）。

请为以下12个项目的 重要性进行等级评定	非常 重要	很重要	比较 重要	不太 重要	完全 不重要
1. 学生有权力接管不属于他们的财产吗?	①	②	③	④	⑤
2. 学生们意识到他们的行为可能会导致他们被逮捕、处以罚款，甚至被学校开除吗?	①	②	③	④	⑤
3. 学生们是严肃地对待他们的行为，还是仅仅只是为了寻找乐子?	①	②	③	④	⑤
4. 如果大学校长这次对学生手软了，那么会不会导致更大的混乱?	①	②	③	④	⑤
5. 公众会不会因为一小撮学生游行示威的行为而怪罪所有的学生?	①	②	③	④	⑤
6. 如果有关当局屈从于跨国石油公司的贪婪，会不会遭到谴责?	①	②	③	④	⑤
7. 为什么少数人如总统和商业界领袖就该比普通民众享受更多的权力?	①	②	③	④	⑤
8. 从长远来看，学生的游行示威会给所有人带来更多还是更少的好处?	①	②	③	④	⑤
9. 学生能否对他们的非暴力反抗做出合理解释?	①	②	③	④	⑤
10. 政府难道不应该得到学生的尊重吗?	①	②	③	④	⑤
11. 占领一座建筑物是否符合正义原则?	①	②	③	④	⑤
12. 无论喜欢与否，每个人都有义务遵守法律，难道不是吗?	①	②	③	④	⑤

（三）请在上述 12 个问题中选择您认为最重要的 4 个问题，并写出相应的序号（第一重要 > 第二重要 > 第三重要 > 第四重要）。

从以上 12 个问题中，选择 4 个最重要的问题			
第一重要		第三重要	
第二重要		第四重要	

附录5 道德能力测验
（Moral Competence Test，MCT）

开发者：Georg Linda
翻译：康蕾

提示：不管你认为下文中的医生做得对不对，请对每一个理由认真考虑，然后根据你的判断，在所选的数字上打"√"。

故事1：工厂风波

　　某个工厂里的一些工人被解雇了，但是他们都觉得原因不明不白。工人们怀疑经理用摄像机非法监视他们的活动，但是经理坚决否认。只有在证据确凿的情况下，工会才可以采取有效措施对付经理的不法行为。于是两个工人撬开经理的办公室，偷走了作为证据的录像带。

	非常错误					非常正确		
1. 你认为这两个工人做得对吗？	−3	−2	−1	0	1	2	3	

假设某人认为这两个工人做得对，你在多大程度上同意他以下的看法？	绝对不同意				绝对同意				
	−4	−3	−2	−1	0	1	2	3	4
2. 他们并没有为工厂带来多少损失。	−4	−3	−2	−1	0	1	2	3	4
3. 工厂经理漠视法律，这两个工人这么做是为了维护法律和秩序。	−4	−3	−2	−1	0	1	2	3	4
4. 大多数工人支持他们的行为，而且许多人会很高兴他们这么做。	−4	−3	−2	−1	0	1	2	3	4
5. 人与人之间的相互信赖，以及员工的个人尊严比工厂的法规更重要。	−4	−3	−2	−1	0	1	2	3	4
6. 工厂经理违反公正在先，所以两个工人破门而入的行为是正当的。	−4	−3	−2	−1	0	1	2	3	4

续表

假设某人认为这两个工人做得对，你在多大程度上同意他以下的看法？	绝对不同意					绝对同意			
	-4	-3	-2	-1	0	1	2	3	4
7. 他们找不到揭露工厂经理不法行为的合法途径，从而选择了他们认为不是太坏的做法。	-4	-3	-2	-1	0	1	2	3	4

假设某人认为这两个工人做得不对，你在多大程度上同意他以下的看法？	绝对不同意					绝对同意			
	-4	-3	-2	-1	0	1	2	3	4
8. 如果每个人都像这两个工人这么做，法律的尊严和社会的秩序将受到威胁。	-4	-3	-2	-1	0	1	2	3	4
9. 财产所有权是人的最基本的权力之一，任何人都不能把法律玩弄于股掌之间，随意践踏，除非有更普遍的道德原则允许这种行为。	-4	-3	-2	-1	0	1	2	3	4
10. 为了他人而冒被公司解雇的风险是不明智的。	-4	-3	-2	-1	0	1	2	3	4
11. 这两个工人应该寻找合法的途径，而不应该做这么严重违反法律的事情。	-4	-3	-2	-1	0	1	2	3	4
12. 如果想被看作是个诚实正派的人，他就不能偷窃。	-4	-3	-2	-1	0	1	2	3	4
13. 解雇别人与自己无关，他们没有理由去偷录像带。	-4	-3	-2	-1	0	1	2	3	4

故事 2：医生的困境

一个妇女得了癌症，没有任何治愈的希望。她浑身疼痛。她已经非常虚弱，一剂大量的止痛药就可以致她死亡。当她稍微有点力气的时候，她恳求医生给她足够多的可以致命的止痛药。她说她再也忍受不了病痛的折磨了，无论如何都会死的。于是医生就满足了她的要求。

1. 你认为医生做得对吗？	非常错误				非常正确		
	−3	−2	−1	0	1	2	3

假设有人认为这医生做得对，你在多大程度上同意他以下的看法？			绝对不同意			绝对同意			
	−4	−3	−2	−1	0	1	2	3	4
2. 这个医生是按照自己的良心做事的。这个妇女的情况特殊，医生并没有违背延长病人生命的义务。	−4	−3	−2	−1	0	1	2	3	4
3. 只有医生才能完成这个妇女的心愿，这个医生是为了满足她的心愿才这样做的。	−4	−3	−2	−1	0	1	2	3	4
4. 医生只是做了这个妇女让她做的事，他不必担心有什么令人不快的后果。	−4	−3	−2	−1	0	1	2	3	4
5. 这个妇女的病无论如何都不能治愈，多给她开些止痛药也费不了什么事。	−4	−3	−2	−1	0	1	2	3	4
6. 这个医生没有真正地违反法律，没有人可以挽救她。	−4	−3	−2	−1	0	1	2	3	4
7. 大多数医生在这种情况下也会这样做的。	−4	−3	−2	−1	0	1	2	3	4

假设有人认为这医生做得不对，你在多大程度上同意他以下的看法？			绝对不同意			绝对同意			
	−4	−3	−2	−1	0	1	2	3	4
8. 他这样做违背了同事们的信念。如果同事们反对安乐死，他就不应该这样做。	−4	−3	−2	−1	0	1	2	3	4
9. 救死扶伤延长病人的生命是医生的天职，病人病痛缠身或病入膏肓不是免责的理由。	−4	−3	−2	−1	0	1	2	3	4
10. 保护生命是每一个人的最高道德义务，我们没有明确的道德标准来区分是安乐死还是谋杀。	−4	−3	−2	−1	0	1	2	3	4
11. 这个医生会因此而惹上麻烦。已经有医生因为这样做而受到了处罚。	−4	−3	−2	−1	0	1	2	3	4
12. 如果他等着而不去干涉这个妇女的死亡过程，这件事对他来讲就容易多了。	−4	−3	−2	−1	0	1	2	3	4
13. 这个医生违反了法律。如果他认为安乐死不合法，他就不应该答应病人的要求。	−4	−3	−2	−1	0	1	2	3	4

附录6　社会责任心问卷

开发者：西南大学　赵兴奎

【问卷说明】

1. 请你仔细阅读问卷的每一句话，然后根据这句话与你自己符合的程度，在相应的方框里画"√"。

2. 除非你认为其他4个选项都不符合你的真实想法，否则请尽量不要选择那些"不确定"的选项。

3. 回答每一个问题时，不要有遗漏；每题只做一种选择，不要多选；不必费时思考，看懂后即选择。

题号	题　项	符合程度				
		完全 不符合	基本 不符合	不清楚	比较 符合	完全 符合
1	我对现代科技对于臭氧层的破坏感到不安。	1	2	3	4	5
2	我经常参加环保活动。	1	2	3	4	5
3	电脑打字非常方便，书法艺术没必要保留了。	1	2	3	4	5
4	我认为积极为集体出力的人是傻瓜。	1	2	3	4	5
5	我赞成取缔所有国家的传统语言，都使用英语。	1	2	3	4	5
6	我认为现代科学已非常发达，无须民间工艺。	1	2	3	4	5
7	民间音乐和舞蹈有存在的价值。	1	2	3	4	5
8	即使爸妈工作再忙，我也不会主动帮着做饭。	1	2	3	4	5
9	我对父母给我的兄弟或姐妹买衣服而没给我买很有意见。	1	2	3	4	5
10	我会检举将工业污水偷偷地直接排放到江河的厂。	1	2	3	4	5
11	不管物质条件如何，赡养父母是我的责任。	1	2	3	4	5
12	如果有一天我的父母不在的话，我会照顾好我的兄弟或姐妹的。	1	2	3	4	5

题号	题　　项	符合程度				
		完全不符合	基本不符合	不清楚	比较符合	完全符合
13	虽然我很敬佩见义勇为的人，但我是不会那样做的。	1	2	3	4	5
14	即使火力发电利润高于水力发电，我们也应尽量避免。	1	2	3	4	5
15	对湿地开发应适度。	1	2	3	4	5
16	我认为有必要保留古代和少数民族文字。	1	2	3	4	5
17	我希望世界没有战争。	1	2	3	4	5
18	虽然我本人不信任何教义，但我还是能理解伊斯兰教徒们的宗教活动。	1	2	3	4	5
19	碰到有重大历史价值的文物，我会尽力让博物馆收藏。	1	2	3	4	5
20	我从未毁坏过历史遗迹地的一草一木。	1	2	3	4	5
21	如果有机会，我会在排队时插队。	1	2	3	4	5
22	我的家乡很美丽。	1	2	3	4	5
23	我想对全世界吸毒的人们说："请你们远离毒品吧。"	1	2	3	4	5
24	我认为不应保护封建帝王的陵墓。	1	2	3	4	5
25	我赞成"天下兴亡，匹夫有责"。	1	2	3	4	5
26	如果我是政治家，我会为世界和平而努力。	1	2	3	4	5
27	家乡面貌的改变与我无关。	1	2	3	4	5
28	看到有人在古长城上乱刻乱画，我会不高兴。	1	2	3	4	5
29	我认为将草地变为耕地更好。	1	2	3	4	5
30	我个人扔点垃圾在风景名胜区也没什么。	1	2	3	4	5
31	生物群落与我们的生活关系不大。	1	2	3	4	5
32	我认为海洋生物种类的多少与人类的生活关系不大。	1	2	3	4	5
33	我认为维护生态平衡非常重要。	1	2	3	4	5
34	我们应合理利用水资源。	1	2	3	4	5
35	政府应鼓励开发地热能。	1	2	3	4	5
36	我认为节约能源人人有责。	1	2	3	4	5

附录7 人际反应指标量表
(The Interpersonal Reactivity Index, IRI)

吴静吉等人修订

题号	题　项	符合程度				
		完全 不符合	基本 不符合	不清楚	比较 符合	完全 符合
1	对那些比我不幸的人，我经常有心软和关怀的感觉。	1	2	3	4	5
2	有时候当看到其他人有困难或问题时，我会为他们感到很难过。	1	2	3	4	5
3	我会投入到小说人物中的感情世界。	1	2	3	4	5
4	在紧急状况中，我感到担忧、害怕而难以平静。	1	2	3	4	5
5	看电影或看戏时，我通常是旁观的，而且不常全心投入。	1	2	3	4	5
6	在做决定前，我试着从争论中去看每个人的立场。	1	2	3	4	5
7	当我看到有人被别人利用时，我有点想要保护他们。	1	2	3	4	5
8	当我情绪非常激动时，我往往会感到无依无靠，不知如何是好。	1	2	3	4	5
9	有时我想象从他人的视角来看问题，以便更了解他们。	1	2	3	4	5
10	我很少全心地投入一本好书或一部好电影中。	1	2	3	4	5
11	他人的不幸通常会带给我很大的烦忧。	1	2	3	4	5
12	看完戏或电影之后，我会觉得自己好像是剧中的某一个角色。	1	2	3	4	5
13	处于紧张情绪中时，我会惊慌害怕。	1	2	3	4	5

题号	题　　项	符合程度				
		完全 不符合	基本 不符合	不清楚	比较 符合	完全 符合
14	当我看到有人受到不公平的对待时，我有时会无动于衷。	1	2	3	4	5
15	我相信每个问题都有两面性，所以我常试着从不同的观点来看问题。	1	2	3	4	5
16	我认为自己是一个相当软心肠的人。	1	2	3	4	5
17	当我观赏一部好电影时，我容易站在某个主角的立场去感受他的心情。	1	2	3	4	5
18	在紧急状况中，我紧张得几乎无法控制自己。	1	2	3	4	5
19	当我对一个人生气时，我通常会试着去想一下他的立场。	1	2	3	4	5
20	当我阅读一篇引人的故事或小说时，我想象着：如果故事中的事件发生在我身上，我会感觉怎么样。	1	2	3	4	5
21	当我看到有人发生意外而亟须帮助的时候，我紧张得几乎精神崩溃。	1	2	3	4	5
22	在批评别人前，我会试着想象：假如我处于他的情况，我的感受如何。	1	2	3	4	5

23. 请在以下说法中选出最能表述您参加志愿活动情况的一项（　　　）

A. 迄今为止，我从未参加过志愿活动

B. 我偶尔会参加某类志愿活动

C. 我定期（如每周、每月或每年）参加志愿活动

D. 我热衷于社会公益活动（例如环境保护、支教、关注留守儿童等），并为之付出行动

24. 你现在是否正在参加志愿活动？（　　　）

A. 是　　　　　B. 否

25. 在未来一年中，你打算参加志愿活动？（　　　）

A. 完全不会　　B. 可能不会　　　C. 也许会　　　　D. 很可能会

E. 肯定会

26. 在未来一年中，如果有机会参加志愿活动，你去参加的可能性（　　　）

A. 完全没有　　　B. 可能没有　　　　C. 也许会　　　　D. 很可能会

E. 肯定会

您的个人信息：

1. 性别：＿＿＿＿＿＿

A. 男　　　　　B. 女

2. 专业类型：＿＿＿＿＿＿

A. 理科　　　　　B. 工科　　　　　C. 农科　　　　　D. 医科

E. 文科

3. 年级：＿＿＿＿＿＿

A. 大一　　　　　B. 大二　　　　　C. 大三　　　　　D. 大四

4. 家庭所在地：＿＿＿＿＿＿

A. 农村　　　　　B. 乡镇　　　　　C. 中小城市　　　　D. 大城市

5. 是否独生子女：＿＿＿＿＿＿

A. 是　　　　　B. 否

6. 是否单亲：＿＿＿＿＿＿

A. 是　　　　　B. 否

7. 与家庭的关系：＿＿＿＿＿＿

A. 密切　　　　　B. 一般　　　　　C. 疏远

8. 是否学生干部：＿＿＿＿＿＿

A. 是　　　　　B. 否

参考文献

［1］ AAC&U. *College Learning for the New Global century: A Report from the National Leadership Council for Liberal Education & America's Promise* ［R］. Washington, DC: Association of American Colleges and Universities, 2007.

［2］ Aiken, L. S., West, S. G.. *Multiple Regression: Testing and Interpreting Interactions* ［M］. Newbury Park, CA: Sage, 1991.

［3］ Allik, J., Realo, A.. Individualism-collectivism and Social Capital ［J］. *Journal of Cross-Cultural Psychology*, 2004 (35).

［4］ Altman, I.. Higher Education and Psychology in the Millennium ［J］. *American Psychologist*, 1996 (51).

［5］ Astin, A. W., Parrott, S. A., Korn, W. S., Sax, L. J.. *The American Freshman: Thirty Year Trend* ［M］. Los Angeles: Higher Education on Research Institute, 1997.

［6］ Astin, A. W.. *Higher Education and the Concept of Community* ［R］. Fifteenth David Dodds Henry Lecture, University of Illinois at Urbana – Champaign, 1993.

［7］ Auhagen, A., Bierhoff H. (Eds.). *Responsibility: The Many Faces of A Social Phenomenon* ［M］. New York: Routledge, 2001.

［8］ Banks, J. A.. *Diversity and Citizenship Education: Global Perspectives* ［M］. San Francisco, CA: Jossey – Bass. 2006.

［9］ Banning, J. (ed.). *Campus Ecology: A Perspective for Student Affairs: A NASPA Monograph* ［C］. Cineinnati: National Student Personnel Association, 1978.

［10］ Barbara Jacoby & Associates. *Service-learning in Higher Education: Concepts Andpractices* ［M］. San Francisco, California: Jossey – Bass Publishers, 1996.

［11］ Baron, R. M., Kenny, D. A.. The Moderator-mediator Variable Distinction in Social Psychological Research: Conceptual, Strategic, and Statistical considerations ［J］. *Journal of Personality and Social Psychology*, 1986, 51 (6).

［12］ Bauer, K. W.. *Campus Climate: Understanding the Critical Components of Today's Colleges and Universities* ［M］. San Francisco, CA: Jossey – Bass, 1998.

［13］ Berger, J. B., Milem, J. F.. The Impact of Community Service Involvement on Three Meas-

197

ures of Undergraduate Self-concept ［J］. *NASPA Journal*, 2002, 40 （1）.

［14］ Berkowitz, L. , K. G. , Lutterman. The Traditional Socially Responsible Personality ［J］. *The Public Opinion Quarterly*, 1968, 32 （2）.

［15］ Bernacki, M. L. , Jaeger, E. . Exploring the Impact of Service-learning on Moral Development and MoralOrientation ［J］. *Michigan Journal of Community Service Learning*, 2008, 14 （2）.

［16］ Blasi, A. . Bridging Moral Cognition and Moral Action: A Critical Review of the Literature ［J］. *Psychological Bulletin*, 1980 （88）.

［17］ Bontempo, R. , Triandis, H. C. , Villareal, M. J. . Individualism and Collectivism: Cross-Cultural Perspectives on Self-In-group Relationships ［J］. *Journal of Personality and Social Psychology*, 1988.

［18］ Boss, J. A. . The Effect of Community Service on the Moral Development of College Ethics Students ［J］. *Journal of Moral Education*, 1994, 23 （2）.

［19］ Boyer, E. L. . Creating the New American College ［J］. *The Chronicle of Higher Education*, 1994-03-09 （A48）.

［20］ Brandell, M. , Hinck, S. . *Service Learning: Connecting Citizenship with Theclassroom* ［EB/OL］. NASSP Bulletin, 1997, 81 （591）. http//dx. doi. org/10. 1177/01926365708159109.

［21］ Bringle, R. , J. Hatcher. A Service Learning Curriculum for Faculty ［J］. *The Michigan Journal of Community Service-Learning*, 1995 （2）.

［22］ Butin, Dan W. . *Service-learning in Theory and Practice: The Future of Community Engagement in Higher Education* ［M］. New York: Palgrave Macmillan, 2010.

［23］ Campus Compact. 1999 *Campus Compact Member Survey* ［EB/OL］. http://www. compact. org/news/stats/2 – student – service. html. ［2014-10-20］.

［24］ Campus Compact. 2014 *Campus Compact Member Survey* ［EB/OL］. http://compact. org/resource – posts/2014 – member – survey – affinity – report – fte – 7501 – to – 15000 – colleges/ ［2015-01-20］.

［25］ Campus Compact. 2014 *Member Survey Affinity Report* ［EB/OL］. http://compact. org/resource – posts/2014 – member – survey – affinity – report – fte – 7501 – to – 15000 – colleges/ ［2015-01-20］.

［26］ Campus compact. *Three Decades of Institutionalizing Change* ［EB/OL］. http://www. compact. org/news/stats/2 – student – service. html.

［27］ Carlo, G. , Okun, M. A. , Knight, G. P. , de Guzman, M. R. T. . The Interplay of Traits and Motives on Volunteering, Agreeableness, Extraversion and Prosocial Value Motivation ［J］. *Personality and Individual Differences*, 2005 （38）.

［28］ Carlson, S. . College Planner Hear Lament for Liberal Arts and Public schools ［J/OL］.

Chronicles of Higher Education, 2009 (7). http：//chronicle. com/ article/ College – Planners – Heart – Lamernt/117567/ ［2014 – 05 – 20］.

［29］ Carnegie Foundation for the Advancement of Teaching and the Center for Information and Research on Civic Learning and Engagement. *Higher Education*：*Civic Mission & Civic Effects* ［M/OL］. Stanford, Calif. ：Carnegie Foundation for the Advancement of Teaching, 2006. http：//www. carnegiefoundation. org/sites/default/files/publications/elibrary ＿ pdf ＿ 633. pdf.

［30］ Carnegie Foundation for the Advancement of Teaching. *Campus Life*：*In Search of Community* ［M］. Princeton, N J. ：Carnegie Foundation for the Advancement of Teaching, 1990.

［31］ Caryn McTighe Musil. *Overview of the Core CommitmentsInitiative* ［M］//Robert D. Reason. Developing and Assessing Personal and Social Responsibility in College. San Francisco：Jossey-Bass, 2013：5.

［32］ Checkoway, B. . Public Service：Our New Mission ［J］. *Academe*, 2000 (86).

［33］ Checkoway, B. . Renewing the Civic Mission of the American Research University ［J］. *The Journal of Higher Education*, 2001, 72 (2).

［34］ Checkoway, B. . Strategies for Involving Faculty in Civic Renewal ［J］. *Journal of College and Character*, 2001, 2 (5).

［35］ Checkoway, B. . What is Youth Participation?［J］. *Children and Youth Services Review*, 2011, 33 (2).

［36］ Chickering, A. W. , Reisser, L. . *Education and Identity* ［M］. San Francisco：Jossey-Bass, 1993.

［37］ Chuck Tomkovick, Scott W. Lester, Lanette Flunker, Theresa A. Wells. Linking Collegiate Service-learning to Future Volunteerism：Implications for Nonprofit Organizations ［J］. *Nonprofit Management & Leadership*, 2008 (1).

［38］ Colby, A. , Sullivan, W. M. . Strengthening the Foundation of Students' Excellence, Integrity, and Social Contribution ［J］. *Liberal Education*, 2009 (95).

［39］ Corporation for National and Community Service. *Volunteering in America* ［EB/OL］. http：//www. nationalservice. gov/impact – our – nation/research – and – reports/volunteering – in – america. ［2015-7-29］.

［40］ *Council for Independent College Report* ［R］. Washington, DC：The Council of Independent Colleges, 1994.

［41］ Cowen, E. L. , Zax, M. Laird, J. D. . A College Student Volunteer Program in the Elementary Schoolsetting ［J］. *Community Mental Health Journal*, 1996 (2).

［42］ *Crucible Moment*：*College Learning & Democracy's Future* ［EB/OL］. http：//www. aacu. org/crucible. ［2006-01-24］.

［43］Curtis, J. E. , Crabb, E. , Baer, D. . Voluntary Association Membership in Fifteen Coun-
tries: A Comparative Analysis. *American Sociological Review*, 1992 (57).

［44］Damasio, A . R. . Individuals with Sociopathic Behavior Caused by Frontal Damage Fail to
Respond Autonomically to Social Stimuli ［J］. *Behavioral Brain Research*, 1990 (41).

［45］Daniel Luzer. *Decline in Student Volunteering* ［EB/OL］. http: //www. washingtonmonthly.
com/college_guide/blog/decline_in_student_volunteerin. php.

［46］Darling, N. . Steinberg L. Parenting Style as Context An Integrative Model ［J］. *Psychologi-
cal Bulletin*, 1993, 14 (113).

［47］David, H. Jones. *Moral Responsibility in the Holocaust: A Study in the Ethics of Character*
［M］. Lanham, Maryland: Rowman & Littlefield Publishers, 1999.

［48］Davis, M. H. . A Multidimensional Approach to Individual Differences in Empathy ［J］.
JSAS Catalog of Selected Documents in Psychology, 1980 (1).

［49］Davis, M. H. . *Empathy: A Social Psychological Approach* ［M］. Boulder: Westview
Press, 1996.

［50］Davis, M. H. . The Effects of Dispositional Empathy on Emotional Reactions and Helping: A
Multidimensional Approach ［J］. *J Personal*, 1983 (51).

［51］DeAngelo, L. , Hurtado, S. , Pryor, J. , etc. *The American College Teacher: National
Norms for the Faculty* 2007 – 2008 *HERI Faculty Survey* ［M］. Los Angeles: University of
California, 2009.

［52］Debora, L. Liddell and Diane L. Cooper. *Facilitating the Moral Growth of College Students*
［M］. San Francisco: Jossey-Bass, 2012.

［53］Delve, C. I. , Mintz S. D. , Stewart G. M. . *Community Service as Values Education. New Di-
rections for Students Services* ［M］. San Francisco: Jessey – Bass, 1990 (50).

［54］Desmond, F. F. Associations between Human-animal Relationship Quality, Dispositional
Empathy, and Prosocial Behavior ［J］. *Dissertation Abstracts International*, 2002.

［55］Dey, E. L. & Associates. *Civic Responsibility: What Is the Campus Climate for Learning?*
［M］. Washington, DC: Association of American Colleges and Universities, 2009.

［56］Dey, E. L. & Associates. *Engaging Diverse Viewpoints: What Is the Campus Climate for Per-
spective-taking?* ［M］ Washington, DC: Association of American colleges and Universi-
ties. 2010.

［57］Dote, L. . *College Students Helping America* ［EB/OL］. http: //www. nationalservice. gov/
pdf/06_1016_RPD_college_full. pdf. ［2006-01-24］.

［58］Edgar Bodenheimer. *Philosophy of Responsibility* ［M］. Littleton, Colorado: Fred B Roth-
man & Co, 1980.

［59］Ehrlich, T. , Hollander, E. , et al. *Presidents' Fourth of July Declaration on the Civic Re-*

sponsibility of Higher Education [EB/OL]. Providence, RI: Campus Compact, 1999 http: //www. compact. org/resources/plcdeclaration. html. [2014-10-20].

[60] Ehrlich, T. . Civic *Responsibility and Higher Education* [M] . Phoenix, AZ: American Council on Education/ The Oryx Press, 2000.

[61] Eisenberg, N.. *Altruistic Emotion*, *Cognition and Behavior* [M]. Hillsdale, NJ: Erlbaum, 1986.

[62] Eisenberg, N. , Cumberland, A. , Guthrie, I. K. , Murphy, B. C. , & Shepard, S. A. Age Changes in Prosocial Responding and Moral Reasoning in Adolescence and Early Adulthood [J]. *Journal of Research on Adolescence*, 2005, 15 (3).

[63] Emmanuel Levinas. *Collected Philosophical Papers* [M]. Translated by Alphonso Lingis. Dordrecht: Martinus Nijhoff Publishers, 1987.

[64] Emmanuel Levinas. *Totality and Infinity* [M]. Translated by Alphonso Lingis. Pittsburgh: Duquesne University Press, 1969.

[65] Erez, A. , Mario, M. , Ijzendoorn, M. H. , Kroonenberg, P. M. . Attachment, Personality, and Volunteering, Placing Volunteerism in An Attachment-theoretical Framework [J]. *Personality and Individual Differences*, 2008 (44).

[66] Eyler, J. , D. E. Giles, Jr. *Where's the Learning in Service-Learning?* [M]. San Franscisco: Jossey – Bass, 1999.

[67] Eyler, J. S. , Giles, D. E. , Jr. , Braxton, J. . The Impact of Service – learning on Collegestudents [J]. *Michigan Journal of Community Service Learning*, 1997 (4).

[68] Fitch, R. T. . Characteristics and Motivations of College Students Volunteering for Community service [J]. *Journal of College Personnel*, 1987 (28).

[69] Foubert, J. D. , Newberry, J. T. . Effects of Two Versions of an Empathy – Based Rape Prevention Program on Fraternity Men's Survivor Empathy, Attitudes, and Behavioral Intent to Commit Rape or Sexual Assault [J]. *Journal of College Student Development*, 2006 (47).

[70] Frank H. Y. Lai, Andrew M. H. Siu, Chewtyn C. H. Chan, Daniel T. L. Shek. Measurement of Prosocial Reasoning among Chinese Adolescents [J]. *The Scientific World Journal*, 2012.

[71] Freire, P. . *The Pedagogy of the Oppressed* [M] . New York: Continuum, 2000.

[72] Galston, W. A.. Civic Education and Political Participation [J]. *Phi Kappa Phi Forum*, 2003 (9).

[73] Gerard Verbeke. *Moral Education in Aristotle* [M]. Washington, D. C. : Catholic University of America Press, 1990.

[74] Gerson, M. . Do Do-gooders Do Much Good? [N]. *U. S. News & World Report*, 1997-04-28.

[75] Gibbs, L. , Earley, E. . *Using Children's Literature to Develop Core Values* [M]. Phi Delta Kappa Fastbac, 1994.

［76］Giles, D. E., Eyler, J.. The Impact of A College Community Service Laboratory on Students' Personal, Social, and Cognitiveoutcomes ［J］. *Journal of Adolescence*, 1994 (17).

［77］Gilligan C.. *In a Different Voice*: *Psychological Theory and Women's Development* ［M］. Cambridge, MA: Harvard University Press, 1982.

［78］Godfrey, P. C. & Grasso, E. T. Introduction ［M］//E. Zlotkowski& P. C. Godfrey E. T. Grasso. *Working for the Common Good*: *Concepts and Models for Service-learning in Management*. Washington, D. C. : Amerian Association for Higher Education, 2000.

［79］Goslin, D. A.. *Handbook of Socialization Theory and Research* ［M］. New York: Academic Press, 1969.

［80］Gough, H. G., McClosky, H., Meehl, Paul, E.. A Personality Scale for Social Responsibility ［J］. *The Journal of Abnormal and Social Psychology*, 1952, 47 (1).

［81］Green, D. The Use of Service-Learning in Client Environments to Enhance Ethical Reasoning inStudents ［J］. *American Journal of Occupational Therapy*, 1997, 51 (10).

［82］Greene, J. D., Haidt, J. How (and Where) Does Moral Judgment Work? ［J］. *TRENDS in Cognitive Sciences*, 2002 (6).

［83］Greene, J. D., Nystrom, L. E., Engell, A. D., Darley, J. M., Cohen1, J. D.. The Neural Bases of Cognitive Conflict and Control in Moral Judgment ［J］. *Neuron*, 2004 (44).

［84］Greene, J. D.. An fMRI Investigation of Emotional Engagement in Moral Judgment ［J］. *Science*, 2001 (293).

［85］Greene, J. D.. From Neural "is" to Moral "ought": What Are the Moral Implications of Neuroscientific Moral Psychology? ［J］. *Nature Reviews Neuroscience*, 2003, 4 (10).

［86］Greene, J. D.. Why are VMPFC Patients More Utilitarian? A Dual-process Theory of Moral Judgment Explains ［J］. *TRENDS in Cognitive Sciences*, 2007 (11).

［87］Haidt, J.. The Emotional Dog and Its Rational Tail: A Social Intuitionist Approach to Moral Judgment ［J］. *Psychological Review*, 2001, 108 (4).

［88］Hamrick, F. A.. Democratic Citizenship and Student Activism ［J］. *Journal of College Student Development*, 1998, 39 (5).

［89］Harris, Dale B.. A Scale for Measuring Attitudes of Social Responsibility Inchildren ［J］. *The Journal of Abnormal and Social Psychology*, 1957, 55 (3).

［90］Hart, J., Fellabaum, J.. Analyzing Campus Climate Studies: Seeking to Define and Understand ［J］. *Journal of Diversity in Higher Education*, 2008 (1).

［91］Hedin, D., Conrad, D.. Study Proves Hypotheses—And More ［J］. *Synergist*, 1980 (9).

［92］Hobfoll, S. E. Personal Characteristics of the College Volunteer ［J］. *American Journal of*

Community Psychology, 1980, 8 (4).

[93] Holland, B. A., and Gelmon, S. B.. The State of the Engaged Campus [J]. *AAHE Bulletin*, 1998, 51 (2).

[94] http://www. e4ce. org/About/History. htm. [2014-09-10].

[95] http://www. washingtonmonthly. com/college _ guide/blog/decline _ in _ student _ volunteerin. php. [2012-01-24].

[96] Hunter, J. D.. *The Death of Character: Moral Education in an Age Without Good or Evil* [M]. New York: Basic Books, 2000.

[97] Hurtado, S.. Linking Diversity with the Educational and Civic Missions of Higher education [J]. *The Review of Higher Education*, 2007, 30 (2).

[98] Hurtado, S., Griffin, K. A., Arellano, L., Cuellar, M.. Assessing the Value of Climate Assessments: Progress and Future Directions [J]. *Journal of Diversity in Higher Education*, 2008, 1 (4).

[99] Jacoby, B. and Associates. *Service-Learning in Higher Education Concepts Andpractices* [M]. Jossey – Bass. 1996. Retrieved from Marianne Shockley Robinette. Service – Learning in Entomology: Developing, Inplementing, Assessing and Evaluating. VDM Verlag Dr. Muller. 2010 (5).

[100] Jacoby, B. and Associates. *Service-learning in Higher Education: Concepts and Practices* [M]. San Francisco, CA: Jossey-Bass, 1996.

[101] James Rest, Darcia Narvaez, Muriel J. Bebear, Stephen J. Thoma. *Post Conventional Moral Thinking—A Neo – Kohlbergian Approach* [M]. 1999.

[102] James, B. L. *New York University, Inducing Volunteer Community Service in Undergraduates: The Relative Contributions of Prior Experience, Coursework, and the Dispositions of empathy and Moral Development* [M]. New York: New York University, 2002.

[103] Jarosz, L., and Bogart, J. K.. New Concepts of the Relationship between College and Community: the Potential of Service Learning [J]. *College Teaching*, 1996 (4).

[104] Johnson R. B., Onwuegbuzie A. J.. Mixed Methods Research: A Research Paradigm Whose Time Has Come [J]. *Educational Researcher*. 2004, 33 (7).

[105] Judith Allerhand Willis and George R. Goethals. Social Responsibility and Threat to Behavioral Freedom as Determinants of Altruistic Behavior [J]. *Journal of Personality*, 1973, 41 (3).

[106] Keeton, M. T.. *Experiential Learning* [C]. San Francisco: Jossey – Bass, 1976.

[107] Kendall, J. and Associates. *Combining Service and Learning: A Resource Book for Community and Public Service* [C]. Raleigh, NC: National Society for Internships and Experiential Education, 1990 (1).

[108] Kendrick, J. R.. Outcomes of Service-learning in An Introduction in Sociology Course [J]. *Michigan Journal of Community Service Learning*, 1996 (3).

[109] Kennemer, K. N.. *Factors Predicting Social Responsibility in College Students* [D]. Newberg: George Fox University, 2002.

[110] Kenny, M. E., Gallagher, L. A.. *Service-learning: A History of Systems* [M] //Learning to Serve. Springer US, 2002.

[111] Kenny, M. E., Simon, L. A. K., Kiley-Brabeck, K., Lerner, R. M.. *Learning to Serve: Promoting Civil Society through Service Learning* [M]. Kluwer Academic Publishers, 2002.

[112] Kohlberg, L.. *Philosophy of Moral Education* [M]. New York: Harper & Row, 1971.

[113] Kohlberg, L.. *The Philosophy of Moral Development: Essays on Moral Development* [M]. San Francisco: Harper & Row, 1981 (1).

[114] Kohlberg, L.. *The Psychology of Moral Development: Essays on Moral Development* [M]. San Francisco: Harper & Row, 1984 (2).

[115] Kohlberg, L.. *Development of Moral Character and Moral Ideology* [M]. New York: Russel Sage Foundation, 1964.

[116] Kollross, C. A.. *Service Learning and Citizenship: Is There A Connection?* [D]. Long Beach: California State University, 1997.

[117] Kordell, N. K.. *Factors Predicting Social Responsibility in College Students* [D]. Newberg: George Fox University, 2002 (2).

[118] Lantieri, L.. Hooked on Altruism: Developing Social Responsibility in At-Risk Youth [J]. *Reclaiming Children and Youth*, 1999 (2).

[119] Learn and Service American [EB/OL]. http: //www. nationalservice. gov/pdf/factsheet_lsa. pdf. [2014-10-20].

[120] Leff, N. S.. *Identity, Learning, and the liberal Arts. New Directions for Teaching and Learning* [M]. San Francisco: Jossey – Bass, 2005.

[121] Libbey, H. P.. Measuring Student Relationships to School: Attachment, Binding, Connectedness, and Engagement [J]. *Journal of School Health*, 2004 (74).

[122] Liddell, D. L., Cooper, D. L.. *Facilitating the Moral Growth of College Students* [M]. San Francisco: Jossey-Bass, 2012.

[123] Lind, G.. The Optimal Age for Moral Education: Conclusions from Meta – Analyses [J]. *Journal of Moral Education*, 1999.

[124] Loukas, A., Suzuki, R., Horton, K. D.. Examining School Connectedness as a Mediator of School Climate Effects [J]. *Journal of Research on Adolescence*, 2006 (16).

[125] Marianne Shockley Robinette. Service-Learning in Entomology: Developing, Inplementing, Assessing and Evaluating [J]. *VDM Verlag Dr. Muller*, 2010.

［126］ Marichal, J.. You Call This Service? A Civic Ontology Approach to Evaluating Service-learning in Diverse Communities ［J］. *Journal of Political Science Education*, 2010, 6 (2).

［127］ Markus, G. B. , Howard, J. , King, D.. Integrating Community Service and Classroom Instruction Enhances Learning: Results from Anexperiment ［J］. *Educational Evaluation and Policy Analysis*, 1993 (15).

［128］ Markus, G. B. , Howard, J. , King, D.. Integrating Community Service and Classroom Instruction Enhances Learning: Results from an Experiment ［J］. *Educational Evaluation and Policy Analysis*, 1993, 15 (4).

［129］ Marotta, S. , Nashman, H.. The Generation X College Student and Their Motivation for Community Service ［J］. *College Student Affairs Journal*, 1998, 17 (2).

［130］ Metcalfe, J. , Mischel W.. A Hot/Cool System Analysis of Delay of Gratification: Dynamics of willpower ［J］. *Psychological Review*, 1999 (106).

［131］ Meyers, S.. Service Learning in Alternative Education Settings ［J］. *Clearing House*, 1990, 73 (2).

［132］ Miller, J. G, Bersoff, D. M.. Cultural Influences on the Moral Status of Reciprocity and the Discounting of Endogenous Motivation ［J］. *Personality and Social Psychology Bulletin*, 1994.

［133］ Miller, T. E. , Bender, B. E. , Schuh, J. H. , et al. *Promoting Reasonable Expectations: Aligning Student and Institutional Views of the College Experience* ［M］. San Francisco: Jossey-Bass, 2005.

［134］ Mitcheel, L. E.. ［M］. 斉藤裕一译. 千叶县柏: 麗澤大学出版会, 2005.

［135］ Moll, J. , de Oliveira – Souza, R. , Garrido, G. J. , et al. The Self as A Moral Agent: Linking the Neural Bases of Social Agency and Moral Sensitivity ［J］ . *Social Neuroscience*, 2007, 2 (3/4).

［136］ Morton, K.. The Irony of Service: Charity, Project and Social Change in Service-learning ［J］. *Michigan Journal of Community Service Learning*, 1995, 2: 19 – 33.

［137］ Mussen, P. , Eisenberg, N.. Roots of Caring. Sharing and Helping ［J］ . *Child Development*, 1997 (48).

［138］ Myers – Lipton, Scott J.. Effect of A Comprehensive Service-learning Program on College Students' Civic Responsibility ［J］. *Teaching Sociology*. 1998, 26 (4): 243 – 258.

［139］ National Task Force on Civic Learning and Democratic Engagement. *A Crucible Moment: College Learningand Democracy's Future* ［R］. Washington, DC: Association of American Colleges and Universities, 2012.

[140] Newmann, F. M. , Rutter, R. A.. *The Effects of High School Community Service Programs on Students' Social Development* [M]. Washington, D. C. : National Institute of Education, 1983.

[141] Nweze Nnakwe. Implementation and Impact of College Community Service and its Effect on the Social Responsibility of Undergraduate Students [J]. *Journal of Family and Consumer Sciences*, 1999, 91 (2).

[142] O' Keefe, J. M.. Children and Community Service: Character Education in Action [J]. *Journal of Education*, 1997, 179 (2).

[143] O' Neil, Nancy. *Promising Practices for Personal and Social Responsibility: Findings from a National Research Collaborative* [M]. Washington, DC: Association of American Colleges and Universities, 2012.

[144] Olney, C. , Grande, S.. Validation of a Scale to Measure Development of Social Responsibility [J]. *Michigan Journal of Community Service Learning*, 1995 (2).

[145] Parsons, M. H. , Lisman, C. D.. *Promoting Community Renewal through Civic Literacy and Service Learning. New Directions for Community Colleges* [M]. San Francisco: Jossey – Bass, 1996 (93).

[146] Pascarella, E. T. , Terenzini, P. T.. *How College Affects Students: A Third Decade of Research* [M]. San Francisco, CA: Jossey – Bass, 2005.

[147] *Peace Corps Today* [EB/OL]. http: //peacecorps. gov/. [2014 – 10 – 03].

[148] Pease, K. ,W.. Mc Williams. *Community Service by Order* [M]. Edinburgh: Scottish Academic Press, 1980.

[149] Peterson, Ch. , Martin E. P.. Seligman. *Character Strengths and Virtues: A Handbook and Classification* [M]. Oxford: Oxford University Press, 2004.

[150] Piaget, J.. *The Moral Judgment of the Child* [M]. New York: Free Press, 1965.

[151] Pizarro, D. A. , Uhlmann, E. , Bloom, P.. Causal Deviance and the Attribution of Moral Responsibility [J]. *Journal of Experimental Social Psychology*, 2003, 39.

[152] Rachmana, S. , Dana S.. Thordarsona, Roz Shafranb, Sheila R. Woodyc. Perceived responsibility: Structure and significance [J]. *Behaviour Research and Therapy*, 1995, 33 (7).

[153] Raskoff, S. , Sundeen, R. A.. Youth Socialization and Civic Participation: The Role of Secondary Schools in Promoting Community Service in Southern California [J]. *Nonprofit and Voluntary Sector Quarterly*, 1998, 27 (1).

[154] Reason, R. D. , Terenzini, P. T. , Domingo, R. J.. Developing Social and Personal Competence in the First Year of College [J]. *The Review of Higher education*, 2007, 30 (3).

[155] Reason, R. D.. *Developing and Assessing Personal and Social Responsibility in College: New Direction for Higher Education*. Wiley & Sons Ltd, 2014 (164).

[156] Reason, R. D.. *Developing and Assessing Personal and Social Responsibility in College* [M]. San Francisco: Jossey – Bass, 2013 (164).

[157] Reason, R. D.. Expanding the Conversation: Perspective Taking as A Civic Outcome of College [J]. *Journal of College and Character*, 2011, 12 (2).

[158] Reeb, R. N., Sammon, J. A., Isackson, N. L.. Clinical applications of the Service-learning Model in Psychology: Evidence of Educational and Clinical Benefits [J]. *Journal of Prevention and Intervention in the Community*, 1999, 18 (1 – 2).

[159] *Resources for Community Servive/Service-Learning Staff* [EB/OL]. http://www. compact. org/resources – for – community – serviceservice – learning – staff/ [2014 – 5 – 20].

[160] Rest, J., Narvaez, D., Thoma, S. J., Bebeau, M. J.. DIT-2: Devising and Testing A New Instrument of Moral Judgment [J]. *Journal of Educational Psychology*, 1999, 91 (4).

[161] Rest, J., Narvaez, D., Bebeau, M., Thoma, S.. *Post-Conventional Moral Thinking: A Neo-Kohlbergian Approach* [M]. Mahwah, N. J.: Lawrence Erlbaum, 1999.

[162] Rest, J.. *Development in Judging Moral Issues* [D]. Minneapolis: University of Minnesota Press, 1979.

[163] Rest, J.. *Manual for the Defining Issues Test* [D]. Minneapolis: University of Minnesota Center for the Study of Ethical Development, 1986.

[164] Rest, J.. *Moral Development: Advances in Research and Theory* [M]. New York: Praeger, 1986.

[165] Rhoass, R.. *Community Service Higher Learning: Explorations of the Caringself* [M]. Albany, NY: State University of New York Press, 1997.

[166] Richard A. Stevick, John A. Addleman. Effects of Short-Term Volunteer Experience on Self – Perceptions and Prosocial Behavior [J]. *The Journal of Social Psychology*, 1995, 135 (5).

[167] Robert D. Reason (Ed.). *Developing and Assessing Personal and Social Responsibility in College. New Directions for Higher Education* [M]. San Francisco: Jossey – Bass, 2013.

[168] Rubin, Richard W.. Developing Cultural Competence and Social Responsibility in Preclinical Dental Students [J]. *Journal of Dental Education*, 2004, 68 (4).

[169] Rudolph, F.. *The American College and University: A History* [M]. New York: Vintage Books, 1962.

[170] Scott, J. H.. *Exploring Institutional Culture and Student Civic Engagement: A ConstructiveInquiry* [D]. Athens: University of Georgia, 2008.

[171] Seguine, J.. *Education Alumni Discuss Higher Education Challenges, Future Perspectives*. The University Record. 2000 [EB/OL]. http：//ur. umich. edu/001/Oct16 _ 00/ 8. htm. [2014-09-10].

[172] *Senior Corps* [EB/OL]. http：//www. nationalservice. gov/programs/senior － corps. [2015-4-15].

[173] Sergent, M. T., Sedlacek, W. E.. Volunteer Motivations Across Student Organizations：A test of Person － environment Fit Theory [J]. *Journal of College Student Development*, 1990 (31).

[174] Serow R. C., Dreydan, J.. Community Service Among College and University Students： Individual and Institutional Relationships [J]. *Adolescence*, 1990.

[175] Serow, R. C.. Students and voluntarism：Looking into the Motives of Community Service Participants [J]. *American Educational Research Journal*, 1991, 28 (3).

[176] Serow, R. C., Ciechalski, J., Daye, C.. Students as Volunteers：Personal Competence, social diversity, and Participation in Community Service [J]. *Urban Education*, 1990, 25 (2).

[177] *Service Learning* [EB/OL]. http：//www. depts. ttu. edu/calue/servicelearning. php. [2014-5-20].

[178] Sigmon, R.. Service-learning：Three Principles [J]. *ACTION*, 1979, 8 (1)：9 － 11.

[179] Smith, L., Heather J. Martin.. *Recent Dissertations on Service and Sercice-learning Topics*. [EB/OL] . http：//www. servicelearning. org/filemanager/download/ Dissertations _ VolumeIV_. [2015-01-20].

[180] Smith, T. J., Jucovy, L. Z., Solms, L. A., Baker, R., Furano, K., Tierney, J. P.. *Launching Ameri Corps：First-year implementation of the National Community Service Trust Act of* 1993 [M]. Philadelphia, PA：Public/ Private Ventures, 1995.

[181] Sprinthall, N. A., Scott, D.. Promoting Psychological Development, Math Achievement, and Success Attribution of Female Students Through Deliberative Psychological Education [J]. *Journal of Counseling Psychology*, 1989, 36 (4).

[182] Sprinthall, N. A., Collins, W. A.. *Adolescent Psychology：A Developmental View* [M]. New York：McGraw － Hill, 1995.

[183] Stanton, T. K., D. E. Giles, N. Cruz. *Service-learning：A Movement's Pioneers Reflect on Its Origins, Practice, and Future* [M] . San Francisco：Jossey － Bass, 1999.

[184] Starrett, R. H.. Assessment of Global Social Responsibility [J]. *Psychological Reports*, 1996 (78)：535 － 554.

[185] Strange, C. C., Banning, J. H.. *Educating by Design：Creating Campus Learning Environments That Work* [M]. San Francisco：Jossey － Bass, 2001.

[186] Sundeen, R. A., Raskoff, S. A., Garcia, M. C.. Differences in Perceived Barriers to Volunteering to Formal Organizations [J]. *Nonprofit Management and Leadership*, 2007, 17 (3).

[187] Swaner, L. E.. *Educating for Personal and Social Responsibility*: *A Planning Project of the Association of American Colleges and Universities* [EB/OL], 2004 http://www.aacu.org/core_commitments/documents/review_of_lit.pdf. [2014-11-12].

[188] Taylor, B.. *Expanding Boundaries*: *Serving and Learning* [M]. Washington, DC: Corporation for National Servic, 1996.

[189] Tierney, W. G. (Ed.) *Assessing Academic Climates and Cultures* [M]. San Francisco, CA: Jossey – Bass, 1991.

[190] *TTU Ethics Center* [EB/OL]. http://www.depts.ttu.edu/ethics/index.php. [2014-09-10].

[191] *TTU Service Learning Advisory Council* [EB/OL]. http://www.depts.ttu.edu/tlpdc/Faculty – Instructors/Service_learning/Faculty/index.php. [2014-5-20].

[192] U. S. Bureau of Labor Statistics. *Volunteering in the United States* [EB/OL]. http://www.bls.gov/news.release/volun.nr0.htm. [2014-03-01].

[193] *U. S. -China Friendship Volunteers Program* [EB/OL]. http://www.sino – education.org/english/volunteers.htm. [2014-10-03].

[194] *UC Berkeley Public Service Center* [EB/OL]. http://publicservice.berkeley.edu/about. [2014-8-1].

[195] Vallaeys, François. *Defining Social* Responsibility: A Matter of Philosophical Urgency for Universities [EB/OL]. www.guninetwork.org. [2014-5-10].

[196] VVan Vugt, M., Snyder, M., Tyler, Y., & Biel, A. *Cooperation in Modern Society*: *Promoting the Welfare of Communities, States, and Organizations* [M]. London: Routledge. 2000.

[197] Wabash Center. *Summary of Four-Year Change* [EB/OL], 2006. www.liberalarts.wabash.edu/storage/4 – year – change – summary – website.pdf. [2014-11-10]

[198] Wade, R. C., Saxe, D. W.. Community Service-Learning in the Social Studies: Historical roots, Empirical Evidence, Critical issues [J]. *Theory & Research in Social Education*, 1996 (24).

[199] Wentzel, K. R.. Social Competence at School: Relation Between Social Responsibility and Academic Achievement [J]. *Review of Educational Research*, 1991, 61 (1).

[200] Williams, R.. The Impact of Field Based Education on Student Development: Research Finding [J]. *Journal of Cooperative Education*, 1991 (27).

[201] Witt, L. A., N.. Clayton Silver. The Effects of Social Responsibility and Satisfaction on

Extrarole Behaviors ［J］. *Basic and Applied Social Psychology*, 1994, 15 （3）.

［202］ Walker, L. J., Frimer, J. A.. Moral Personality of Brave and Caring Exemplars ［J］. *Journal of Personality and Social Psychology*, 2007, 93 （5）.

［203］ Fluker, W. E.. *Ethical Leadership*: *The Quest for Character*, *Civility*, *and Community* ［M］. Minneapolis: Fortress Press, 2009.

［204］ Wang, Y. *Social Responsibility and Intellectual Development as Outcomes of Service-learning Courses* ［D］. Columbus: the Ohio State University, 2003.

［205］ *What is Service-Learning?* ［EB/OL］. http: //csf. colorado. edu/sl/what – is – sl. html. ［2015 – 01 – 20］.

［206］ Zlotkowski, E.. *Successful Service-Learning Programs New Models of Excellence in Higher Education* ［M］. Edward Anker Publishing Company, 1998.

［207］ *AmeriCorps VISTA* ［EB/OL］. http: //www. nationalservice. gov/programs/americorps/americorps – vista. ［2015 – 04 – 15］.

［208］ 2011 十大感动中国人物揭晓 最美妈妈吴菊萍当选 ［EB/OL］. http: //news. sohu. com/20120204/n333710640. shtml. ［2014 – 10 – 12］.

［209］ ［美］阿什比，E. 科技发达时代的大学教育 ［M］. 滕大春，滕大生，译. 杭州：浙江教育出版社，1987.

［210］ 安德义. 论语解读 ［M］. 北京：中华书局，2010：372.

［211］ ［波兰］鲍曼. 生活在碎片之中——论后现代道德 ［M］. 上海：学林出版社，2002.

［212］ 北京大学哲学系. 人与自然 ［M］. 北京：北京大学出版社，1989.

［213］ 蔡元培. 全国临时教育会议开会词 ［EB/OL］. 教育杂志，1912，4 （6）. http: //nuoha. net/www/book/61380/00020. html. ［2015-5-15］.

［214］ 车文辉，杨琼. 媒体对大学生亲社会行为影响的实证研究 ［J］. 现代大学教育，2011 （4）.

［215］ 陈碧云，李小平. 责任观的中西文化比较研究 ［J］. 心理学探新，2008 （1）.

［216］ 陈会昌. 7～16 岁儿童责任观念的发展 ［G］//中国心理学会发展心理、教育心理专门委员会. 发展心理教育心理论文选. 北京：北京师范大学出版社，1985.

［217］ 陈来. 谁之责任? 何种伦理? 从儒家伦理看世界伦理宣言 ［J］. 读书，1998 （10）.

［218］ 陈欣银，项宇. 我国青少年道德判断的发展及其相关因素研究 ［J］. 心理学科学通讯，1990 （1）.

［219］ 程岭红. 青少年学生责任心问卷的初步编制 ［D］. 重庆：西南师范大学，2002.

［220］ 程颢，程颐. 二程集 ［M］. 王孝鱼，点校. 北京：中华书局，1981.

［221］ 戴茂堂. 中西道德责任观比较研究 ［J］. 学习与实践，2007 （6）.

［222］ ［德］赫尔巴特. 普通教育学·教育学讲授纲要 ［M］. 李其龙，译. 北京：人民教

育出版社，1989．

［223］［德］黑格尔．法哲学原理［M］．北京：商务印书馆，1979．

［224］［德］康德．道德形而上学探本［M］．唐钺，译．北京：商务印书馆，1957．

［225］［德］康德．道德形而上学原理［M］．苗力田，译．上海：上海世纪出版社，2005．

［226］［德］乔治·恩德勒．经济伦理学大辞典［M］．王淼洋，李兆雄，陈泽环，译．上海：上海人民出版社，2001．

［227］邓晖．2013 大学生就业报告透视［N］．光明日报，2013－06－14（6）．

［228］邓凌．中国传统儒家责任伦理思想浅探［J］．青海师范大学学报（哲学社会科学版），2009（6）．

［229］邓硕宁，张进辅．组织气氛的结构维度与类型［J］．中国组织工程研究与临床康复，2007（17）．

［230］邓晓芒．人之镜［M］．昆明：云南人民出版社，1996．转引自戴茂堂．中西道德责任观比较研究［J］．学习与实践，2007（6）．

［231］邓晓芒．灵之舞［M］．北京：东方出版社，1995．

［232］邓仲谋．全职公益人能当终生职业吗？［N］．广州日报，2010－05－31（D12）．

［233］丁芳．儿童的道德判断、移情与亲社会行为的关系研究［J］．山东师大学报，2000（5）．

［234］［法］吉尔·利波维茨基．责任的落寞——新民主时期的无痛伦理观［M］．北京：中国人民大学出版社，2007．

［235］范丽群等．国外组织气氛研究综述［J］．华东经济管理，2006（1）．

［236］付琪琳．大学生移情能力、利他行为及其相关研究［J］．河北青年管理干部学院学报，2014（1）．

［237］傅根跃，陈昌凯，胡优君．小学儿童集体主义意识研究［J］．心理科学，2002（5）．

［238］甘绍平．应用伦理学前沿问题研究［M］．南昌：江西人民出版社，2002．

［239］葛兆光．中国思想史（上卷）［M］．上海：复旦大学出版社，2001．

［240］［古希腊］柏拉图．理想国［M］．郭斌和，张竹明，译．北京：商务印书馆，1986．

［241］顾红亮．为他责任：走出自我责任与集体责任的困境［J］．哲学研究，2006（10）．

［242］郭本禹．道德认知发展与道德教育［M］．福州：福建教育出版社，1999．

［243］郭金鸿．道德责任论［M］．北京：人民出版社，2008．

［244］郭金鸿．道德责任判断的三重根据［J］．伦理学研究，2009（1）．

［245］郭湛．主体性哲学［M］．昆明：云南人民出版社，2002．

［246］［英］哈耶克．自由秩序原理［M］．北京：生活·读书·新知三联书店，1998．

［247］（汉）孔安国，（唐）孔颖达，正义，等．十三经注疏：尚书正义［M］．北京：中华书局，1980．

[248] 郝运. 美国高校服务学习研究 [D]. 长春：东北师范大学，2009.

[249] 何安明. 大学生移情能力与利他行为的相关研究 [J]. 黑龙江教育研究，2007 (2).

[250] 黄孔雀. 美国高校服务学习模式述评 [J]. 高教探索，2015 (2).

[251] 黄敏，郭德俊. 外倾和神经质对情绪的影响 [J]. 心理科学，2003，26 (6).

[252] 黄希庭. 大学生心理学 [M]. 上海：上海人民出版社，1989.

[253] 纪术茂，戴郑生. 明尼苏达多项人格调查表：最新研究与多类量表解释 [M]. 北京：科学出版社，2004.

[254] 康蕾. 从道德理想到道德行为比较文化视域下的中国员工道德发展研究 [D]. 广州：广东外语外贸大学，2014.

[255] 贾晓燕. 大学生和企业家最爱当志愿者 [N]. 北京日报 http：//bjrb. bjb. com. cn/ 2014 – 12/06/content_238630. htm. [2014 – 12 – 06].

[256] 江圣文. 运用职工服务社推动品德教育之行动研究 [D]. 花莲：慈济大学，2010.

[257] 姜丕之，汝信. 康德黑格尔研究（第 1 辑）[M]. 上海：上海人民出版社，1986.

[258] 蒋达，王歆睿，傅丽，周仁来. 内隐利他行为的实验研究 [J]. 心理科学，2008 (1).

[259] 焦循. 新编诸子集成：孟子正义 [M]. 上海：上海书店，1986.

[260] 金一斌. 着力提高大学生的社会责任感 [J]. 中国高等教育，2010 (5).

[261] 景志明，宋春宏. 中外学校德育综合比较 [M]. 重庆：西南师范大学出版社，2001.

[262] 康秀云. 美国培育积极公民的志愿服务路径研究 [J]. 外国教育研究，2012 (7).

[263] [美] 科尔伯格. 道德发展心理学：道德阶段的本质与确证 [M]. 郭本禹，译. 上海：华东师范大学出版社，2004.

[264] 寇彧，徐华女. 移情对亲社会行为决策的两种功能 [J]. 心理学探新，2005 (3).

[265] 况志华，叶浩生. 责任心理学 [M]. 上海：上海教育出版社，2008.

[266] [法] 列维纳斯. 塔木德四讲 [M]. 北京：商务印书馆，2002.

[267] 李伯黍，燕国材. 教育心理学 [M]. 上海：华东师范大学出版社，1995.

[268] 李慧勤. 西塞罗的道德责任观及其当代价值 [D]. 郑州：郑州大学，2013.

[269] 李明，叶浩生. 责任心的多元内涵与结构及其理论整合 [J]. 心理发展与教育，2009 (3).

[270] 李明，叶浩生. 责任心的多元文化视角及其理论模型的再整合 [J]. 心理科学，2010 (3).

[271] 李鹏. 社会责任感的认知神经机制研究 [D]. 重庆：西南大学，2012.

[272] 李儒林. 大学生学校组织气氛与心理健康水平的关系研究 [J]. 职业与健康，2015 (19).

［273］李雪．中学生社会责任心理结构及其发展特点研究［D］．重庆：西南师范大学，2004.

［274］联合国教科文组织．面向二十一世纪高等教育宣言：观念与行动［EB/OL］．中华人民共和国教育部网．http：//www. moe. edu. cn/publicfiles/business/htmlfiles/moe/moe_236/200409/712. html.［2014-07-10］.

［275］梁启超．新民说［M］．沈阳：辽宁人民出版社，1994.

［276］梁启超．饮冰室文集［M］．济南：山东人民出版社，1996.

［277］梁启雄．荀子简释［M］．北京：中华书局，2009.

［278］梁漱溟．中国文化要义［M］．上海：上海世纪出版集团，2005.

［279］林语堂．吾国与吾民［M］．西安：陕西师范大学出版社，2006.

［280］凌月．全球调查：你向下一代灌输什么样的价值观［N］．光明日报，1995－10－06.

［281］刘川生．社会责任感是创新型人才成长的核心素质［J］．中国高等教育，2012（10）.

［282］刘桂梅，彭忠益．回归生活世界：高校德育改革创新的重要价值取向［J］．现代大学教育，2009（4）.

［283］刘微微，盖臣．论新时期大学生的社会责任意识［J］．学术交流，2012（4）.

［284］刘维涛、贺勇、程远州．志立愿行 善作善成［N］．人民日报，2015－03－05（6）.

［285］刘勇，谭小红．中学生社会责任心的结构与发展特点研究［J］．中国特殊教育，2014（5）.

［286］刘兆伟．孟子译评［M］．北京：中华书局，2011.

［287］刘志军．中学生的道德判断推理水平、同伴关系和亲社为行为关系的研究［J］．心理科学，2001，24（5）.

［288］卢永兰．大学生道德推脱、移情和亲社会行为的特点及其关系研究［D］．福州：福建师范大学，2013.

［289］陆士桢．让社会责任感从青少年心底萌发［N］．中国教育报，2010－11－19（001）.

［290］罗竹风．汉语大词典（第十卷）［M］．北京：汉语大词典出版社，1992.

［291］骆军．民国时期的大学生公民意识教育研究［J］．武汉大学学报（哲学社会科学版），2011（2）.

［292］马和民．从仁到人：社会化危机及其出路［M］．北京：北京师范大学出版社，2006.

［293］马克思．1844年经济学——哲学手稿［M］．北京：人民出版社，1985.

［294］马克思恩格斯选集（第1卷）［M］．北京：人民教育出版社，1975.

［295］马克思恩格斯选集（第20卷）［M］．北京：人民教育出版社，1965.

［296］马克思恩格斯选集（第3卷）［M］．北京：人民教育出版社，1975.

[297] 马克思恩格斯选集（第46卷）[M]. 北京：人民教育出版社，1979.

[298] 马志尼. 论人的责任 [M]. 北京：商务印书馆，1995.

[299] [美] 格里芬. 后现代精神 [M]. 北京：中央编译出版社，1998.

[300] [美] 路易斯·拉思斯. 价值与教学 [M]. 杭州：浙江教育出版社，2003.

[301] [美] 麦金泰尔. 伦理学简史 [M]. 龚群，译. 长春：吉林大学出版社，2000.

[302] 蒙培元. 中国哲学生态观论纲 [J]. 中国哲学史，2003 (1).

[303] 苗力田. 希腊哲学史 [M]. 北京：中国人民大学出版社，1989.

[304] 牟宗三. 中国哲学十九讲 [M]. 上海：上海古籍出版社，2005.

[305] 潘维，玛雅. 共和国——甲子探讨中国模式 [J]. 开放时代，2009 (5).

[306] 彭定光. 论大学生社会责任感的培养 [J]. 现代大学教育，2003 (3).

[307] 青年会全国协会公民教育委员会. 公民教育与国货展览 [M]. 上海：青年协会书局，1926.

[308] 青年团的任务. 列宁选集（第4卷）[M]. 北京：人民出版社，1972.

[309] 任亚辉. 中国传统儒家责任心理思想探究 [J]. 心理学报，2008 (11).

[310] [日] 今道友信. 东西方哲学美学比较 [M]. 北京：中国人民大学出版社，1990.

[311] 舒新城. 辞海 [M]. 上海：上海辞书出版社，1999.

[312] 宋琳婷. 大学生移情、社会责任心与内隐、外显利他行为的关系 [D]. 哈尔滨：哈尔滨师范大学，2012.

[313] 苏玲. 当代大学生社会责任缺失的现状研究 [J]. 湘潭师范学院学报（社会科学版），2008 (6).

[314] 孙庆斌. 为"他者"与主体的责任：列维纳斯"他者"理论的伦理诉求 [J]. 江海学刊，2009 (4).

[315] 孙时进. 社会心理学 [M]. 上海：复旦大学出版社，2008.

[316] 孙秀娟. 确定问题测验Ⅱ的心理学研究 [D]. 南京：南京师范大学，2007.

[317] 唐文治. 美国公民学·序 [A] //美国公民学. 上海：上海群益社出版，1913.

[318] 田喜生. 大学生感戴倾向及其与移情能力、助人倾向间的关系研究 [D]. 石家庄：河北师范大学，2007.

[319] 万俊人. 现代西方伦理学史（下卷）[M]. 北京：北京大学出版社，1992.

[320] 汪凤炎，郑红. 中国文化心理学 [M]. 广州：暨南大学出版社，2004.

[321] 王登峰，崔红. 文化、语言、人格结构 [J]. 北京大学学报（哲学社会科学版），2000 (4).

[322] 王夫之. 张子正蒙注 [M]. 北京：中华书局，1975.

[323] 王高洁. 大学生的移情、自我和谐及其关系研究 [D]. 广州：华南师范大学，2008.

[324] 王瑟. 西部计划开展12年万余志愿者服务新疆 [N]. 光明日报，2015-08-

03. http：//www. zgzyz. org. cn/content/2015 – 08/03/content_11527055. htm.

[325] 王天骄. 大学生志愿动机——道德情绪与志愿行为的关系研究［D］. 北京：中国地质大学，2013.

[326] 王燕. 当代大学生责任观调查报告［J］. 青年研究，2003（1）.

[327] 魏海芩. 当代大学生社会责任感特征及影响因素分析——基于广东高校的实证调查［J］. 现代大学教育，2014（1）.

[328] 魏源. 浙江某高校大学生共情特点分析［J］. 中国学校卫生，2007，28（2）.

[329] 温忠麟，张雷，侯杰泰. 有中介的调节变量和有调节的中介变量［J］. 心理学报，2006，38（3）.

[330] 吴慧红. 道德研究新视角：道德判断测验的理论和实证研究［D］. 南京：南京师范大学，2005.

[331] 吴静吉，詹志禹. 年级、性别角色、人情取向与同理心的关系［D］. 台湾：台湾政治大学教育研究所，1987.

[332] 吴鹏，刘华山. 道德推理与道德行为关系的元分析［J］. 心理学报，2014，46（8）.

[333] 吴亚玲. 民国时期的公民教育［J］. 社会科学家，2011（7）.

[334] ［古罗马］西塞罗. 西塞罗三论：论老年 论友谊 论责任［M］. 徐奕春，译. 北京：商务印书馆，1998.

[335] 肖波. 青少年社会责任心问卷编制［D］. 长沙：湖南师范大学，2009.

[336] 肖川. 教育必须关注学生的生活世界［J］. 教师博览，2005（5）.

[337] 肖群忠. 论"道德功利主义"：中国主导性传统伦理的内在运行机制［J］. 哲学研究，1998（1）.

[338] 谢军. 责任论［M］. 上海：上海世纪出版集团，2007.

[339] 谢狂飞. 美国品格教育研究［D］. 上海：复旦大学，2012

[340] 徐春. 儒家"天人合一"自然伦理的现代转化［J］. 中国人民大学学报，2014（1）.

[341] 徐复观. 中国知识分子精神［M］. 上海：上海东亚图书馆，1921.

[342] 徐行言. 中西文化比较［M］. 北京：北京大学出版社，2004.

[343] 徐少锦、温克勤. 伦理百科词典［M］. 北京：中国广播电视出版社，1999.

[344] ［古希腊］亚里士多德. 尼各马可伦理学［M］. 廖申白，译. 北京：商务印书馆，2003.

[345] ［古希腊］亚里士多德. 政治学［M］. 北京：商务印书馆，1965.

[346] 燕国材. 论责任心及其培养［J］. 中小学教育，1997（3）.

[347] 杨伯峻. 春秋左传注［M］. 北京：中华书局，1981.

[348] 杨伯峻. 论语译注［M］. 北京：中华书局，1980.

[349] 杨国荣.伦理与存在［M］.上海：上海人民出版社，2002.

[350] 杨韶刚.西方道德心理学的新发展［M］.上海：上海教育出版社，2007.

[351] 叶宝娟.责任心的结构维度及量表编制［D］.南昌：江西师范大学，2009.

[352] 叶浩生.责任内涵的跨文化比较及其整合［J］.南京师大学报（社会科学版），2009（6）.

[353] 殷航，潘芝珍.山里娃娃盼支教老师留久一点［EB/OL］.新闻.新快网，2012-11-04.http：//news.xkb.com.cn/gongyi/2012/1104/233805.html.

[354] ［英］哈耶克.自由秩序原理（上）［M］.北京：生活·读书·新知三联书店，1997.

[355] ［英］柯林·戴维斯.列维纳斯［M］.南京：江苏人民出版社，2006.

[356] 余达淮，刘静.道德判断与道德行为关系研究的进展分析［J］.外国教育研究，2011（6）.

[357] 余宏波，刘桂珍.移情、道德推理、观点采择与亲社会行为关系的研究进展［J］.心理发展与教育，2006（1）.

[358] 臧雷振.比较视域下志愿服务事业发展的政府政策因应［J］.中国非营利评论，2014（4）.

[359] 张岱年.中国伦理思想研究［M］.北京：中国人民大学出版社，2011.

[360] 张积家.试论责任心的心理结构［J］.教育研究与实验，1998（4）.

[361] 张嘉玮，崔光成.12～16岁被助儿童的自助能力、移情能力与亲社会行为关系的研究［J］.心理发展与教育，1993（1）：14-18.

[362] 张倩.道德判断与道德行为：中外道德文化的理性反思和实践探索［D］.广州：广东外语外贸大学，2015.

[363] 张宗海.西方主要国家的高校学生责任教育与启示［J］.高教探索，2002（3）.

[364] 章滢.大学生利他行为、移情能力及其相关研究［D］.南京：南京师范大学，2005.

[365] 章志光.社会心理学［M］.北京：人民教育出版社，2003：346-371.

[366] 赵兴奎.大学生社会责任心结构及发展特点［D］.重庆：西南大学，2007.

[367] 郑玉莲，等.浅谈90后大学生责任意识的养成教育［J］.安徽科技学院学报，2011（3）.

[368] 中国第二历史档案馆.中华民国史档案资料汇编（第五辑）［M］.南京：江苏古籍出版社，1994.

[369] 中国青年志愿者协会［EB/OL］.http：//www.cvf.org.cn/show/32.html.

[370] 周辅成.西方伦理学名著选辑［M］.北京：商务印书馆，1996.

[371] 周治金，顾嘉佳，张文雅.儒家仁爱思想对大学生助人行为的影响［J］.教育研究与实验，2013（3）.

[372] 朱晨静.当代大学生社会责任感现状分析［J］.河北科技师范学院学报（社会科学

版），2010（1）.

［373］朱丹，李丹．初中学生道德推理、移情反应、亲社会行为及其相互关系的比较研究
　　　　［J］．心理科学，2005，28（5）.

［374］朱金玲．儒家伦理思想与大学生社会公德教育策略构想［D］．杭州：浙江财经学
　　　　院，2012.

［375］（宋）朱熹．四书章句集注［M］．北京：中华书局，2011.

［376］朱元善．今后之教育方针——实施公民教育［J］．教育杂志，1916，8（4）.

［377］朱智贤．心理学大词典［M］．北京：北京师范大学出版社，1989.

［378］［日］佐藤孝弘．论社会责任对公司治理模式的影响［J］．华东政法学院学
　　　　报，2007.

后　记

　　终于到了可以写后记的时候了。自从 2011 年获得国家社会科学基金（教育学）青年课题"大学生社会责任感养成机制研究——以大学生志愿者为研究对象"以来，研究的压力和责任就一直压在心头。虽然在申报课题之初已经对本研究有了初步的规划，但是真正着手开展研究时又碰到了许多意想不到的困难和障碍。无论在理论研究领域还是实践操作领域，责任问题都是一个至关重要但又远未解决的问题。德国的责任心理学家奥哈根（A. E. Auhagen）曾指出，"责任究竟是什么？是一个伦理学范畴、一种社会规范、一个由个体形成的社会建构？还是一种道德行为的特征、一种态度、一种先天倾向、一种行为的动机或导向？抑或是一种生活情境、角色行为、对过去或未来的所作所为的解释？或者是别的什么东西？责任是一种单一的、整体的结构，还是若干'责任'的联合体？……对于这些问题的答案是：它完全依赖于人们的研究视角和追求的目标"。论及社会责任，它是责任体系的重要一维，但相关研究亦存有较大分歧。其中的一些基本问题仍处于争论之中，比如：何为社会责任？与其他责任相比，社会责任的特性是什么，如何体现其社会性？社会责任是一种非强制性的志愿选择还是会演变成一种义务？社会负责中的社会又是指什么……这些问题都需要进一步明确。在过去的五年时间里，这些问题无时无刻不萦绕在我的脑海，纠结与释怀、困惑与顿悟、焦躁与冷静等矛盾情绪常常相伴出现，让我不断体验着五味杂陈的研究历程。

　　在价值多元化、利益关系复杂化的现时代，社会责任的重要性愈发凸显。近些年来，关于社会责任、志愿服务等问题无论是在理论研究领域还是民间社会都是热门话题。有关当代大学生的社会责任和大学生志愿者的问题备受大家关注。人们对当代大学生群体的责任状态存在诸多不理解：一方面是人们对当代大学生形象的各种刻板认识，"火星文""个性""另类""宅""新人类"；另一方面是人们对当代大学生行为的各种不理解，"间隔年""志愿者""公益"。我们知道，大学生是社会群体中具有较高文化素质的群体，他们的社会责任状况不仅影响着其自身的成长和成才，也关系到国家和社会的繁荣和发展。因此，如何认识这批成长于国家经济繁荣、国际交往频繁、社会文化多元、网络普及环境下的新时期大学生群体，如何评价他们的社会责任状况，如何培养和提高他们的社会责任水平至关重要。在众多培养大学生社会责任感的途径中，参与志愿服务是最常见的形式之一。志愿精神虽然在我国由来已久，但直至20世纪80年代末，中国才正式发起了本土化的志愿服务活动，至今也不过30多年的时间，志愿服务活动的开展仍处于初级发展阶段。与西方国家教育系统里从基础教育阶段就鼓励学生参与志愿服务不同，我国绝大部分学生参与志愿服务活动始于大学，他们在参与志愿服务活动时具有更为成熟的认知能力和价值判断能力，但是志愿服务经验却相对缺乏。因此，我们需要学习西方国家开展志愿服务活动的经验，但同时也要根植于我们自己国家的志愿服务文化和历史土壤，寻找适合于我国大学生社会责任发展的方式和途径。

很显然，要完成这一任务，无论对于我本人还是团队的成员来讲，都是一个不小的挑战。庆幸的是我们有一个给力的团队。在这5年时间里，课题组成员投入了大量的时间和精力开展课题研究，累计发表了与本课题相关的论文8篇，指导多名本科生以此主题作为大学生创新创业团队的研究课题和学位论文。

此外，本研究的开展也离不开众多老师、同事和朋友的帮助。感谢我的导师刘献君教授和陈敏教授，是他们将我领入了学术研究的殿堂，让我有能力独自开展学术研究。他们对学术的专注和认真时刻提醒着我要继续努力，只是自己生性驽钝，未能做出突出成绩，深感愧疚。

感谢杨韶刚教授、彭未名教授对本课题的开展提出的宝贵建议。从入职到今日的成长都离不开两位老师的督促和帮助。无论是在校车上的长叙还是在路上见面时的短聊，都让我有顿悟之感。很是幸运，能够在工作中遇到如此亦师亦友的好同事。

感谢我的同学侯志军、李志锋、金明浩、毕晓玉，还有我的学生冯舒欣，他们帮我在国外收集宝贵的研究资料，为研究的开展提供难得的思路和信息，那些资料和信息对于本研究的顺利开展至关重要。感谢好朋友孔明、吴艳，她们为我提供了及时又给力的数据分析技术指导和支持，并不厌其烦地给我解释并帮助我分析统计数据。感谢易佳颖、杨义光、王佳、高嘉鹏、叶欣莹、杨柔、黄裕等同学在调研过程中付出的努力。感谢 Texas TECH University 的 O'Boyle教授、侯建成博士、Oak Park 博士、刘瑁博士在我赴美访学期间给予的学术支持和帮助；感谢 Dave A. Louis 教授和 David Jones 教授接纳我进入他们的课堂旁听课程并给予了中肯的建议；感谢 Ethics Center 的 Ralph Ferguson 博士，Yi－hui Lee 博士和 Lisa James 以及 Center for Active Learning and Under-graduate Engagement 的 Gerald Pennie 接受了我的访谈并提供了大量宝贵的研究材料和信息。还有 Nicholson 一家、Hanna Lee 提供的他们对于社会责任的独到看法都为本研究的开展注入新的思路，他们对于责任和社会责任话题的兴趣也从另一个角度证明了开展此研究的价值所在。感谢广东外语外贸大学英语教育学院这个大家庭。无论是学院的领导还是同事，他们都像家庭成员一样关爱着我们共同的"英教人家"，关心着大家庭里每一位成员的成长。在课题研究过程中，学院为我提供了各种便利和条件，帮助我将课题研究进行下去。为了保证充裕的研究时间，学院为我提供了转岗的机会，同事无怨无悔地帮我承担原有的课程教学任务；为了收集第一手的国外资源信息，学院批准了我出国访学的申请；为了准确地翻译调查问卷和外文文献的相关术语，同事们不厌其烦地帮我斟酌，甚至辩论具体的各类译文表达；为了收集调查信息，学院同事们爽快地答应在自己所承担课程的班级发放问卷并回收……五年的时间不长也不短，在这五年里，有人离开也有人进来，但无论怎样，英教大家庭都其乐融融，它给予我的远远多于我所付出的，无以回报，只有更加努力。当然也需要感谢填答问卷的上千名同学和接受访谈的几十名志愿者们，没有他们的支持就难以获得有效的数据和信息，也不可能完成课题研究工作。当然，要感谢的人还有很多，在此不一一点名感谢了，唯祝愿他们万事如意。

感谢我的家人一直以来的全力支持和默默付出，使我能够全身心地投入到研究之中。

感谢参加本课题开题和中期检查的所有专家。感谢知识产权出版社的韩婷婷编辑为本书付出的辛劳和等待。

限于作者的研究能力和研究水平，书中难免有不足之处，恳请各位同行和广大读者不吝赐教。

作者

2016 年 5 月于广州